Werner Thiede

Mystik im Christentum

Mystik
im Christentum

30 Beispiele,
wie Menschen Gott begegnet sind

WERNER THIEDE

Die längste Reise ist die Reise nach innen.
DAG HAMMARSKJÖLD

Zwar sind die spezifischen Merkmale, die das Christentum von allen anderen Religionen unterscheiden, außerordentlich und auffallend, allein gerade diese unterscheidenden Eigentümlichkeiten machen es zum vollkommensten Rahmen für das mystische Leben.
EVELYN UNDERHILL

Alle tiefe Religion ist Mystik.
ALBERT SCHWEITZER

Ich bin davon überzeugt, dass neben kritischer Aufklärung und dialogischer Toleranz, neben sozialem Engagement und diakonischem Tun auch eine gereifte Innerlichkeit, auch eine an Bibel und Bekenntnis orientierte Sehnsucht nach einem Ankommen bei Gott eines der kräftigsten Widerstandsnester ist gegen allen religiösen Terrorismus und Fundamentalismus.
WOLFGANG HUBER

Geleitwort
von Gerhard Müller

Der katholische Theologe Karl Rahner (1904–1984) formulierte im Jahr 1966 das vielzitierte Wort: „Der Fromme von morgen wird ein ‚Mystiker' sein, einer, der etwas ‚erfahren' hat, oder er wird nicht mehr sein." Das provozierte. Besonders Protestanten waren damals stark von einer Theologie des Wortes geprägt, die nicht selten zu einer Verkopfung führte: Alles muss vom Verstand ergriffen und begriffen werden. Gefühle, Ahnungen, Hoffnungen wurden vom „Wort" abhängig gemacht, das sich wirkmächtig erweisen sollte, indem es ausgesprochen wurde.

Von solchen „Worten", die zugleich „Taten" sind und etwas bewirken, wusste schon Martin Luther. Aber er stellte sie nicht in Gegensatz zu den Erfahrungen des Menschen. Die Theologie des Wortes dagegen, die nach dem Ersten Weltkrieg entwickelt worden war, war eine Konzentration, die damals sicherlich erforderlich war, die aber zugleich auch gelegentlich ungute Abgrenzungen vornahm. Für sie war Mystik etwas grundsätzlich Falsches, denn sie ging, so meinte man, vom Menschen – von unten – aus, während das Wort mit dem direkten Zuspruch Gottes – von „oben" – identifiziert wurde. Darauf aber komme es an. So meinte man. Das Entweder-oder galt, kein Sowohl-als-auch. Man musste vor allem begreifen. Frömmigkeit war Erkenntnis, war Aufgabe, war Zuspruch, von Gott gewirkt, damit vom Menschen unabhängig und deswegen stabil.

Genau das aber stellte Karl Rahner mit seiner kurzen Behauptung in Frage. Ja er verkehrte die bisherige Ansicht: Nicht eine Ablehnung der Mystik hilft weiter, sondern nur und allein ihre Akzeptanz. Ob „der Fromme von morgen" nicht mehr sein wird, wenn er kein Mystiker ist, darüber kann und muss gestritten werden. Aber die fatale Alternative: das „Wort" oder die „Mystik" sollte überwunden werden.

Dass Mystik mit Erfahrungen zusammenhängt, machte Rahners Satz deutlich. Auch Christen haben – wie alle Menschen – Erfahrungen. Wir setzen sie in Beziehung zu unserem Glauben. Durch unsere Erlebnisse werden wir gestärkt oder verunsichert, erfreut oder erschreckt, in die höchsten Höhen katapultiert oder in die tiefsten Tiefen hinabgestoßen. Wie gehe ich als Glaubender damit um? Hat Gott etwas mit meinen Erfahrungen zu tun? Wo bist du, Gott? So schreien wir bei persönlichen, gesellschaftlichen oder Natur-Katastrophen. Hilft hier Mystik? Aber was ist das überhaupt? Was meint dieser Begriff, der im Laufe der Jahrhunderte so unterschiedlich gedeutet worden ist?

Werner Thiede hat es unternommen, Schneisen in dieses Dickicht zu schlagen. Er informiert über verschiedene Formen von Mystik in einzelnen Religionen und Weltanschauungen und geht den Zusammenhängen nach, die sich hier aufdrängen. Dabei huldigt er nicht unkritisch der Mystik an sich – die es gar nicht gibt – oder einer von ihm bevorzugten Form derselben. Er zeigt vielmehr auf, dass Mystik zur Erhellung, aber auch zur Verfinsterung beitragen kann. So wäre etwa eine Flucht in die Innerlichkeit, die sich von allem Äußeren distanziert, mit dem Gebot Jesu Christi der Nächsten- und der Feindesliebe schlicht unvereinbar.

Wer hier eine Hymne auf alles erwartet, was mystisch genannt zu werden pflegt, sei daher gewarnt. Hier wird nämlich auch kritisch geurteilt. Deswegen ist eine abwägende Darstellung entstanden, die das Für und Wider aufzeigt. Solch konstruktive Kritik ist wohltuend und dringend erforderlich, gerade auch bei dem hier behandelten Thema. Gewiss wird die abwägende Darstellung vielen Leserinnen und Lesern hilfreich sein.

Werner Thiede konzentriert sich bei den von ihm ausgewählten Gestalten auf den – ganz weit interpretierten – christlichen Raum. Dabei verschweigt er keineswegs, wo sich nach seiner Meinung in der Christenheit Mystisches am fruchtbarsten entfalten konnte: da, wo Christus und die Mystik in einen engen Zusammenhang gebracht worden sind. Als über Christus, die Mystik und das Wort nachgedacht worden war, hatte man sich nicht deutlich genug daran erinnert, dass das „Wort" im Griechischen der „Logos" ist und dass Jesus im Johannesevangelium als solcher bezeichnet worden ist. Wenn Jesus von Nazareth sowohl als Logos wie auch als wahrer Mensch gesehen wird, dann ergibt sich ein Zusammenhang, der uns Christen höchst hilfreich sein kann. Denn auch Jesus erlebte das Leid und die Gottesferne – ein Gedanke, der schon früh dahingehend gedeutet wurde, dass er dann nicht gleichzeitig Gott gewesen sein könne. Das ist nach wie vor ein Streitpunkt zwischen den Religionen, wie aktuelle Diskussionen zeigen. Aber gerade der leidende und „tote" Gott ist für Christen ein Mysterium und ein Hinweis auf das von uns unabhängige Heil. Ist Jesus als der Logos anzusehen, der dem Vater gehorsam war im Leiden und am Kreuz, dann geraten auch meine Leid-Erfahrungen in ein neues Licht – wenn mir also Fremdes und Unverständliches widerfährt, das ich in seiner Last nicht zu deuten vermag und das mich zu Boden drückt. Zu dieser Thematik hat Werner Thiede ja ein eigenes Buch unter dem Titel „Der gekreuzigte Sinn" (2007) vorgelegt.

Wie einzelne Denker, die man als Mystiker bezeichnen kann oder die mystische Elemente in ihre Lehren aufgenommen haben, all dem nachgegangen sind, zeigt der Autor an 30 Beispielen auf. Daraus wird deutlich, dass christliche Mystik keineswegs Weltflucht ist, sondern dass viele Mystiker tatkräftig die Verantwortung wahrgenommen haben, die ihnen auferlegt wurde. Offenbar hat ihr Denken sie hellsichtig gemacht, dass sie nicht nur persönlich ihrem Leben eine besondere Ausrichtung gaben, sondern dass sie darüber hinaus den Weg aller Menschen zu erleichtern versuchten. Kommen Himmel und Erde, Gott und Mensch ein wenig näher, wenn die Schätze der Mystik beachtet werden? In Werner Thiedes orientierendem Text wird deutlich, wo er Ansatzpunkte sieht, die uns in unserer Zeit weiterzuhelfen vermögen.

Prof. Dr. Gerhard Müller

Landesbischof i. R., Leitender Bischof der VELKD 1990–1993

Erlangen, Pfingsten 2009

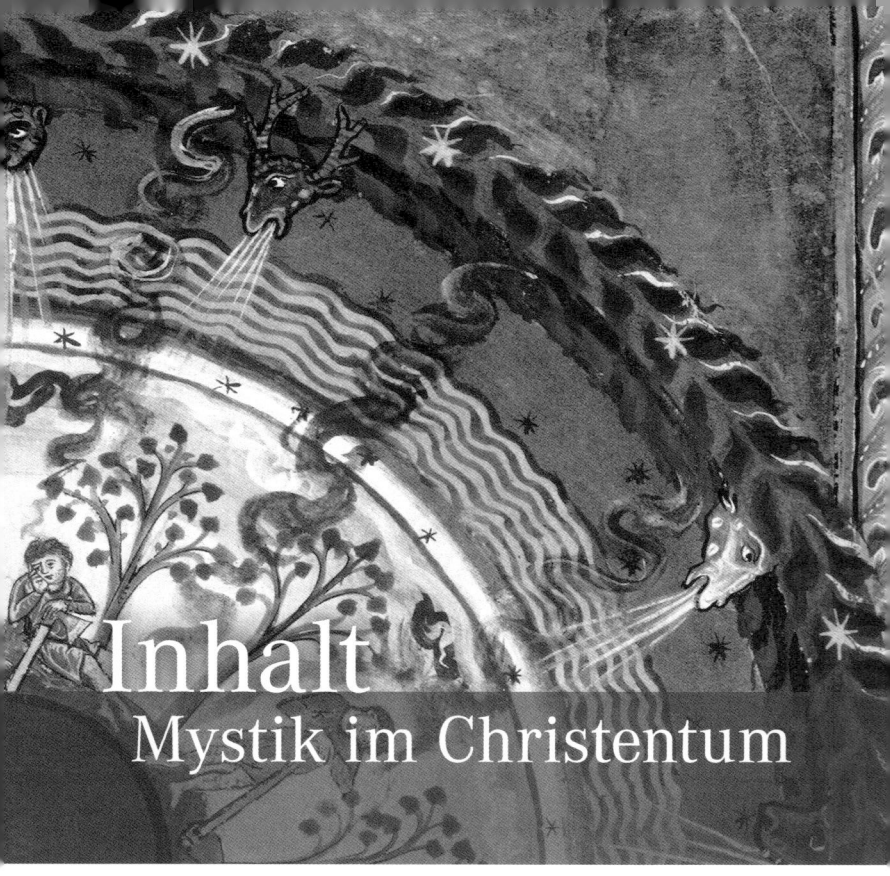

Inhalt
Mystik im Christentum

52 Mystik im Christentum
30 BEISPIELE AUS GESCHICHTE UND GEGENWART

232 Schlussgedanken
MIT DEM ENDE ANFANGEN

242 Anhang

Vorbemerkungen
Mystik als Intimität mit dem Göttlichen

Die Sehnsucht nach mystischer Erfahrung wächst. Mitten in unserer unübersichtlichen, krisengeschüttelten Zeit regt sich ein neues Interesse am Mystischen. Im ganzen Abendland lässt sich dieser Trend beobachten. Seit das Zeitalter der Religionskritik einer breiteren Wiederkehr von Religion und Spiritualität Platz gemacht hat, ist das Thema *Mystik* wieder richtig „in". Längst hat es einen festen Ort in vielen kirchlichen Veranstaltungskalendern und in den Programmen christlicher Erwachsenenbildungswerke – und stets natürlich in esoterischen Läden und Programmen. Diese Entwicklung ist allerdings auch ein Anzeichen für die krisenhafte Zeit, in der wir leben. Mystik verspricht Halt im Unendlichen, Erkenntnis der Unsterblichkeit, Berührung mit dem Ewigen. Sie will mehr als normalbürgerliche Kirchlichkeit, strebt nach spirituellem Erleben und tiefster Wahrheit. Umso mehr kommt es darauf an, hierbei nicht auf Abwege oder Irrwege illusionärer Verzauberung des Bewusstseins zu geraten.

Mystik in einem ganz weiten Sinn gibt es in fast allen Religionen. Im Horizont des Christentums aber hat das Mystische eine besondere Tiefe und Kraft, weil die Botschaft, dass Gott in Jesus Christus selber Mensch geworden ist, Diesseitiges und Jenseitiges sowohl zu unterscheiden als auch aufs Innigste zu verbinden weiß. Hier kann es weder um Wirklichkeitsflucht noch um enthusiastische Versuche totalitärer Wirklichkeitsbeherrschung gehen. Vielmehr haben sich in diesem Horizont millionenfach Glaube, Hoffnung und Liebe mitten in dieser Welt und zugunsten dieser Welt bewährt. Doch auch innerhalb des Christentums gab und gibt es den Missbrauch religiöser Erfahrung und spirituelle Wege, die vom Zentrum des christlichen Glaubens weg- statt zu ihm hinführen.

Es ist deshalb interessant zu sehen, wie unterschiedlich sich nicht nur die Lebenswege, sondern auch die mystischen Denkwege und Erfahrungen von Menschen im Laufe der Geschichte des Christentums bis heute darstellen. Die häufig anzutreffende Meinung, es gebe „die" Mystik schlechthin, und die einzelnen Religionen und Konfessionen seien nur „Einkleidungen" von nachrangiger Bedeutung, ja am besten „transkonfessionell" zu überwinden, erweist sich bei genauerem Hinsehen schon innerhalb des Christentums als problematisch. Allemal hat man es mit bestimmten Schulmeinungen zu tun, die es sich gefallen lassen müssen, nicht nur dargestellt, sondern auch befragt und

hinterfragt zu werden – im Interesse anderslautender mystischer Überzeugungen. In diesem Sinn versteht sich dieses Buch
als Beitrag zu einer dialogischen Sichtweise der Thematik.

Welcher der zahlreichen Definitionen des Begriffs ‚Mystik'
in Geschichte und Gegenwart man auch beipflichten mag – fest
steht: Es geht um etwas Geheimnisvolles, das aus den Ober-
flächlichkeiten des Lebens hinausführt und mehr Nähe zum
Göttlichen ermöglicht. Deshalb sollte sich das Bestreben nach
mystischer Erfahrung nicht mit dem möglichen Glück rausch-
hafter Erhebung oder zielloser Selbstvergessenheit zufrieden-
geben. Mag eine Bewusstseinserweiterung noch so erhebend,
noch so „gewiss" und „kosmisch" ausfallen – wer garantiert,
dass sie nicht doch in irgendeiner Hinsicht täuscht? Jesus von
Nazareth hat seinen begeisterten Jüngern einmal gesagt: „Freut
euch nicht darüber, dass euch die Geister untertan sind. Freut
euch aber, dass eure Namen im Himmel geschrieben sind" (Luk
10,20). Dieses Wort lässt sich auch auf mystische Erfahrungen
ummünzen: Freut euch nicht über wunderbare ekstatische Erlebnisse oder tiefe Versenkungen, sondern darüber, dass ihr
wissen dürft, von Gott auf ewig geliebt zu sein. Solche Heils-
gewissheit ist auch eine Form von mystischem Bewusstsein –
wahrscheinlich sogar die allertiefste in dieser Welt!

Das Geheimnis des Mystischen gründet in der Frage nach
dem innersten Kern unseres Menschseins – und zugleich nach
dem Sinn nicht nur des eigenen Lebens, sondern der Welt im
Ganzen. Mehr noch: Mystik sucht sozusagen Intimität mit Gott
oder dem Göttlichen. Anders ausgedrückt: Sie sucht die Erfahrung des Berührtseins von der Transzendenz, ja die personale
Gewissheit, vom Ewigen gewollt, gesucht, umfangen, geliebt zu
sein. Damit geht es zugleich um das weltanschauliche Grund-
problem, ob die sinnlich erfahrbare und messbare Wirklichkeit
bereits „alles" ausmacht und Mystik daher obskure, überflüssi-

ge Illusionen transportiert – oder ob eine tiefere, sinngebende und zielorientierte Wirklichkeit im Hintergrund der Welt und jeder Seele zu denken und womöglich trotz ihrer „Übersinnlichkeit" irgendwie erfahrbar ist.

Im Gefolge aufklärerischer Religionskritik hat indes alles Mystische bis zum heutigen Tag einen zweifelhaften Beigeschmack gewonnen. Denn wie viel hat Mystik mit dem Bereich der philosophisch anvisierten „reinen Vernunft" zu tun? Gehört sie nicht weithin dem Gebiet des Spekulativen, ja des Irrationalen an? Doch eine solche Scheidung macht es sich zu leicht. Bereits der große Aufklärungsphilosoph Immanuel Kant hatte betont, dass die Vernunft aus sich selbst heraus Grundfragen der Religion und der Metaphysik aufwirft. Kein denkender Mensch kann der Frage nach dem Sinn des Lebens und der Welt ausweichen, auch wenn es „objektive" Antworten darauf nicht gibt. Das Fragen nach dem, was Welt und Seele im Innersten zusammenhält, ist jedenfalls durchaus vernunftgemäß.

Entsprechend gilt von der Mystik: In jedem Menschen wohnt ein „mystisches" Ahnen und Fragen – und das nicht nur als „Bauchgefühl", sondern als Ausdruck der menschlichen Vernunft selbst. Mystik ist weiß Gott nicht einfach irrational. Allerdings kann sie es rasch werden. Darum fordert die Befassung mit ihr stets auch waches Analysieren und Beobachten von gedanklichen Strukturen und Entwicklungen. Wer sie einfach dem Mysteriösen, Nebulösen überlassen wollte, hätte ihr Anliegen missverstanden.

So hat beispielsweise der große Mystiker Johannes vom Kreuz in einem seelsorgerlichen Brief ausdrücklich vor zu gefühlsbetonter, überschwänglicher und inhaltlich bedenklicher Mystik gewarnt. Er konnte es bemängeln, wenn „allzu wenig Furcht vor Selbsttäuschung" vorlag – denn „Gottes Geist geht immer mit solcher Furcht zusammen", um die Seele vor Schaden zu bewahren.[2] Ihm zufolge bewirkt rechte christliche Mystik die Vereinigung mit Gott bei aller inneren Erhöhung niemals ohne tiefste Demut. Dem solle in Erfahrungsberichten ein schlichter Stil ohne Geziertheiten und Beteuerungen entsprechen. Allein die Behauptung, Gott habe dies und jenes gesagt, oder Gott sei der betreffenden Person erschienen, müsse noch gar nichts bedeuten. Der spanische Mönch riet, ein kritischer, geistlich Kundiger solle in seelsorgerlicher Haltung allenfalls zuhören, um das Vorgebrachte auf seine Nichtigkeit zurückzuführen.

Solch kritische Perspektive auf Mystisches hat also auch innerhalb christlicher Mystik ihren Ort: Sie bewahrt vor fehlgeleiteter Spiritualität, vor sektiererischen „Offenbarungen", vor eventuellen moralischen Abgründen, vor häretischen Autoritätsansprüchen und schlicht vor dümmlicher Ergebenheit angesichts mystischer Phänomene. Hilfreich ist deshalb eine Haltung, die bei allem Streben nach geistiger Tiefe die im Neuen Testament geforderte „Unterscheidung der Geister" nicht unterschlägt. Leider haben im Spätmittelalter entsprechende Bemühungen schließlich zu inquisitorischen Auswüchsen geführt, die im Rückblick in keinster Weise gutgeheißen werden können. Zumal diese Fehlentwicklung mit Gewaltanwendungen einherging, gehört sie seit langem zu den überwundenen Kapiteln der Kirchen- und Kulturgeschichte. Das ist allerdings kein Argument gegen die bleibende Aufgabe für Theologie und Kirche, die Geister zu unterscheiden, also hilfreiche Orientierungen auf geistigem und damit auch mystischem Gebiet zu liefern. Den zentralen Maßstab dafür bildet Jesus Christus als der Gekreuzigte und Auferstandene, wie ihn das Neue Testament bezeugt.

Im Christentum steht Mystik weniger als in anderen Religionen im Verdacht, weltfremd oder diesseitsflüchtig zu sein. Denn sosehr der christliche Glaube eine klare Auffassung von der Jenseitigkeit des Göttlichen, von der Transzendenz Gottes hat, so sehr weiß er um die Menschwerdung Gottes in Jesus Christus. Hieraus resultiert auch die dreifaltige Struktur des christlichen Gottesverständnisses. Für christliche Mystik bedeutet dies, dass sie einerseits an der Jenseitigkeit Gottes festhält, andererseits aber die Welt radikal auf diesen Gott der Liebe bezogen sieht. Wer in den dreieinen Gott eintaucht, entwickelt eine „Spiritualität der offenen Augen" (Paul Zulehner). Hiervon zeugen viele Beispiele in diesem Buch.

Schon vor Jahrzehnten hat der katholische Dogmatiker Karl Rahner prophezeit, der Fromme der Zukunft werde *Mystiker* sein.[3] Bestätigt sich dies aus heutiger Sicht immer mehr, dann drängt sich die Frage auf: Welche Notiz nimmt eigentlich die Theologie von dieser Entwicklung? Walter H. Clark zufolge betreibt die Theologie nur „Glasperlenspiele", solange sie sich nicht auf mystisches Bewusstsein bezieht.[4] Tatsächlich hat christliche Theologie zum Thema viel zu sagen: Dank ihrer Geschichte und ihres inneren und äußeren Bezugs auf Kirche und Spiritualität kann sie aus einem reichen Fundus schöpfen. Sie ist gefordert, wenn heutiges Interesse an Mystik nicht ohne kompetente Beleuchtung bleiben soll. Von ihrem Zentrum her hat sie Konstruktives beizutragen – aber ebenso Kritisches um dieses Zentrums willen. Denn es gibt Ferne und Nähe zum Reich Gottes (Mark 12,34) auch auf dem Gebiet des Mystischen.

Dieses Buch will möglichst allgemeinverständlich und exemplarisch, jedoch nicht abseits theologischer Orientierungsbemühung in die christliche Mystik einführen. Das soll in zwei Teilen geschehen. Der erste, kürzere Teil wird Begriff und Phänomen der Mystik beleuchten und durchleuchten, um grundsätzliche Hilfestellungen zum Verstehen zu geben. Hier wird es um Definitionen, Einordnungen und Deutungsmöglichkeiten gehen – beispielsweise mit Blick auf das sogenannte „kosmische Bewusstsein". Dieser Teil ist nützlich für die Thematik überhaupt und für das Verständnis des Folgenden, kann aber zunächst auch übersprungen werden.

Der zweite Teil wird dann durch die Geschichte der christlichen Mystik bis in die Gegenwart anhand von 30 ausgewählten Beispielen führen. Hier kommt mehr Anschaulichkeit zu ihrem Recht. Doch wird auch immer wieder eine orientierende Bewertung des Denkens der zu behandelnden Mystikerinnen und Mystiker angepeilt. All diese Skizzen und Miniaturen haben Einführungscharakter.

Zum Schluss will ich dann nicht verhehlen, was mir selbst im Laufe der Beschäftigung mit dem Thema dieses Buches besonders wichtig geworden ist und was ich daher konzentriert bedenken werde: die Frage nach dem ewigen Leben. Denn die Frage nach dem Ziel aller Dinge kann dem mystisch nach Erkenntnis und Wahrheit Strebenden keineswegs gleichgültig sein.

Knappe Anmerkungen im Anhang belegen das Wichtigste und bieten jeweils Literaturhinweise zwecks weiterer Vertiefung. Die Reihenfolge der Lektüre ist einerseits beliebig, andererseits dürfte es das Verstehen erleichtern, wenn man dem sachlich und geschichtlich geordneten Aufbau folgt.

Einige der dargestellten Mystikerinnen und Mystiker hatte ich in den zurückliegenden Jahren schon in Zeitschriften portraitiert. Auch habe ich zum Thema des Buches bereits Vorlesungen in Erlangen und Regensburg gehalten. Die hier nun vorgelegte Zusammenstellung hat die gesamte Geschichte des Christentums im Blick, versteht sich aber nicht etwa als „Gesamtdarstellung". Vielmehr geht es um hinführende, orientierende und exemplarische Betrachtungen, wie Menschen intensiv Gott begegnet sind. Mögen sie sich als Reiseführer in das schwierige Gebiet des Mystischen bewähren!

Hinführung
Grundfragen der Mystik

Dem Philosophen Peter Sloterdijk zufolge könnte dem Menschen von heute am Ende „der mystische Weg allein noch offenstehen."[5] Sogar vom „mystischen Imperativ" spricht Sloterdijk. Aber was heißt das? Mystik fasziniert, weil sie Berührung mit dem Göttlichen verheißt. Sie verspricht Erleuchtung, Erfüllung und innere Freiheit. Doch sie kann auch Verdunkelung mit sich bringen, Irrfahrten einleiten. Visionen und Offenbarungen von Mystikern weisen weltweit und auch innerhalb des Christentums[6] in durchaus unterschiedliche Richtungen. Ausdrücklich werden mitunter Leere und Auflösung des Subjekts anvisiert, andernorts dagegen kommt es zu personaler Erfüllung und positiver Sinnerkenntnis. Es gibt Mystik mit und ohne den Glauben an einen Schöpfer des Weltalls. Auch können mystische Offenbarungen auf einander ausschließende Erlösergestalten und Erlösungswege bezogen sein. Zudem ist keineswegs jede Erfahrung von Mystikern beglückend, manche sogar beängstigend!

Die Behauptung, mit alledem sei stets im Kern dieselbe Grunderfahrung gemeint, würden wohl manche, keineswegs aber alle Mystikerinnen und Mystiker, aber auch nur die wenigsten Religionswissenschaftler und Theologen unterschreiben. So vermerkt Michael von Brück: „Wir müssen die These von der Einheit der Religionen in der Mystik sehr kritisch befragen. Denn alles, was wir davon wissen – auch von den spezifischen Geistesschulungen, wie sie etwa im Buddhismus gelehrt werden –, zeigt an, dass die Unterschiede nicht unerheblich sind."[7]

Wer Mystik nicht nur einfach als Wellness-Erlebnis blind „genießen", sondern möglichst weitgehend verstehen will, muss sich dem Tatbestand stellen, dass es ganz unterschiedliche mystische Erfahrungen und Konzepte gibt. Mystik verbindet sich mit Gottes- und Menschenbildern, die je nach kulturellem Kontext anders ausfallen. Darum ist die verbreitete Annahme illusionär, es gebe „die" Mystik schlechthin als ein Grundphänomen, als die immer gleiche Erfahrung rund um die Welt. Gewinnbringend kann eine Beschäftigung mit „dem" Mystischen nur sein, wenn sich hierbei eine Haltung der inneren Offenheit mit einem gewissen Maß an Sachkenntnis verbindet. Dem wollen die folgenden Ausführungen dienen.

I. MYSTIK UND SPIRITUALITÄT

Am Reformationstag 2006 war ich in der Regensburger Neupfarrkirche dabei, als der emeritierte Theologieprofessor Klaus-

Peter Jörns eine Lanze für mehr „Mystik" im Christentum brach. Es sei wunderbar, schwärmte er, dass wir verschiedene Spiritualitäten und Konfessionen hätten – schließlich hätten ja alle Religionen mit Gott zu tun. Von daher solle insgesamt das religiöse Erbe weltweit gesichtet und – jenseits von Absolutheitsansprüchen – ein „Kanon", eine Richtschnur aus dem Kanon aller Religionen gesammelt werden: Der habe sich an dem ethischen Kriterium auszurichten, ob die jeweilige Religion dem „Leben" diene. Die Zukunft liege in der Mystik.

Lang anhaltender Beifall zeugte von Begeisterung und Dankbarkeit unter dem Publikum für derlei „mystische" Thesen. Hatte denn niemand bemerkt, dass sie durchaus zu hinterfragen waren? Ein authentischer Buddhist etwa würde schwerlich zustimmen, dass seine Religion etwas mit Gott zu tun habe. Ein Christ, der viel auf die Heilige Schrift hält, würde den Absolutheitsanspruch Jesu Christi kaum in Frage gestellt wissen wollen. Und selbst ein Atheist würde an Jörns wohl die kritische Rückfrage stellen, ob nicht gerade mystische Überzeugungen oft mit massiven Absolutheits- und Wahrheitsansprüchen verknüpft seien – und was konkret es denn heißen solle: dem „Leben" dienen.

Ein anderes Beispiel: Der jährlich verliehene Mystik-Preis der Theophrastus-Stiftung ging 2007 an den evangelischen Diakon Gerhard Wehr, der zahlreiche Bücher zum Thema „Mystik" publiziert hat und der Anthroposophie Rudolf Steiners nahesteht. Auf der Rückseite seines Buches über „Europäische Mystik" heißt es: „Als religiöses Urphänomen überschreitet die Mystik historische und geographische, konfessionelle und weltanschauliche Grenzen." Ein Blick im Buchladen um die Ecke bestätigt diese Perspektive: Als Taschenbuch ist dort beispielsweise zu haben „Eine Mystik, viele Stimmen", herausgegeben von Christoph Quarch.

Genau diese Grundannahme aber ist hinterfragbar: Kann man so pauschal von „der" Mystik als einem „religiösen Urphänomen" sprechen? Wehr selbst weiß zu unterscheiden: „Christliche Mystik entstammt naturgemäß dem Wurzelgrund der Christus-Botschaft, so wie die Eigenständigkeit nichtchristlicher Mystik zu betonen ist."[8] Im Lexikon „Religion in Geschichte und Gegenwart" (RGG[4]) heißt es zum Begriff *Mystik* gleich zu Beginn, er sei „eng mit der Entwicklung der europäischen Religionsgeschichte verbunden" und dürfe „nicht unproblematisiert als Oberbegriff für eine phänomenologisch bestimmte Gruppe von Erscheinungen in anderen Religionen angewendet werden."[9]

Was ist von daher unter dem Begriff „Mystik" zu verstehen? Die Beobachtung, dass die Forschung sich bisher auf keine einheitliche Definition verständigen konnte, bedeutet eine Warnung davor, ihn eng zu fassen. In dem Begriff steckt das altgriechische Wort *myein*, das verschlossene Augen, Ohren und eventuell auch einen verschlossenen Mund meint. Geschlossene Kommunikationsorgane zeugen von der Welt der Innerlichkeit. Methodischer Reizentzug für das Gehirn kann mystische Gefühle oder Erfahrungen relativ leicht herbeiführen.[10] Das normale Bewusstsein ist zunächst kaum irgendwie „mystisch" zu nennen – obwohl auch einfach die klare Tiefe wacher Wirklichkeitswahrnehmung manchen Lehren zufolge etwas Mystisches in sich birgt. Für viele aber tun sich Erfahrungen mystischer Art erst in einem Zustand spürbarer „Bewusstseinserweiterung" auf. Dann ahnt oder fühlt der Mensch etwas von jenem Umgreifenden, das eigentlich unsagbar zu sein scheint. Er erfährt „innerlich" etwas von der Dimension des Göttlichen, der Transzendenz. Viele Berichte über mystische Erfahrungen betonen, dass dafür kein Begriff und keine Aussage passten – auch nicht annähernd! Das Erfahrene sei im Grunde unbeschreiblich oder allenfalls in Bildern oder Worten umschreibbar. Gleichwohl haben Mystikerinnen und Mystiker oft einen großen Drang, sich und ihre Erfahrungen mitzuteilen.

Wegen der eigentlichen Nichtbenennbarkeit der mystischen Erfahrung bei gleichzeitigem Verlangen, dennoch nicht von ihr zu schweigen, bedienen sich Mystikerinnen und Mystiker oft ungewöhnlicher Stilmittel. Schon verschiedene biblische Texte sprechen von der Entzogenheit, Unsichtbarkeit, Nichtabbildbarkeit und Unnennbarkeit Gottes (z. B. 1. Tim 6,16). Doch neben der Innerlichkeit des Göttlichen selbst geht es in der Mystik vor allem auch um die Innerlichkeit des mystisch inspirierten Menschen. Und dafür steht heutzutage der Begriff der *Spiritualität*.

Dieser ebenso beliebte wie unscharfe Begriff speist sich in seinem gegenwärtigen Gebrauch sowohl aus kirchlichen als auch aus esoterischen Wurzeln. Seine Bedeutung führt auf das lateinische Wort *spiritus* zurück – Geist. Aber um welchen Geist soll es jeweils gehen? Geschichtlich stammt der Begriff „Spiritualität" aus der altkirchlichen Mönchstradition mit ihren mystischen Farben. Von daher hat er seinen legitimen Ort noch heute in Theologie und Kirche: „Seine Bedeutung umfasst hier christlich-mystische Frömmigkeit in der Ausrichtung auf den Geist, der im Kontext des christlichen, also trinitarischen Gottesverständnisses die Konzentration auf die Transzendenz und die Zuwendung zur Welt miteinander zu verbinden weiß. Dabei wird vorausgesetzt, dass Gott und Welt zueinander im Verhältnis von Schöpfer und Schöpfung stehen – welches Verhältnis allerdings umspannt ist von dem trinitätstheologisch festgehaltenen Eingehen Gottes in die Schöpfung durch seinen Sohn Jesus Christus."[11] Spiritualität im Christentum ist demnach von lebendiger Liebe zu Gott und den Menschen gespeiste Frömmigkeit in ihren gottesdienstlichen und karitativen Bezügen. Dem entspricht der Befund, dass es im Neuen Testament keinerlei nähere Anleitung zu methodischer Versenkung gibt. Kirchengeschichtlich

erläutert Bernardin Schellenberger: „Eine Durchsicht namentlich der abendländischen Tradition erbringt insgesamt ein ent-
mutigendes Ergebnis. In den schätzungsweise 250.000 enggge-
druckten Spalten der 220 Bände von Mignes Patrologie, die der
Substanz nach alle bedeutenden christlichen Autoren von den
Anfängen bis ins 13. Jahrhundert enthalten, findet sich keine
Anleitung, die auch nur annähernd das darstellt, was uns Yoga,
Zen, Transzendentale Meditation und viele andere Schulen heute gebrauchsfertig anbieten."[12]

Ganz anders der Spiritualitätsbegriff im Kontext der modernen Esoterik.[13] Dieser Traditionsstrang ist noch jung und weist
zurück auf den neuzeitlichen Spiritualismus, der sich von der
christlichen Tradition gelöst hat. Nicht zufällig finden sich an-
fängliche Verwendungen des englischen Wortes *spirituality* 1889
bei der Mutter der modernen Theosophie, Helena Petrovna Bla-
vatsky, die für eine grandiose Synthese westlicher und östlicher
Esoterik steht. Der Geist, um den sich hier alles dreht, ist nicht
der biblisch gemeinte Gottesgeist, sondern der philosophisch-
esoterisch angepeilte Geist des Ureinen. Der Religionswissenschaftler Reinhart Hummel hat unterstrichen: „Es wird heute
häufig übersehen, daß der Begriff ‚Spiritualität‘, wie er heutzutage verwendet wird, nicht aus der christlichen Tradition stammt,
sondern gegen Ende des vorigen Jahrhunderts im englisch-
sprechenden Reformhinduismus bei dem Bemühen entstanden
ist, der westlichen Welt das geistige Erbe des Hinduismus zu
vermitteln."[14] Bei diesem Traditionsstrang wird vorausgesetzt,
dass Gott als Geist und die Welt zueinander im Verhältnis von
(Ur-)Sein und Entfaltung oder Entäußerung stehen, also im Innersten letztlich eins sind. Die mystische Einkehr des Menschen
stößt demnach mehr oder weniger zielsicher auf die Klarheit des
göttlichen Geistes. Spiritualität, Versenkung und Erfahrung gehören in diesem Verständnis aufs Engste zusammen.

2. Mystik und Erfahrung

Paul Tillich hat einmal erklärt: „Das Mystische als Kategorie ist identisch mit der Gegenwart des Göttlichen in jeder religiösen Erfahrung. In diesem Sinne ist das Mystische das Herz aller Religion."[15] Tatsächlich wird die Mystik aber oft in einem engeren Sinn verstanden als religiöse *Sondererfahrung*. Dann wird das Mystische leicht zum Einfallstor beliebiger religiöser und weltanschaulicher Autoritätsansprüche, weil es als „Erfahrung" sonst nicht zugänglicher Wirklichkeiten unkritisch bejaht werden will.[16]

Gern werden solche „mystischen Erfahrungen" methodisch angestrebt. Meditationstechniken,[17] aber auch Drogen[18] und ähnliche Maßnahmen oder Substanzen sollen der Bewusstseins- und damit Erfahrungserweiterung dienen. Sondererfahrungen beeindrucken allerdings vor allem dann, wenn ihre Voraussetzungen und Folgen nicht hinreichend bedacht werden. Meist macht man sich nicht einmal klar, dass mit der angeblichen Erweiterung von Bewusstsein und Erfahrung in Wahrheit mitunter eine Verengung droht. Wolf Schneider weist in seinem „Kleinen Lexikon esoterischer Irrtümer" darauf hin, dass es sich bei mystischen Erfahrungen oft nur um „Halluzinationen oder Fantasien"[19] handelt. Wer die grundsätzliche, methodisch anstrebbare Erfahrbarkeit auch jenseitiger Wirklichkeiten behauptet, verliert zudem die Möglichkeit aus dem Auge, dass es noch eine tiefere, so eben nicht erfahrbare Transzendenz geben könnte.

Der spätmittelalterliche Theologe Johannes Gerson hat die „mystische Theologie" als experimentelle Erkenntnis Gottes, als Erfahrungswissen von Gott unterschieden von dem durch die Lehren der Kirche vermittelten theoretischen Wissen von Gott. Doch Dogmatik ist selbst sozusagen „geronnene Spiritualität", also ein Stück weit auch „geronnene Mystik". Tatsächlich bildete die sogenannte *unio mystica*, die mystische Vereinigung oder Einung, einen zentralen Punkt innerhalb der dogmatischen Beschreibung des Rechtfertigungsvorgangs im Altprotestantismus. Mystik war dort also in der Mitte theologischer Dogmatik anzutreffen!

Von daher lohnt es sich, darauf zu achten, was christliche Theologie heute Erhellendes zum Erfahrungsbegriff beizutragen hat. Schließlich ist „Erfahrung" eine Kategorie, die mit dem biblischen Verständnis von Offenbarung zusammenhängt. Grundsätzlich und auch hirnbiologisch gilt: Erfahrung geht stets mit dem *Deuten* von Erlebtem einher – und ist damit nie ohne frühere Erfahrungen denkbar. So stellt sich immer die Frage nach dem jeweiligen Interpretationshorizont, innerhalb dessen Erfahrungen gemacht werden.

Christliche Spiritualität stützt sich auf die biblisch-kirchliche Erfahrungstradition. Esoterisch-mystische und biblisch-mystische Erfahrungstraditionen unterscheiden sich dabei: Letztere ist eher geschichtlich, nämlich am Offenbarungshandeln Gottes ausgerichtet, jene hingegen denkt eher ungeschichtlich und geht von der jederzeit und überall realisierbaren Erfahrbarkeit göttlicher Transzendenz aus.

Den Deutungsrahmen eines betont christlich bestimmten Erfahrungsbegriffs bildet die zielbestimmte Lehre von den sogenannten „Letzten Dingen". Einfach gesagt, handelt es sich um den Bezug zum Letztgültigen, zur Ewigkeit, zu dem, was nach dem Tod kommt. Insofern spielt hierbei die Kategorie der *Zeit*, nämlich die Endlichkeit des Zeitlichen, des individuellen Lebens und der irdischen Geschichte oder der Weltzeit im Ganzen eine entscheidende Rolle. Hingegen kommt es beim allgemein-religiösen Erfahrungsbegriff eher auf die Kategorie des Raumes an: Da geht es um „höhere Welten" statt um die neue Welt Gottes, um den „Grund" in der Tiefe statt um den Geist des kommenden Gottesreiches. Die Frage, welcher Deutungsrahmen tiefer reicht, ist zwar im Prinzip eine Glaubensfrage. Als der integrationsfähigere dürfte sich aber doch der christliche erweisen, und zwar aus zwei Gründen:

- Vom biblischen Gottesverständnis aus lässt sich über die Möglichkeit natürlicher Erfahrungen von „Göttlichem" einschließlich ihrer Grenzen sinnvoll und kritisch nachdenken; umgekehrt kommt vom erfahrungsreligiösen Ansatz her die Jenseitigkeit des biblischen Gottes schwerlich in den Blick.
- Christliches Erfahrungsverständnis wird aufgrund seiner geschichtlichen Orientierung der Erfahrung eher gerecht, dass „Erfahrung" allemal etwas Unabgeschlossenes ist. Keine Erfahrung kann für sich unbedingte Gültigkeit beanspruchen, da prinzipiell offen ist, ob nicht vielleicht neue Erfahrungen entscheidend über sie hinausführen. Mit kritischem Blick auf Autoritätsansprüche sowohl des empirischen als auch des allgemein-religiösen Erfahrungsbegriffs weist christliches Erfahrungsverständnis deshalb darauf hin, dass erst im Licht des universalen Offenbar-Werdens Gottes am Ende der Zeit von allgemeingültiger, weil endgültiger Erfahrung mit Recht geredet werden kann. Gleichzeitig erhebt es selbst den Anspruch, einen umfassenden Erfahrungsbegriff darzustellen, weil es von jenem für alle Zeit maßgeblichen Offenbarungsgeschehen herkommt, das sich in Jesu Leben, Tod und Auferweckung vollzogen hat. Und so geht es vorwegnehmend von der Richtigkeit der christlichen Erfahrungsperspektive aus.

Es ist also ein unverzichtbarer Wesenszug des christlichen Erfahrungsbegriffs, einen mystischen Bezugspunkt im Ewigen zu haben und hoffnungsfroh auf die erlöste Schöpfung ausgerichtet zu sein, auf die schon der Seher Johannes am Ende der Heiligen Schrift visionär hingeblickt hat. In diesem Sinn wissen mystisch orientierte Christen um die Überholbarkeit aller Erfahrung – und gleichzeitig um die unüberholbare Erfahrung der Liebe Gottes, wie sie im Leben, Sterben und Auferstehen Jesu Christi gemacht worden ist und immer wieder gemacht wird. Diese Erkenntnis wird zur Kritik solcher Arten von Mystik, die eine Verwandlung und Vollendung der Wirklichkeit nicht im Blick haben und jetzt schon Vollendungsmöglichkeiten behaupten.

Inhaltlich ist christliches Mystik-Verständnis insbesondere gekennzeichnet durch die zentrale Erfahrung, dass sich mit der Botschaft von Jesus Christus für die Glaubenden die Vorwegnahme des Freispruchs im Endgericht verbindet (Joh 5,24). Wer diese Botschaft angemessen versteht und damit „erfährt", macht zugleich die mystische Erfahrung, dass ihm der Glaube *geschenkt* ist, weil sich hierdurch Gott selbst mit seinem Geist schenkt. In der Gemeinschaft mit dem Auferstandenen erfahren Christen so bereits vor dem Tod ewiges Leben. Das können sie freilich nicht vor der Welt aufweisen (Joh 14,17; 1. Kor 2,6–16), ja nicht einmal sich selbst vergegenständlichen, sondern als Gewissheit nur immer wieder glaubend empfangen. Dieser Erfahrungsprozess mag in seiner Unabgeschlossenheit durchaus Schwankungen unterliegen und vieldeutig sein. Deshalb verbietet sich eine Erfahrungstheologie, die das Glaubensverständnis ausschließlich im Horizont von Glaubenserfahrungen erläutern will. Vielmehr ist umgekehrt Glaubenserfahrung von der Mitte des christlichen Glaubensverständnisses her zu deuten. Diese Mitte aber ist Jesus Christus selbst, wie ihn das Neue Testament und die christlichen Kirchen erfahren haben und bezeugen (Joh 14,6). Denn nur in der Begegnung mit Jesus Christus, in dem Gott das Menschsein konsequent angenommen und selber erfahren hat, vermag der glaubende Mensch in Wahrheit Gott zu *erfahren*. Wo der gekreuzigte und auferstandene Gottmensch ins Herz aufgenommen wird, ist eine mystische Begegnung zwischen Gott und Menschen möglich. Ihren Anhalt hat sie an der geschichtlichen Wirklichkeit Jesu von Nazareth, der als geschichtliche Gestalt davor bewahrt, nicht im „Mystischen" zu verschwimmen und womöglich einer bloßen Illusion zu erliegen. Umgekehrt ist das spirituell Einleuchtende der sich hier eröffnenden Wahrheit die Ursache dafür, dass die Wahrheit Jesu Christi trotz ihrer geschichtlichen Relativität mystische Überzeugungskraft entfalten kann.

3. Mystik und Naturwissenschaft

Ein rein naturwissenschaftlicher Erfahrungsbegriff kann wegen seiner Engführung dazu führen, dass so etwas wie Mystik grundsätzlich ausgeschlossen wird. Solch positivistische Perspektive stellt freilich eine weltanschauliche Maßgabe dar, die einen bestimmten Wahrnehmungszirkel zur Methode erklärt. Wer hierauf sein Wirklichkeitsverständnis baut, sollte sich bewusst gemacht haben, dass er einen starken – wenn auch negativen – Glauben einbringt. Denn der Rückzug aufs schlechthin „Beweisbare" beweist bei genauerer Betrachtung in keiner Hinsicht, dass man hierbei weltanschaulich richtig liegt.

Im Gegenteil! Der französische Physiker Bernard d'Espagnat, 2009 ausgezeichnet mit dem *Tempelton Prize for Progress in Religion* für sein Buch „On Physics and Philosophy", erklärt in besagtem Werk, dass physikalische Theorien nie eine unabhängige, sondern vielmehr eine verschleierte Realität beschreiben. Er hält „mysteriöse" Dinge von daher für einen wesentlichen Bestandteil allen Seins. Auch andere Forscher sind sich längst klar darüber, dass die Naturwissenschaften „Fortsetzung der Metaphysik mit anderen Mitteln"[20] sind bzw. „die jüngsten Entdeckungen der neuen Physik die Sphäre der metaphysischen Intuition berühren".[21]

So liegt selbst von naturwissenschaftlicher Sichtweise aus heute ein mystisches Wirklichkeitsverständnis nahe. Schon seit Jahrzehnten ist für manche Naturwissenschaftler klar, dass ihre Fächer die Kategorie „Mystik" keineswegs ausschließen. Fordert nicht vielmehr die moderne Physik geradezu den Einbezug des Geistigen in ihre Theoriebildung? Die sogenannte Quantenmechanik ist jedenfalls offen für mystische Dimensionen.

Das hat zu tun mit der Rolle des Beobachters im quantenphysikalischen Experiment. Zwar gilt „Beobachtung" hier nur als Akt der Registrierung eines Ereignisses, der auch durch eine bloße Apparatur erfolgen könnte. Doch der Naturwissenschaftler und Nobelpreisträger Erwin Schrödinger gab schon vor einem halben Jahrhundert zu bedenken, die sorgfältigste Registrierung besage gar nichts, wenn sie nicht abgelesen werde. Der menschliche Geist spielt also eine konstitutive Rolle in der modernen Physik. Naturwissenschaftlich ist nicht zu bestreiten, dass die gesamte Realität neben der physikalisch erfassbaren Dimension auch Bewusstsein bzw. Geist umfasst.[22] Welch eine Perspektive für die Mystik!

Tatsächlich haben sich von daher einige namhafte Physiker für eine Art „spirituellen Monismus" ausgesprochen, also für eine *Einheitslehre*, die Raum, Materie und Kräfte auf quantentheoretischer Basis als Erscheinungsweisen geistiger Informationen bzw. Vorgänge denken lässt. An erster Stelle wäre hier Carl Friedrich von Weizsäcker zu nennen. Dass der berühmte Physiker und Philosoph an einen „spirituellen Monismus"[23] denkt, hängt mit der Erkenntnis zusammen, dass für die Quantentheorie anders als für die klassische Physik der Begriff der Information ins Zentrum rückt. Von Weizsäcker fragt mit mystischer Intention: „Ist die Natur, so auch das physische wahrnehmbare Gehirn, vielleicht nur der Geist, der sich noch nicht als Geist kennt?"[24]

Ähnlich denken namhafte Physiker wie David Bohm, Fritjof Capra, Ilya Prigogine und andere.[25] Überlegungen zugunsten einer gemeinsamen Beschreibung von Physischem und Psychischem, also auch von Physischem und Geistigem, kulminieren in der These des Physikers Hans-Peter Dürr, Materie sei als „geronnener Geist" bzw. als „Kruste des Geistes"[26] zu deuten. Der Nachfolger Werner Heisenbergs am Max-Planck-Institut für Physik zeigt sich überzeugt: „Natur ist praktisch per se mit dem Geistigen versehen." Ihm drängt sich das mystische Konzept einer „Weltseele"[27] auf. Hat unsere Wirklichkeit quantenmechanisch als offenes System zu gelten,[28] innerhalb dessen mystische Phänomene, Praktiken und Erfahrungen durchaus ihren Ort haben könnten?

Sogar die wissenschaftliche Parapsychologie denkt heutzutage in quantenphysikalischen Dimensionen. Doch schon in der ersten Hälfte des 20. Jahrhunderts hatte der Leipziger Biologe, Philosoph und Parapsychologe Hans Driesch zwecks Erklärung paranormaler Phänomene die mystische These von der „Weltgeistüberperson"[29] zur Diskussion gestellt. Hingegen ist vonseiten der Theologie wenig zu derlei Gedankenwelten beigetragen worden. Der Tübinger systematische Theologe Jürgen Moltmann immerhin gibt zu bedenken: „Ist der kosmische Geist der Geist *Gottes*, dann kann das Universum nicht als ein geschlossenes System angesehen werden. Es muß als ein für Gott und seine Zukunft *offenes System* verstanden werden."[30]

Mystik ist jedenfalls heutzutage mit naturwissenschaftlichem Denken kompatibel. Dabei muss die Essenz von Beiträgen aus der heutigen Naturwissenschaft keineswegs unbedingt in einen spirituellen Monismus münden. So erklären die Astrophysiker Grichka und Igor Bogdanov im Einvernehmen mit dem Philosophen Jean Guitton: „Dieses Universum hat nicht das Merkmal des Seins an sich. Es setzt die Existenz eines Seins voraus, das sich von ihm unterscheidet, außerhalb seiner liegt. Wenn unsere Realität zeitlich ist, dann ist die Ursache dieser Realität ultra- zeitlich und der Zeit wie dem Raum transzendent."[31]

Auch macht der Umstand, dass moderne Naturwissenschaft zunehmend mystisches Denken biologisch erforscht, dieses keineswegs unwirklich. Zwar kann die Gehirnforschung mitt- lerweile bestimmte Regionen im Kopf und auch körpereigene Hormone benennen, die für religiöse oder mystische Empfin- dungen in besonderer Weise zuständig zu sein scheinen.[32] Doch das Aufklärungspotenzial solch naturalistischer Auskünfte ist beschränkt und keineswegs geeignet, definitive weltanschau- liche „Offenbarungen" materialistischer Art zu übermitteln. Vielmehr handelt es sich um Produkte methodisch entspre- chend zugespitzter Perspektiven.[33] Überhaupt kann Bewusst- sein, weil immer getragen von einer Ich-Perspektive, sich selbst nicht vollständig erfassen. Deshalb bleiben alle Antworten auf das Geist-Gehirn-Problem in einem weiteren Sinn Glaubenssa- che.[34] Die alte Trennlinie zwischen Natur- und Geisteswissen- schaft erweist sich als obsolet. Jene mystische Wahrheit, die die Welt im Innersten zusammenhält und auch das Geheimnis des Todes birgt, lässt sich mit rein naturwissenschaftlicher Metho- dik freilich nicht ergründen.

4. MYSTIK UND KOSMISCHES BEWUSSTSEIN

Oft begegnet auf dem Gebiet des Mystischen die Sondererfah- rung eines „kosmischen Bewusstseins". Sie wird als Bewusst- seinserweiterung erlebt, die sich als eine umfassende Wahrneh- mung des ganzheitlichen Zusammenhangs aller Dinge darstellt – das wahrnehmende Subjekt mit eingeschlossen. Derlei Visi- onen der Welt und dessen, was sie im Innersten zusammenhält, können sich spontan einstellen oder durch besondere Lebens- umstände, aber auch durch Drogen oder Meditationsübungen hervorgerufen werden. Für den Erlebenden sind sie überwältigend und von hoher weltanschaulicher Prägekraft.

Der fachkundige Anästhesist Allan Smith war Atheist, als ihn solch eine besondere mystische Erfahrung überfiel: „Mein Erleben eines kosmischen Bewusstseins ereignete sich unerwartet, als ich eines Abends allein war und einen besonders schönen Sonnenuntergang beobachtete. ... Tatsächlich ging von der Sonne kein besonders starkes Leuchten aus. Das Licht gab der Luft eine gewisse helle Undurchdringlichkeit, so dass die Wahrnehmung eher ein wenig getrübt als besonders geschärft war. Bald wurde es sehr hell, doch das Licht war nicht im Geringsten unangenehm. Mit dem Licht ging eine Veränderung der Stimmung einher. Ich fühlte mich sehr gut und immer besser, schließlich spürte ich eine freudige Erregung. Während dies geschah, schien die Zeit langsamer und langsamer zu vergehen. ... Schließlich gab es überhaupt kein Gefühl für die vergehende Zeit mehr. Dieses Gefühl ist schwer zu beschreiben, doch es wäre besser zu sagen, es gab keine Zeit oder kein Gefühl von Zeit. Nur der gegenwärtige Augenblick existierte. Meine Hochstimmung ging in einen ekstatischen Zustand von einer Intensität über, wie ich sie mir nie hätte vorstellen können oder für möglich gehalten hätte. Das farblose weiße Licht um mich herum verschmolz mit dem wirklichen Licht des Sonnenuntergangs zu einem alles umhüllenden intensiven Lichtfeld. Die Wahrnehmung anderer Dinge verblasste. An diesem Punkt verschmolz ich mit dem Licht, und alles, mich eingeschlossen, wurde zu einem einheitlichen Ganzen. Es gab keine Trennung zwischen mir und der übrigen Welt. ... Die Beschreibung, dass das Subjekt mit dem Objekt verschmilzt, wäre nahezu adäquat für den Eintritt in das kosmische Bewusstsein, doch während des kosmischen Bewusstseins gibt es weder Subjekt noch Objekt. Alle Wörter und alles diskursive Denken hatten aufgehört... Es gab keine unterscheidbaren Ereignisse, die sich zutrugen, nur ein zeitloses einheitliches Empfinden des Seins. … Ich wusste mit Sicherheit, dass das Universum ein einziges Ganzes war und dass Güte und Liebe den Grund bildeten. Die gütige Natur, der Grund und das Sein, mit dem ich vereinigt war, war Gott. … Das Wissen kosmischen Bewusstseins hat mich die wahre Natur des Universums dauerhaft spüren lassen."[35]

Dieses Beispiel enthält eine Reihe typischer Züge des „kosmischen Bewusstseins", insbesondere mystisches Licht, Veränderung des Zeiterlebens, Aufhebung der Subjekt-Objekt-Spaltung in der Wahrnehmung sowie überhaupt eine holistische bzw. monistische Wirklichkeitsdeutung, derzufolge alles irgendwie „eins" ist. In die Perspektive der allumfassenden Einheit wird dabei auch Gott selbst einbezogen, so dass solche Mystik indirekt „theologische" Ansprüche zu erheben pflegt. Der von der Welt als seiner Schöpfung unterschiedene Gott wird abgelehnt zugunsten eines mehr oder weniger pantheistischen Gottesverständnisses.

Biologen, Gehirnforscher und Tiefenpsychologen haben zur Entstehung und Deutung des „kosmischen Bewusstseins" verschiedene Theorien vorgelegt, die hier nicht näher darzustellen sind. Keineswegs müssen sie stets „materialistischer" Art sein. Beispielsweise sieht der Mathematik-Professor Günter Ewald „im hirnbiologisch beschriebenen Verschmelzungserlebnis mit dem All, wie es Mystiker in Extremformen erleben, Ansätze zum ‚Überspielen' der Seele in die transzendente Wirklichkeit, ähnlich wie in Nahtoderlebnissen."[36] Offenkundig handelt es sich um eine erhebende Erfahrung auf paranormaler Bewusstseinsstufe, die rund um den Erdball und relativ unabhängig von kulturellen Zusammenhängen spontan auftritt. Ihre künstliche Erzeugbarkeit oder Abrufbarkeit deutet allerdings darauf hin, dass die religiöse Offenbarungsqualität dieser Art von Mystik begrenzt ist oder überhaupt in die Nähe des Illusionären gerückt werden darf. Hier begegnet etwas Rausch-Ähnliches, Nebulöses, das mit der Wirksamkeit von körpereigenen, morphiumartigen Hormonen, den sogenannten *Endorphinen* (oder ggf. analog dazu mit künstlich zugeführten Drogen) zu tun haben dürfte. Solche Stoffe spielen bei mystischen Erfahrungen meist eine verursachende oder begleitende Rolle. Aber keineswegs alle mystischen Erfahrungen sind mit dem „kosmischen Bewusstsein" in seiner rauschähnlichen Eigenart gleichzusetzen. Vielmehr gibt es beispielsweise eine eher personal gefärbte[37] Mystik, die auf eine als Du ansprechbare Gottheit gerichtet ist, sowie mystische Erfahrungen mit und ohne visionäre Elemente[38] – und vor allem unterschiedliche Aussagen von Mystikerinnen und Mystikern über den letzten Sinn aller Dinge.

Charakteristisch für das „kosmische Bewusstsein" ist mit der monistischen Ausrichtung die Annahme, der Kosmos (nicht zufällig ist dies der altgriechische Begriff für „Welt", der an ein geordnetes, ja geschmücktes All denken lässt) sei in sich harmonisch und vollkommen. So erklärt denn auch Charles T. Tart, der die oben zitierte Erfahrung von Allan Smith publiziert hat: „Ein Bestandteil der besagten Erleuchtungserfahrungen ist die Erkenntnis, dass alles vollkommen ist. Ein Kind wird von einem Lastwagen überfahren? Das tut der Vollkommenheit keinen Abbruch. Der Krieg in Bosnien? Auch nicht. Zur Erfahrung der Erleuchtung gehört die Erkenntnis, dass es eine Perspektive gibt, von der aus alles vollkommen ist..."[39] Solch mystische Thesen haben angesichts der Wirklichkeit unserer Welt etwas Zynisches. Sie pflegen sogar konsequent davon auszugehen, dass das Böse ein Element in Gott selbst ist[40] – anders kann ja das monistische Konzept das Vorhandensein von Bösem in der erfahrbaren Wirklichkeit kaum erklären.

Tart aber fährt fort: „Wenn Sie das alles ein wenig verwirrend finden, ist das schon in Ordnung. Es ist nicht davon auszugehen, dass dies von der Ebene unseres normalen Bewusstseins aus verständlich wäre, doch es besteht die Möglichkeit, es zu erfahren." Was soll denn das wohl für eine „Erleuchtung", also eine Erhellung sein, die für unsere Vernunft mit ihren berechtigten Fragen nach dem Sinn von schlimmen Leiderfahrungen völlig unverständlich bleibt? Liegt hier nicht in der Tat der Verdacht nahe, dass es sich um etwas Rauschähnliches handeln dürfte?

Es gibt allerdings eine Mystik, die mit der Frage nach dem Sinn des Leidens und des Todes anders umgeht als jenes „kosmische Bewusstsein". Gemeint ist die christliche Mystik, sofern sie sich authentisch am Kreuz Jesu Christi orientiert. Sie eröffnet eine Perspektive, in der Gott und Leid sinnvoll auf einen Nenner kommen.[41] Zugleich ist dies ein Ausblick auf Vollendung, auf verheißene Vollkommenheit der Auferstehungswelt, die Nüchternheit zulässt im Blick auf die Unvollkommenheit der Gegenwart, ohne auf den Trost zugesagter Heilung zu verzichten. Dass und wie Kreuzestheologie und Mystik zusammengehören, hat namentlich Martin Luther deutlich gemacht. Hier zeigt sich augenfällig, wie dringlich die Unterscheidung der Geister gerade auf dem Gebiet der Mystik ist.

Solche Unterscheidung darf sich auch nicht dadurch beirren lassen, dass „kosmisches Bewusstsein" sich gelegentlich eindrucksvoll mit einem sogenannten „Christus-Bewusstsein" verbinden kann. Denn gerade der Begriff „Christus" ist von esoterischer Mystik gern in einem eigenen, biblisch nicht mehr gedeckten Sinn uminterpretiert worden. Namentlich die moderne Theosophie hat dann vollmundig vom „kosmischen Christus" oder vom „mystischen Christus" gesprochen.[42] Und so erstaunt es wenig, dass etwa der dänische Schriftsteller Martinus Thomsen 1921 nach der Lektüre eines theosophischen Buches sein „kosmisches Bewusstsein" im Verbund mit einer Christus-Vision erfuhr. Als er versuchte, über den Begriff „Gott" zu meditieren, fühlte er sich nach eigenem Bekunden plötzlich auf unerklärliche Weise in einen Zustand versetzt, in dem er selbst der Mittelpunkt von etwas ganz Erhabenem war. „Ich blickte direkt in eine Gestalt aus Feuer. Ein Christuswesen aus blendendem Sonnenlicht bewegte sich mit ausgebreiteten Armen direkt auf mich zu. Ich war unfähig, mich zu rühren." Es kam zu einer mystischen Verschmelzung mit dem Christuswesen. Thomsen weiter: „Das göttliche Licht, das auf diese Weise in mich eingegangen war, befähigte mich, die Welt zu überblicken. Und siehe da! Kontinente und Meere, Städte und Länder, Berge und Täler badeten in dem Licht, das meinem Inneren entströmte. Das weiße Licht verwandelte die Erde in das ‚Reich Gottes'."[43]

Die Erde in ihrer ganzen Herrlichkeit, aber auch Qual als „Reich Gottes" wahrzunehmen, also mit dem Prädikat der Vollkommenheit ausgestattet zu sehen, stellt jene zynisch anmutende Deutungsweise dar, die für das „kosmische Bewusstsein" charakteristisch, jedoch neutestamentlich nicht gedeckt ist. Der einzige Text, der vielleicht in dieser Richtung gelesen werden könnte, ist der Christus-Hymnus im 1. Kapitel des Kolosserbriefs (15–20).[44] Aber auch die hier anvisierten kosmischen Dimensionen stehen ganz deutlich im Horizont von Kreuz und Auferstehung Jesu Christi – und damit in der Zielperspektive dessen, was im Neuen Testament wirklich mit dem kommenden „Reich Gottes" gemeint ist. Mystisches Denken sollte sich im Umgang mit biblisch geprägten Begriffen sensibler zeigen, als das auf spiritualistischem Terrain oft der Fall ist.[45]

5. Mystik und Esoterik

Die Chancen von „Mystik" stehen hierzulande insbesondere im Horizont der sogenannten Esoterik-Welle erstaunlich gut. So bemerkt die Religionswissenschaftlerin Julia Iwersen, Mystik sei eine „Teil- oder Unterströmung der Religion, die in ihren Grundanschauungen und Zielen für den Weg des Menschen mit der Esoterik nahezu identisch ist. ... Im 20. Jahrhundert ist wiederum eine starke Annäherung der Mystik an die Esoterik zu konstatieren."[46] Der Religionstheologe Paul Knitter sieht die Attribute „esoterisch" und „mystisch" überhaupt als austauschbar an.[47]

Im Vorwort des „Esoterik-Jahrbuchs 2006" steht es schwarz auf weiß: „Aus den Ecken und Nischen der Subkultur ist die Esoterik-Bewegung heute längst im Mainstream angekommen." Das kulturelle Phänomen einer vitalen Esoterik ist von hoher religiöser Bedeutung. Bereits in den frühen 90er Jahren ließ eine Umfrage zur Kirchenmitgliedschaft ein „erhebliches Interesse vor allem der jüngeren Befragten an spirituellen, esoterischen, übersinnlichen Phänomenen erkennen."[48] Inzwischen interessiert sich laut einer Umfrage der „Identity Foundation" (Düsseldorf) fast jeder zweite Deutsche für esoterische Fragen, was auch eine entsprechende Aufgeschlossenheit für mystische Religiosität bedeutet.

Hilfreich ist bei der Erfassung dessen, was im Begriff „Esoterik" stets weltanschaulich mitschwingt, eine Auskunft des Philosophen Edmund Runggaldier: Im Hintergrund fast aller esoterischer Bewegungen stehe *Monismus*. Gemeint ist damit die Lehre, dass alle Wirklichkeit – also auch die von Gott, Welt und Mensch insgesamt – eine Einheit darstelle. Ungefähr alles esoterische Denken nehme an, „dass es nur ein letztes Urprinzip gibt. In der Esoterik tauchen zwar auch dualistische Tendenzen auf: Der Mensch ist aus Seele und Körper zusammengesetzt und kann durch Reinkarnation verschiedene Körper annehmen. Aber auch der Körper besteht letztlich aus Energie und ist somit doch aus demselben ‚Stoff' wie die Seele... Wenn alles Energie ist, ist letztlich alles *eins*: Alles ist mit allem verbunden."[49] Von solcher Allverbundenheit lebt das mystische Denken im Kontext der esoterischen Bewegung. Runggaldier benennt korrekt die monistische Philosophie des *Neuplatonismus* als Hintergrund esoterischen Denkens. Nicht zufällig bilden Grundstrukturen des neuplatonischen Monismus auch oftmals die verborgene weltanschauliche Basis mystischer Orientierung.

Gerade im Blick auf das Phänomen „Mystik" besitzt die Auskunft, es handele sich um *spirituellen Monismus*, hohe Erhellungskraft.[50] Diese Definition beleuchtet zunächst den Tatbestand, dass hier eine Unzahl sowohl einfacherer als auch komplizierter Denksysteme sprießen kann. Denn das monistische Prinzip der Einheit entfaltet sich grundsätzlich in eine bunte Vielheit hinein. Von daher versteht es sich, warum esoterische wie mystische Systeme im Vergleich eine enorme Bandbreite zwischen Banalität und intellektueller Tiefe bieten. Das Prinzip des Monismus macht all dies möglich.

Sodann ist es erhellend, religionspsychologisch wahrzunehmen, dass das Einheitsprinzip des Monismus dazu verführt, *regressive* Gefühle der Geborgenheit im Ureinen zu entwickeln und zu fördern. Der Fachbegriff der „Regression" meint ein inneres Zurückgleiten in einen frühkindlichen, womöglich embryonalen Bewusstseinszustand – noch vor allem unterscheidenden und sprachlichen Denken.[51] Das hier anzutreffende mystische Gefühl mit seinen „kosmisch"[52] anmutenden Dimensionen und seinen harmonischen Farben zieht in unserer von Finanzmarkt-, Wirtschafts- und Umweltkrisen gebeutelten Gesellschaft zunehmend Menschen in seinen Bann. Regressive Esoterik wie Mystik können tiefsinnig sein, aber leicht auch infantil oder banal – besonders dort, wo sie vermarktet werden.

Monismus kommt keineswegs nur dort vor, wo Regression, Infantilität oder Irrationalismus begegnen. Vielmehr kann diese Wirklichkeitsdeutung hochgradig intellektuell begründet sein. Man denke nur an die großen Systeme des klassischen Idealismus, dessen Hauptvertreter Schelling und Hegel zum Neuplatonismus ebenso Bezüge aufweisen wie zum Strang esoterisch-mystischer Tradition.[53] Sogar die moderne Physik kennt manch großen Namen, der sich monistischem Denken zuordnen lässt.[54] Keinesfalls darf man also monistische Orientierungen in Mystik und Esoterik pauschal als irrationale oder banale Phänomene abtun.

Wiederum sollte auch nie der Eindruck erweckt werden, als sei eine mit Intellekt und Worthaftigkeit verbundene Mystik auf dem Holzweg. Wenn etwa Klaus-Peter Jörns pauschal meint, die Mystik habe schon immer um Erfahrungen gewusst, „zu denen die wortgebundene Denkweise niemals gelangt",[55] dann täuscht er sich: Gerade im Christentum gibt es eine am Wort Gottes orientierte Mystik, die darum weiß, dass das Wort im Anfang bei Gott war (Joh 1,1). So kurzschlüssig lässt sich das Mystische nicht auf die rechte Gehirnhälfte – jenseits der linken, in der diskursives Denken und das Sprachzentrum angesiedelt sind – einengen.

Wie sich ein reifes mystisches Gottesverhältnis biblisch darstellen kann, zeigt exemplarisch Psalm 131. Dort spricht der Beter zu Gott: „Nicht Selbstüberhebung bestimmt meinen Geist, nicht Vermessenheit meine Augen; ich gehe nicht um mit großen, mir zu wunderbaren Dingen. Nein, ich habe meine Seele völlig zur Ruhe gebracht! Wie ein Entwöhntes zu seiner Mutter, wie das Entwöhnte, so ist meine Seele in mir."[56]

6. MYSTIK UND SYNKRETISMUS

Von Albert Schweitzer stammt die These: „Mystik ist die vollendete Art von Weltanschauung."[57] In der Weltanschauung suche der Mensch zu jenem unendlichen Sein, dem er in natürlicher Weise angehöre, auch in ein geistiges Verhältnis zu gelangen. Nur im geistigen Eins-Werden mit dem unendlichen Sein könne er seinem Leben einen Sinn geben sowie Kraft zum Erleiden und zum Wirken finden. Darum entspricht laut Schweitzer allein die Mystik „dem Ideal der Weltanschauung. Alle anderen Weltanschauungen sind der Art nach unvollkommen…"

In der Tat trägt alle Mystik weltanschauliche Aspekte von Gewicht in sich. Umso mehr kommt es darauf an, um welche Art von Mystik es sich jeweils handelt. Denn es gibt keineswegs einfach „die" Mystik. Vielmehr kommt beispielsweise neben die christliche Mystik die muslimische des Sufismus und die jüdische der Kabbala zu stehen, neben die hinduistische die buddhistische, neben die taoistische sogar eine „atheistische". Das Phänomen des Mystischen zeigt sich in unterschiedlichsten religiösen und weltanschaulichen Zusammenhängen – mit entsprechend verschiedenen Auswirkungen auf Daseinsverständnis und Ethos. „Mystik" ist insofern ein interessanter Gegenstand für Weltanschauungsexperten sowie eine stete Herausforderung für Theologie und Religionsphilosophie.

Behauptet wird oft eine weitgehende Übereinstimmung der Erkenntnisse der Mystiker bzw. des mystischen Gehalts aller Religionen – „was stark dafür spricht, daß die Mystiker aus der Quelle der *einen* großen Wahrheit geschöpft haben."[58] Mystik sei überhaupt „die eigentliche geistige Substanz der Religion", heißt es gern. Von daher erscheint alle mystische Religiosität wesensverwandt. So hat sich laut Klaus-Peter Jörns die Mystik als eine „natürliche Brücke zwischen den Religionen erwiesen."[59]

Doch eine solche Sichtweise bleibt einseitig, unkritisch und verschwommen. Jenseits von sorgfältiger Wahrnehmung werden die Dinge nebulös – und dann freilich auch scheinbar austauschbar. Eine so verstandene Mystik bedeutet in der Regel das Ende der biblisch geforderten „Unterscheidung der Geister". Man kann erleben, dass Mystiker, die eigentlich mehr noch als andere Menschen Gelassenheit ausstrahlen sollten, höchst aggressiv werden, wenn man ihnen mit der Forderung nach solcher Unterscheidung kommt. Im Zeichen von „Mystik" ist stattdessen häufig Einheit um jeden Preis, Monismus im Sinne einer spirituellen Ideologie angesagt. Je tiefer man in der Erkenntnis komme, so wird behauptet, desto mehr sei wahrnehmbar, wie alle Schnüre in einen Knoten, alle Wurzeln in einen Stamm oder alle Flüsse in ein Meer münden...

Im Buddhismus gibt es das berühmte Gleichnis von den Blinden, die alle einen Elefanten betasten und dann dessen einzelne Körperteile beschreiben. Hierbei verkennen sie aufgrund ihrer Blindheit, dass es sich um ein- und dasselbe großartige Tier handelt. Sollte es nicht auch auf dem Gebiet der Religion so sein, dass die verschiedenen Konfessionen und Religionen bloß „blinde Kuh" spielen und erst die Mystiker erkennen, was in der Tiefe aller Religionen an einheitlicher und überhaupt entscheidender Wahrheit ruht? „Eine Wahrheit – viele Wege" lautet der bezeichnende Titel des 1993 in einem Esoterik-Verlag erschienenen Buches von Houston Smith, das sich in Amerika bereits millionenfach verkauft hat.

In diesem Sinne verbindet sich Mystik gern mit sogenanntem *Synkretismus*, nämlich mit spontan bzw. subtil wachsender oder aber programmatischer Vermischung von Religionen oder religiösen Inhalten.[60] Für manche mystischen Schriftsteller und Systeme ist solche Vermischung erstrebenswert – etwa für die moderne Theosophie. Synkretismus begegnet jedenfalls überall dort, wo auf der Basis einer monistisch vorausgesetzten „mystischen" Einheit der Religionen direkt die Realisierung ihrer äußeren Einheit angepeilt wird. Die mystische Erfahrung des „Zugehörens" wird dabei stets als gemeinsame Grundlage aller Religionen der Welt behauptet.

1993 jährte sich zum 100. Mal der Jahrestag des 1893 erstmals einberufenen „Weltparlaments der Religionen" in Chicago. Initiiert wurde diese interreligiöse Zusammenkunft einst vor allem von Charles C. Bonney, einem Mitglied der auf den schwedischen Naturwissenschaftler und Spiritualisten Emanuel Swedenborg zurückgehenden *New Jerusalem Church*. Mystisch verstand man sich als „Bollwerk gegenüber dem um sich greifenden Unglauben" – ohne freilich eine „blutleere Universalreligion" anstreben zu wollen. Das, was man als spiritualistischen Grundkonsens aller Religionen ausmachen zu können meinte, war 1893 noch weitgehend von westlichen Einflüssen bestimmt. Immerhin begann seit jener Zeit die immer erfolgreicher werdende Mission östlicher Religionen im Abendland. Über hundert Jahre später ist es ein überwiegend fernöstlich geprägter Mystizismus, der das interreligiöse Bollwerk gegen den geistvergessenen Säkularismus bilden soll. Vor dem zweiten „Parlament der Weltreligionen" erklärte Swami Ghahananda 1993 im Sinne der meisten anwesenden Vertreter der Religionen, die Behälter seien verschieden, der Inhalt sei jedoch derselbe; es gelte, „von Harmonie zur Einheit" voranzuschreiten.[61]

Erblickt man in den „Weisheiten aller Religionen" das „tausendfältige Wiedererkennen unseres Hierseins als Heimkehr zum Geist",[62] dann ist man vielleicht Mystiker – doch in welchem Sinne? Eine allgemeinreligiöse, monistisch verstandene Mystik bildet für manche Zeitgenossen im Kontext des religiösen Pluralismus unserer Zeit die Grundlage für ihre Aussage, dass sie zugleich mehreren religiösen Bekenntnissen angehören oder sich zumindest zugehörig fühlen. Das mag in unserem multikulturellen Horizont gar nicht einmal allzu ungewöhnlich erscheinen. Und wer da meint, kritisch nachfragen zu müssen, wie denn so etwas sein könne, gerät womöglich rasch unter den Verdacht der Intoleranz. Doch Josef Sudbrack betont mit Recht: „Mystische Erfahrung – mag sie sich noch so absolut und weltenthoben geben – ist bis in die Wurzel hinein geprägt von der kulturellen und religiösen Voraussetzung des Mystikers.

Nur wer dies realisiert, darf den verantworteten Vergleich der verschiedenen Erfahrungen versuchen."[63]

Wie verantwortlich aber denken und handeln diejenigen, die meinen, sie könnten ihre verschiedenen Erfahrungen in unterschiedlichen Weltreligionen durchaus mystisch-fromm auf einen Nenner bringen? Um *christliche* Mystik dürfte es sich dann jedenfalls nicht handeln.[64] Denn was „Christentum" heißt, lässt sich keineswegs beliebig definieren, wie heutzutage gern suggeriert wird, sondern muss biblisch überprüfbar und an den grundlegenden ökumenischen Bekenntnissen der Christenheit ablesbar sein. So ist es angemessen, sich bei der Frage nach dem Wesen des Christentums an die Basisformel des Ökumenischen Rates der Kirchen zu halten: Sie geht aus von einer „Gemeinschaft von Kirchen, die den Herrn Jesus Christus gemäß der Heiligen Schrift als Gott und Heiland bekennen und darum gemeinsam zu erfüllen trachten, wozu sie berufen sind, zur Ehre Gottes, des Vaters, des Sohnes und des Heiligen Geistes". Es gibt diesen beschreibbaren Grundrahmen, innerhalb dessen Christentum sinnvoll definierbar ist. Von daher wird plausibel, was in diesem Kontext dann als eher randständig oder gar als häretisch[65] zu gelten hat.

Freilich sprengen manche Christen den umrissenen Rahmen mit ihrer persönlichen Existenz oder Glaubenshaltung. Doch von derartig subjektiven Auffassungen und „mystischen" Interpretationen des christlichen Glaubens darf nicht ausgegangen werden, wenn es um grundsätzliche, also theologisch verantwortbare Definitionen des Christlichen geht. Gerade das Christentum hat seinen Ursprung und Anhalt wie kaum eine andere Religion in geschichtlichen Vorgängen. Darum ist es an historische Urkunden gebunden, so dass nicht jede frei flottierende Spiritualität oder Glaubensdeutung beanspruchen kann, tatsächlich für den christlichen Glauben zu stehen. Kurz Christlicher Glaube erschöpft sich nicht in subjektiven Befindlichkeiten, sondern wird von der Taufe an in der Bindung an eine christliche Kirche gelebt, die wiederum im Gesamtkontext der weltweiten Ökumene verortet ist. Gerade mystisch Tiefsinnige sollten sich bei der Rede von „Christlichem" nicht bloß in einer religionssoziologischen Oberflächenperspektive oder in religionsphilosophischer Unverbindlichkeit bewegen.

Aber ist die christlich-kirchliche Perspektive nicht doch zu eng? Weiß nicht das Neue Testament um den *kosmisch* relevanten Christus? Gibt es nicht Andeutungen genug, die von der mystisch verborgenen Präsenz des Heiligen Geistes auch in Menschen anderer religiöser Bekenntnisse zeugen? In dieser Hinsicht liefen und laufen in der Theologie- und Kirchengeschichte bis in unsere Gegenwart hinein vielerlei Debatten, die aber zu keinen allgemein überzeugenden Ergebnissen geführt haben. Geht man jedoch davon aus, dass der Gedanke der göttlichen Selbstentäußerung nicht nur traditionell auf den Sohn, sondern auch auf den Geist Gottes anzuwenden ist, dann tut sich eine mystische Perspektive auf, die zu integrieren und zu erklären vermag, ohne darüber die eigene christliche Identität preiszugeben.[66] Der sich herablassende, in den entfremdeten Menschenherzen verborgen einwohnende Gottesgeist stellt eine mystisch erfahrbare Form der göttlichen Gegenwart dar, ohne schon schlechthin „Offenbarung" zu vermitteln. Erst der durch Jesus Christus vermittelte Heilige Geist erschließt Gottes Wirklichkeit im Sinne einer wirklich christlich zu nennenden Mystik so tief, dass hier im Zuge der „Wiedergeburt" der Mensch wahrhaft zu sich selbst findet, indem er zum dreieinen Gott vorstößt. Wo das geschieht, greift ansatzweise schon inmitten der vergänglichen Schöpfung das Gottesreich Raum. Dort findet der Gottesgeist, der im Vater und im Sohn himmlisch verankert ist, in seiner Mission, das Entfremdete zu tragen, zu ertragen und durchzutragen zur ewigen

Heilswirklichkeit, auch im jeweiligen Außen zu sich selbst. Wer in diesem Geist lebt und zur mystischen Wahrheit des ewigen Lebens erwacht ist, wird ihn nicht mehr leichthin verwechseln mit dem pseudoklaren spirituellen Bewusstsein sonstiger Religiositäten, ihn aber doch identifizieren können als jene Macht, die heimlich schon immer mystisch zum Vater hinzieht – innerhalb wie außerhalb des Christentums.

Ich fasse zusammen: Mystik gibt es in fast allen Religionen. Aber sie kann in sehr unterschiedlicher Gestalt begegnen und religiös durchaus verschiedene Funktionen haben. Das heißt ganz klar: Mystik ist nicht gleich Mystik. Deshalb ist die verbreitete Annahme kritisch zu hinterfragen, „Mystik" begründe die innere Einheit aller Religionen. Christliche Mystik, die ihren Namen verdient, weiß um das heimliche Sich-Regen des Gottesgeistes in allen religiösen Sehnsüchten – aber auch um sein Richten und Zurechtbringen der Suchenden dort, wo die Botschaft von Jesus Christus spirituell zum Zuge kommt.

7. Substanz- oder Liebesmystik?

Gewiss bezieht sich Mystik wesenhaft auf Innerlichkeit, aber die muss keineswegs notwendig in Gestalt „außergewöhnlicher" Bewusstseinzustände vorliegen. Allemal geht es mystischer Religiosität um eine Vereinigung oder ein Verschmelzen mit dem „Göttlichen"; doch diese *unio* muss mitnichten bedeuten, dass das Subjekt im Göttlichen aufgehe und mehr oder weniger verschwinde. Ansatzweise lassen sich bei näherer Betrachtung zwei Grundarten von Mystik voneinander abheben: *Substanzmystik* und *Liebesmystik*.

Wo eher eine Art von Substanzmystik vorliegt, dort wird von der Vorstellung der einen Wesensart des „Geistes" ausgegangen, die aller Wirklichkeit, also auch der der menschlichen Subjektivität, zugrunde liegt und alle Unterschiede relativiert – zugunsten ihres Absoluten. Das Wort „Substanz" darf dabei nicht im engeren stofflichen Sinn verstanden werden, sondern bezeichnet hier das geistig einende Element. Liebesmystik indessen hält bei aller Betonung liebender Vereinigung die Grundunterschiede fest, ohne die es gar keine Vereinigung Liebender gäbe. Hier ist gewiss an völlige Hingabe, nicht aber an eine Versenkung zu denken, die das personale Element jetzt oder jenseitig kassieren würde. Substanzmystik ist mehr kosmisch-apersonal, Liebesmystik mehr personal auf das göttliche Du hin orientiert, ohne dabei das „Kosmische" aus den Augen zu verlieren.

Beide hier typologisch umrissenen Mystikarten ähneln einander oft zum Verwechseln. Auch Substanzmystik kennt innerhalb des umfassenden Einen Unterschiede und kann deren Überbrückung mitunter sogar durch das Wort „Liebe" andeuten. Und Liebesmystik weiß ihrerseits um den umfassenden einen Sinn des Ganzen. Dennoch bleibt es zweierlei, ob mystische Erfahrung sich gibt als Berührung und Verschmelzung mit dem Einen, aus dem letztlich alles und damit auch das eigene Selbst substanziell hervorgegangen ist – oder ob sie sich versteht als Berührung mit dem Schöpfergott als dem ganz Anderen, die ein unfassliches Geschenk für das Geschöpf darstellt und auf dessen vertrauende Antwort der Liebe zielt.

Wird in der Liebesmystik die göttliche Liebe als verlässlich-stabile Beziehung erfahren, gewinnt sie wiederum etwas gleichsam „Substanzhaftes" – ohne dass deshalb schon gesagt wäre, das eigene geschöpfliche Selbst sei im Grunde von sich aus göttlicher Natur. Umgekehrt kann sich Substanzmystik formal mitunter als ausgesprochene Liebesmystik darstellen, weil die eine Substanz sich in der Welt als relationale Vielheit, also in lebendigem Beziehungsreichtum darstellt. Auch kann das Element der spirituellen Erkenntnis, wenn es substanzmystisch gemeint ist, durchaus in der Terminologie der Liebe zum Ausdruck kommen.

Solch substanzmystisches Verständnis von „Erkenntnis" gibt es überall dort, wo man es mit *Gnosis* (altgriech. für „Erkenntnis") zu tun hat. Schwerpunktmäßig hat sich Gnosis als religiöse Strömung in der Spätantike ausgebreitet. Charakteristisch für sie ist das mystische Prinzip, dass im Menschen ein göttlicher Seelenfunke schlummere: Der lässt das verborgene Selbst jenseits dieser materiellen Welt zu Hause sein. Er bedarf freilich der Erweckung und Reinigung. Ihn in seinem göttlichen Urwesen zu erkennen, darin wird die Erlösung gesehen. „Gnosis" ist insofern gleichbedeutend mit Erlösung, nämlich Befreiung von der Welt zur Eigentlichkeit. Dieses gnostische Denken ist in Geschichte und Gegenwart in zahlreichen Varianten anzutreffen. Es beruht auf der substanztheoretischen Basis eines mitunter fast dinghaft anmutenden Geistverständnisses. Geist wird monistisch vorgestellt als eine Art Substanz, die in die Materiewelt hinein verstreut worden ist und wieder eingesammelt werden muss. Diese Rückholung vollzieht sich durch jeweils subjektive Erkenntnis bzw. Erleuchtung.

Das gnostische Konzept ist mit der Perspektive des christlichen Glaubens im Grunde kaum auf einen gemeinsamen Nenner zu bringen. Es orientiert sich ja am Gedanken einer substanziell gedachten Identität des Seelenkerns mit dem göttlichen Urgrund. Der Gnosis geht es mit ihrer mystisch-mythischen Erlösungslehre um nichts anderes als um *Rückführung*: Sie will den im göttlichen Bereich einst eingetretenen Irrtum oder Irrgang ebenso *rückgängig* machen wie die damit hervorgerufenen Folgen, als deren momentanes Opfer sich der Gnostiker „erkennt". Übersetzt in tiefenpsychologische Kategorien, handelt es sich dabei um eine *regressiv* orientierte Religiosität. Tatsächlich lassen sich Konzept und Praxis gnostisch gefärbter Frömmigkeit in ihren meditativen bis ekstatischen Ausprägungen unter psychologischem Aspekt durchaus im Sinne einer „Regression" beurteilen, also eines Zurückgehens in frühkindliche Seelen-schichten. Eine psychische Regression kann zwar oft im Dienst einer Progression stehen, nämlich durchaus heilsame, voran-bringende Elemente entfalten. Aber gnostisches Denken hat in sich eine Tendenz, mit der Regression zu enden – in göttlich-wohliger Leere, was für das Identitätsgefühl eines erwachsenen Menschen nicht ganz unproblematisch sein könnte.[67]

Demgegenüber kennt das Modell des christlichen Glaubens selbst dort, wo vielleicht regressive Farben auftauchen, in der Regel ein Überwiegen des *progressiven* Elements: In der Abfolge von Tod und Auferstehung obsiegt es; die Stimmung ist zielge-richtet, hoffnungsfroh, Leben und Welt grundsätzlich bejahend. Die Unsterblichkeit des ganzen Menschen verheißt das Evange-lium für das ewige Leben im kommenden Reich Gottes (1. Kor 15,53). Der Gnostiker indes kennt nur jene Unsterblichkeit, die ihm von jeher zu eigen war und immer bleiben wird. Der Tod ist für ihn kein Tod, sondern nur die Offenbarung dieser Un-sterblichkeit im Wiederaufstieg der Seele zu ihrer himmlischen Heimat – gern symbolisch als „Auferstehung" bezeichnet. Über-zeugt von der himmlischen Abkunft seiner Seele, ist er dabei of-fen für Konzepte der Seelenwanderung, die von kirchlicher Seite von jeher konsequent abgelehnt worden sind.

Solch rückwärtsgewandte, gnostisch gefärbte Mystik gibt es hier und da auch in unserer Zeit – innerhalb wie außerhalb des Christentums. Umso genauer gilt es zwischen Mystik und Mystik zu unterschieden, insbesondere zwischen Substanz- und Liebesmystik. Es geht hierbei darum, ob die „Liebenden" seins-mäßig unmittelbar auf einen Nenner zu bringen sind – oder ob das nicht der Fall ist, sodass nicht ihre Substanz, sondern ihr Liebesbezug das eigentlich Verbindende, das Primäre zwischen ihnen darstellt. Ich meine, dass so verstandene Liebesmystik tiefer und weiter führt als sogenannte Substanzmystik.[68]

Christliche Mystik ist vom biblischen Ansatz her allemal Liebesmystik – oder sollte es sein. Als solche ist sie sogar im Zentrum christlicher Spiritualität angesiedelt, wie etwa das Paulus-Wort deutlich macht, Christus und der Glaubende seien miteinander „ein Geist" (1. Kor 6,17). Im Evangelium des Johannes wird oft das Einssein mit Christus und dem Vater im Glauben unterstrichen, so dass daran „die Welt erkennen soll, dass du mich gesandt hast und sie liebst, gleichwie du mich liebst" (Joh 17,23). Solche Liebesmystik bedeutet für Christen keineswegs Weltferne, Weltfremdheit, sondern dank Christus in der Welt zu stehen, an die Welt gesandt zu sein. Insofern ist christliche Mystik immer Christusmystik, nämlich Leben aus der Liebesverbindung mit dem Gekreuzigten und Auferstandenen.

Demgemäß war Mystik im Christentum schon in den ersten Jahrhunderten betont schriftbezogen. Wie der Kirchengeschichtler Bernhard McGinn hervorhebt, liegt das daran, dass mystische Erfahrung immer in bestimmten Glaubensaussagen und religiösen Traditionen gründet. Für ihn ist Mystik dem Wesen nach „ein Versuch, ein unmittelbares Bewusstsein der Gegenwart Gottes zum Ausdruck zu bringen."[69] Damit unterstreicht er den Begegnungscharakter der mystischen Erfahrung, die stets unmittelbare Präsenz, von der biblischen Grundlage her aber nicht einfach totale, konturenlose Verschmelzung meint. Wenn in Geschichte und Gegenwart des Christentums mystische Stimmen Raum gewonnen haben, die das Charakteristische christlicher Mystik fahren lassen, dann ist Wachsamkeit geboten – im Interesse einer wirklich christlichen Mystik.

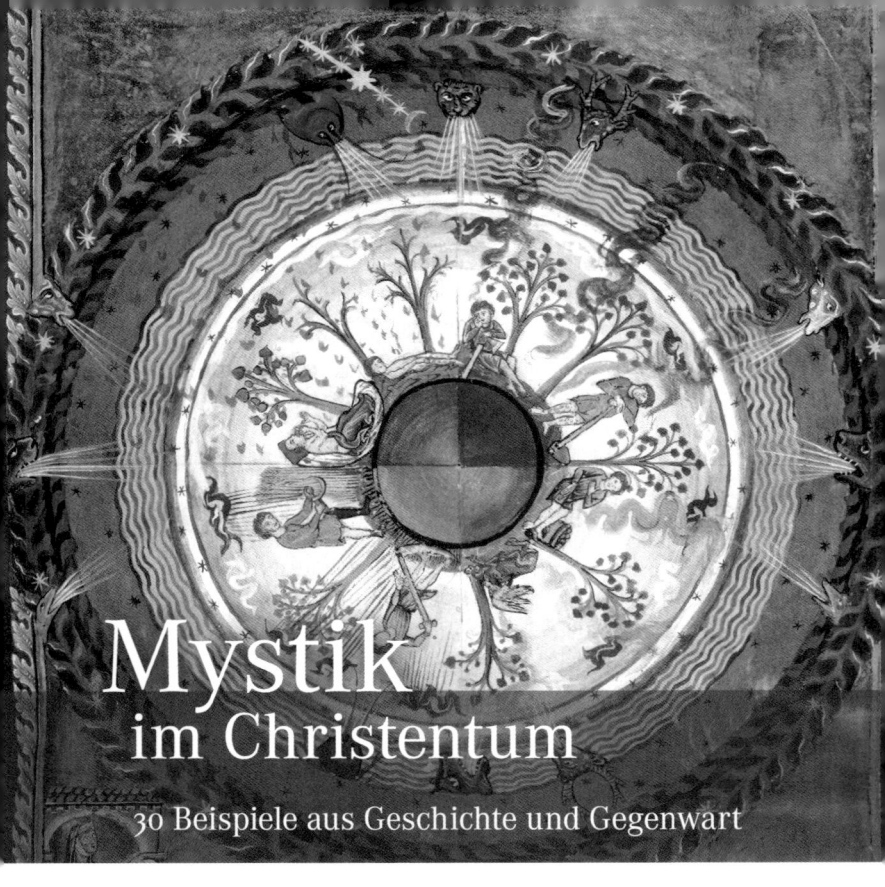

Mystik
im Christentum
30 Beispiele aus Geschichte und Gegenwart

Im Folgenden geht es um Mystik im Kontext des Christentums. Die aus Raumgründen selbstverständlich in keiner Weise vollständig aufgereihten Gestalten und ihre Visionen[70] oder mystischen Anliegen sind entweder grundsätzlich unverzichtbar für mein Thema, oder sie sind mir sozusagen auf meiner Wanderschaft durch Geschichte und Gegenwart begegnet. Alle 30 – wie leicht ließe sich ein zweiter Band mit ähnlich vielen schreiben! – haben mich angesprochen und gelegentlich auch zu deutlicher Zustimmung oder Kritik herausgefordert. An der Pluralität ihrer

Geschicke, Erfahrungen und Einstellungen lässt sich jedenfalls ablesen, welch eine Fülle von Realisierungen „Mystik" im Christentum hervorgebracht hat. Bewusst habe ich auf Mystikdefinitionen verzichtet, die hier eingrenzend gewirkt hätten. Dass aber diese Beispiele im Verhältnis zu dem, was man als das Zentrum der christlichen Religion bezeichnen könnte, durchaus unterschiedliche Nähe oder Ferne aufweisen, liegt auf der Hand und soll immer wieder deutlich werden.

Nirgends darf ich mich bei dieser überschaubaren Sammlung allzu lange aufhalten. Insbesondere fasse ich mich bei den biografischen Schilderungen meist kurz, weil der jeweilige Lebensgang zwar manches erklären kann oder könnte, es aber entscheidend auf das tatsächlich Gedachte, auf die Inhalte, die Botschaften ankommt. Spezialstudien und Vertiefungsmöglichkeiten bietet der Büchermarkt hinreichend.[71] Doch um das Herausarbeiten und Vermitteln wichtiger, charakteristischer Aspekte geht es mir als systematischem Theologen hier vor allem. Einführungen und Orientierungshilfen wollen die folgenden 30 Abschnitte gleichermaßen sein.

Jesus
von Nazareth

Oft war Jesus[72] von einer großen Menschenmenge umgeben. Er heilte und verkündete das nahe herbeigekommene Königreich Gottes. Sogar Sünden vergab er – was doch nach jüdischer Überzeugung keinem Menschen, sondern nur Gott selbst zusteht! Laut rief er aus: „Alle Dinge sind mir übergeben von meinem Vater; und niemand kennt den Sohn als nur der Vater; und niemand kennt den Vater als nur der Sohn und wem es der Sohn offenbaren will" (Matth 11,27). Verbunden damit war die Einladung: „Kommt her zu mir, die ihr mühselig und beladen seid; ich will euch erquicken." Ruhe für die Seele[73] versprach er. Als ihn aber die Menge einmal am liebsten zum König erheben wollte, zog er sich zurück (Joh 6,15). Ganz allein wollte er sein mit Gott, zu dem er „Abba – lieber Vater" sagte. Er betete in der Stille – so wie er es auch tat, als schließlich Verhaftung und Hinrichtung drohten.

War Jesus ein Mystiker? Das Johannes-Evangelium deutet in diese Richtung, wenn es eingangs betont: „Niemand hat Gott je gesehen; der Einziggeborene, der Gott ist und am Herzen des Vaters ruht, hat ihn uns erläutert" (1,18). Dennoch ist es ein nicht unproblematisches Unterfangen, Jesus in die Kategorie des Mystikers einordnen zu wollen. Denn ob man den Mann aus Nazareth nun als Magier, als Charismatiker, als Propheten oder als Mystiker anvisiert – immer stellt man ihn nach dem Prinzip der Analogie in eine Reihe mit anderen „Meistern", ohne sich damit schon in angemessener Weise dem eigentlichen Geheimnis seiner Gestalt zu nähern. Dieses Mysterium besteht in seinem anstößigen, bis in den Kreuzestod hinein gelebten[74] Anspruch, der heilbringende König, der von Gott gekommene Christus, der „Messias"[75] zu sein.

Freilich gehen schon bei der Frage, ob Jesus überhaupt so etwas wie ein Messias-Bewusstsein gehabt habe, die Meinungen der Historiker und Exegeten deutlich auseinander. Immerhin wird meist eingeräumt, sein Verhalten und seine Verkündigung hätten jedenfalls so etwas wie einen indirekten Messias-Anspruch enthalten.[76] Das aber bedeutet: Der Vollmachtsanspruch Jesu bleibt als historisches Phänomen allemal zweideutig. 1906 hatte Albert Schweitzer in seiner berühmten „Geschichte der Leben-Jesu-Forschung" unterstrichen: „Tatsächlich aber blitzt überall aus Jesu Reden und Tun das messianische Selbstbewusstsein heraus. Man kann geradezu von den Taten seines messianischen Selbstbewusstseins reden. Die Seligpreisungen, überhaupt die ganze Bergpredigt mit ihrem überall gewaltig durchbrechenden Ich sind eine Manifestation der Würde, die es sich zulegt."[77] Derselbe Albert Schweitzer hat jedoch 1913 eine medizinische Dissertation vorgelegt mit dem Titel „Die psychiatrische Beurteilung Jesu" (1933[2]): In ihr wie auch in manchen späteren Arbeiten wird deutlich, dass man Jesu ungewöhnliches Selbstbewusstsein in Worten und Taten bis hin zu seiner Selbstaufopferung gerade in ihrer Abnormität historisch als Krankheit deuten *könnte*. Der Theologe Johannes Naumann hatte es schon 1910 auf den Punkt gebracht: „Entweder ist Jesus geisteskrank, oder es ist ein Geheimnis in ihm."[78] Votiert man mit Naumann theologisch für das „Geheimnis", so ist das am Ende ebenso eine Glaubensentscheidung wie die Art, in der man dieses Mysterium deutet.

Historisch gesehen, könnte Jesus seinen speziellen mystischen Ansatz im Zusammenhang mit einer Vorstellung ausgebildet haben, derzufolge die göttliche Weisheit (griechisch *sophia*)[79] vom Himmel in ihm oder zu ihm herabgestiegen ist. Bereits vorchristlich sind platonische und stoische Einflüsse auf jüdisches Denken wirksam gewesen, die es in dieser Richtung geöffnet haben. Hier wäre namentlich Philo von Alexandrien zu nennen, der zur Zeit Jesu ein gelehrter jüdisch-hellenistischer Religionsphilosoph war. Philo hatte unterhalb von Gott ein universales „Abbild" gedacht, das er sich als geistigen Kosmos und zugleich himmlischen Menschen vorstellte. Dieser oberste Ausfluss Gottes galt ihm als das eigentliche, innere Zentrum der Welt, das schon vor ihr als Gottes Schöpfungswerkzeug da war. Für solche Überlegungen konnte sich Philo auch auf einschlägige Aussagen der alttestamentlichen Weisheitsschriften berufen, denen zufolge die Weisheit als eine Art Schöpfungsmittlerin vor Gott spielt. Es gibt tatsächlich exegetische Argumente für die Annahme, dass Jesus selbst diese *sophia* in sich wirksam gesehen haben könnte.[80] Später entspricht dem beim Apostel Paulus die Aussage, durch Jesus Christus seien alle Dinge und wir durch ihn (1. Kor 8,6). Auch der Eingangsabschnitt des Johannes-Evangeliums über „das Wort", den göttlichen *logos* als Schöpfungsmittler, der zum Heil der Menschen Fleisch, vergängliches Geschöpf geworden ist (1,14), liegt auf dieser Linie.

All dies bleibt dennoch im Bereich bloßer Mutmaßungen. Noch mehr gilt das für esoterische Spekulationen, die Jesus als Mystiker oder als Mysterien-Schüler zu deuten und für ihre Weltanschauung zu vereinnahmen versuchen.[81] Beispielsweise identifiziert Paul Schwarzenau den bei Jesu Taufe gleich einer Taube herabkommenden Heiligen Geist als die göttliche „Sophia", die mit ihrem Sohn mystische Hochzeit feierte.[82] Als gesichert kann allenfalls gelten, dass Jesus eine auffallend innige, in diesem Sinne „mystische" Bindung an Gott als seinen Vater pflegte und im Rahmen seiner Verkündigung des nahen Gottesreiches Heilungswunder vollbrachte.[83] Vom strengen Asketentum Johannes des Täufers setzte sich Jesus ausdrücklich ab; insofern war er wohl kein „methodischer" Mystiker.

Wenn man Jesus aber unter dem Aspekt seiner kirchlichen Deutung als den einen Sohn Gottes betrachtet, stellt sich das mystische Moment bei ihm noch einmal anders dar. Dann gibt es zwar gewisse Vergleichsmomente mit anderen Mystikern, insofern Jesus wahrer Mensch war. Insofern aber der Glaube der ökumenischen Christenheit an ihn als den einen Sohn Gottes theologisch greift, leuchtet bei dem Nazarener eine gänzlich unvergleichliche Dimension in seiner Gottesbeziehung auf. Nicht nur im Johannesevangelium (z. B. 1,1–4; 10,30; 14,6; 17,8), sondern besonders auch im Evangelium des Matthäus (11,27; 28,18–20) begegnen mystisch anmutende Jesus-Worte, die von seiner exklusiven Gottessohnschaft zeugen. Und im Markus-Evangelium ist es das sogenannte „Messias-Geheimnis", das sich durch das ganze Werk hindurchzieht, um in den Worten des Hauptmanns unter dem Kreuz zu gipfeln: „Wahrlich, dieser Mensch ist Gottes Sohn gewesen!" (15,39). Jesu mystische Verbindung mit dem himmlischen Vater ließ ihn wirken und leiden – und im Leiden durchhalten, ja aus dem Tod die Auferstehung gewinnen (Joh 10,17). Diese seine Mystik war eine Art Liebesmystik: Aus der göttlichen Liebe geboren, umfasste sie die Welt und umfasst sie bis zu ihrer Vollendung im universalen Reich Gottes. Jede christliche Mystik versteht sich von daher als Teilhabe an der Liebe Gottes, die Jesus von Nazareth in seinem Leben, Sterben und Auferstehen allen Menschen zugänglich gemacht hat. Und von daher gehört Jesus auch an den Beginn jeder Reihe über Mystik in eben der Religion, die sich in durchaus mystisch-spiritueller Weise auf ihn gründet.

Paulus

„Christus in mir" – diese Gewissheit trieb den Apostel Paulus „zum Wirken in Geschichte und Leben, wofür sein eigenes Werk und seine eigene Rastlosigkeit das deutlichste und in aller Geschichte der Mystik unerhörte Beispiel ist."[84] Geboren um die Zeitenwende, entstammte der junge Gelehrte – ursprünglich *Saulus* genannt – einer streng jüdischen Familie aus Tarsos, der Hauptstadt der römischen Provinz Kilikien.[85] Er hatte also von Jugend auf in einer heidnischen Umgebung gelebt. Wie er aussah, ist nicht bekannt – die apokryphen „Paulusakten" wollen rund ein Jahrhundert nach seinem Tod wissen, er sei kleinwüchsig und kahlköpfig, aber von edlem, geradezu engelhaftem Anblick gewesen.

Als Pharisäer war Saulus von seiner gerechten Sache so überzeugt, dass er die junge Sekte der Christen von Jerusalem aus fanatisch verfolgte. Völlig überraschend ereilte ihn eines Tages mitten in seinem Bemühen eine Lichtvision. Der von ihm geleugnete Christus soll sich ihm laut Darstellung der *Apostelgeschichte* auf diese Weise gezeigt und ihn mit den Worten angesprochen haben: „Ich bin Jesus, den du verfolgst" (9,5).

In einem Brief berichtete der zum christlichen Glauben Konvertierte, der sich fortan *Paulus* nannte und als Apostel beauftragt wusste, von einem besonderen mystischen Erlebnis. Ob es identisch war mit der genannten Vision vor Damaskus, muss Spekulation bleiben. Bescheiden formulierte er in der dritten Person von sich: „Ich kenne einen Menschen in Christus; vor vierzehn Jahren – ob er im Leib war, weiß ich nicht; ob er außerhalb des Leibes war, weiß ich auch nicht; Gott weiß es –, da wurde derselbe entrückt bis in den dritten Himmel. Und ich kenne denselben Menschen – ob im Leib oder außerhalb des Leibes, weiß ich nicht; Gott weiß es –, der wurde entrückt in das Paradies und hörte unaussprechliche Worte, die kein Mensch sagen darf" (2. Kor 12,2–4). Nicht nur diese Erfahrung(en), sondern überhaupt seine Gottes- und Christus-Beziehung weisen Paulus eindeutig als Mystiker aus. Das ist in der Forschung von Albert Schweitzer (1930) bis Eugen Biser (2003) unbestritten.[86]

Der Neutestamentler Albert Schweitzer, der später als Urwaldarzt weltberühmt wurde, hinterfragte in seinem Buch „Die Mystik des Apostels Paulus" die verbreitete Annahme, Paulus habe die junge apokalyptische Christen-Bewegung umgeformt durch Übertragung ihrer Botschaft in griechisch-philosophische Denkformen. In Wahrheit habe diese sogenannte Hellenisierung des Christentums erst in der Zeit nach Paulus eingesetzt. Allerdings habe der Apostel dem Christentum eine Fassung gegeben, in der es später hellenisierbar wurde – und zwar durch die Mystik des *Seins in Christus.*

Tatsächlich entfaltet Paulus während seiner weitläufigen Missionsreisen durch die damalige Welt eine neuartige Spiritualität: Es ist die durch die Taufe grundgelegte, innere Verbundenheit mit dem gekreuzigten und auferstandenen Messias, die hier zu einer unüberbietbaren Gewissheit der Liebe Gottes führt. Das Ich des Glaubenden gilt in dieser Vereinigung als mit Christus gestorben und zu neuem, ewigem Leben erwacht: „Ich lebe, doch nun nicht ich, sondern Christus lebt in mir. Denn was ich jetzt lebe im Fleisch, das lebe ich im Glauben an den Sohn Gottes, der mich geliebt und sich selbst für mich dahingegeben hat" (Gal 2,20).

Die Selbsthingabe Jesu in seinem Kreuzestod deutet Paulus damit als die Voraussetzung unserer mystischer Neuwerdung: In ihr rafft Gott selbst auf immer alles hinweg, was zwischen ihm und dem entfremdeten Menschen steht oder stehen könnte – sei es Schuld, sei es unsere vergängliche Natur. Deshalb ist der Apostel „gewiss, dass weder Tod noch Leben, weder Engel noch Mächte noch Gewalten, weder Gegenwärtiges noch Zukünftiges, weder Hohes noch Tiefes noch eine andere Kreatur uns scheiden kann von der Liebe Gottes, die in Christus Jesus ist, unserem Herrn" (Römer 8,38–39). Solch liebesmystische Verbundenheit kommt im Blick aufs Individuum in der sogenannten Rechtfertigungslehre zum Ausdruck (z.B. Röm 3,21–28). Doch Paulus findet auch im Blick auf die gesamte Menschheit (5,19; 11,32), ja alle Geschöpfe (8,21) und das All (1. Kor 8,6) entsprechend positive Worte.

Wie Albert Schweitzer bestätigt, ist die Erlösungslehre der paulinischen Mystik ein geradezu „kosmisch bedingtes Erlebnis"

(214 f). Aber er verkennt, wie sie bei Paulus zusammenhängt mit seinem Verständnis der geschenkweisen Gerechtsprechung des Gottlosen. Zutreffend bemerkt Schweitzer: „Geschaffen wird diese Sündenvergebung dadurch, daß Christus im Fleischesleib gekommen ist und durch sein Sterben und Auferstehen das Fleisch mit all der ihm anhaftenden Verschuldung außer Kraft gesetzt hat" (217). Doch die anschließende Aussage, erworben werde die Vergebung nicht durch den Glauben, sondern durch das Sterben und Auferstehen mit Christus, trennt, was zusammengehört. Es ist ja eben der Glaube, durch den die mystische Verbindung mit Christus als dem Auferstandenen hergestellt wird. Diese ist kein quasi-naturhafter Prozess; vielmehr lässt sich die Verwandlung im Sein des Christen nicht abkoppeln von der existenziellen, personalen Verbindung zwischen Christus und dem in ihn Hineingetauften. Es handelt sich bei Paulus eindeutig um Liebesmystik. Insofern trifft Schweitzers Behauptung, bei Paulus sei die Lehre von der Rechtfertigung aufgrund des Glaubens gewissermaßen ein Nebenkrater, der sich im Hauptkrater der Erlösungslehre der „Mystik des Seins in Christo" bilde (220), den Sachverhalt nicht wirklich.

Wenn heutzutage manche mystisch gesonnenen Theologen und Nichttheologen meinen, den Apostel wegen seiner Lehre vom versöhnenden Kreuzestod Christi kritisieren und ihn „entmythologisieren" zu müssen, verkennen sie in ähnlicher Weise den mystischen, befreienden Charakter eben dieser Lehre.[87] Dass sich in der Verbindung mit Jesus Christus als dem „für uns" Gekreuzigten und Auferstandenen ein neuer, unüberholbarer Zugang zu Gott als Liebe auftut, kann freilich eine am Einheitsprinzip orientierte Mystik kaum nachvollziehen.

Eine Grundfrage mystischer Orientierung im Christentum spricht Albert Schweitzer an, wenn er bei Paulus zwischen Christusmystik und Gottesmystik unterscheidet: „Für alles Erkennen

bleibt Gottesmystik stets etwas Unvollendetes und Unvollend-
bares. Indem Paulus sich dabei bescheidet, in der Gemeinschaft
mit Christo die Gotteskindschaft verwirklicht zu sehen, ohne
diese Kindschaft als ein Sein in Gott begreiflich machen zu wollen, ist er wie ein Leuchtturm, der die christliche Mystik aus
allen ihren Irrfahrten in die Wasser zurückleitet, in deren ihre
Fahrt verlaufen soll. Auf die Fluten des Ewigen hinausscheinend,
steht Pauli Mystik auf dem festen Grund der geschichtlichen Erscheinung Jesu Christi" (368). Doch auch diese Unterscheidung
Schweitzers verkennt, dass für den Apostel liebesmystisch zusammengehört, was hier getrennt wird. Die „Liebe Gottes, die in
Christus Jesus ist, unserem Herrn", verbindet den Glaubenden
ja nicht nur mit Christus, sondern in ihm mit Gott selbst. Origi-
nalton Paulus: Ich bin mit Christus gekreuzigt, „damit ich Gott
lebe" (Gal 2,19)! Wie sich in diesem Christus-Bewusstsein alles
mystisch verschränkt, zeigt beispielsweise auch die trinitarisch
gefüllte Aussage: Weil wir durch Christus die Gotteskindschaft
empfangen haben, „hat Gott den Geist seines Sohnes in unsere
Herzen gesandt, der schreit: Abba, lieber Vater!" (Gal 4,6). Dieser Geist verbindet den göttlichen Geist und den des glaubenden
Menschen so innig, dass sie miteinander „ein Geist" (1. Kor 6,17)
werden.

Mit Recht hat Schweitzer die endzeitliche Ausrichtung der
paulinischen Mystik herausgestellt: „Paulus setzt die Erwartung
des Reiches und der in ihm verwirklichten Erlösung in der Art
mit der Erscheinung und dem Tode Jesu in Verbindung, dass der
Glaube an die Erlösung und der an das Kommen des Reiches davon unabhängig werden, ob das Reich bald kommt oder verzieht"
(369). Aber der Neutestamentler überspitzt diese Erkenntnis, indem er aus ihr den Schluss zieht, Paulus stehe im Grunde über
solcher Zukunftserwartung und habe sie entmythologisierend
hinter sich gelassen. Nein, die mystische Orientierung an der

Verheißung universaler Vollendung ist nichts, worüber christliche Spiritualität hinauswachsen könnte! Vielmehr nimmt christliche Mystik im paulinischen Sinn ihre Tiefe und Kraft gerade auch aus diesem Bezug auf das Ganz- und Heilwerden der Kreatur schlechthin. Es gibt für Paulus keine Christusmystik ohne diesen Ausblick. Aber ebenso hätte ein Hinblicken auf universale Erlösung für ihn keinen echten Glanz ohne gelebte Christusmystik.

Der Apostel wurde im Alter von annähernd 70 Jahren in Rom durchs Schwert hingerichtet. Sein letzter Brief – geschrieben an die Gemeinde in Philippi – macht noch einmal deutlich, in welcher Hoffnung er lebte und starb: Christus „möchte ich erkennen und die Kraft seiner Auferstehung und die Gemeinschaft seiner Leiden – und so seinem Tode gleichgestaltet werden, damit ich gelange zur Auferstehung von den Toten... Unser Bürgerrecht ist im Himmel. Von dort erwarten wir auch den Heiland, den Herrn Jesus Christus, der unseren nichtigen Leib verwandeln wird, dass er seinem verherrlichten Leibe gleich werde nach der Kraft, mit der er sich alle Dinge untertan machen kann" (3,10 f.20 f).

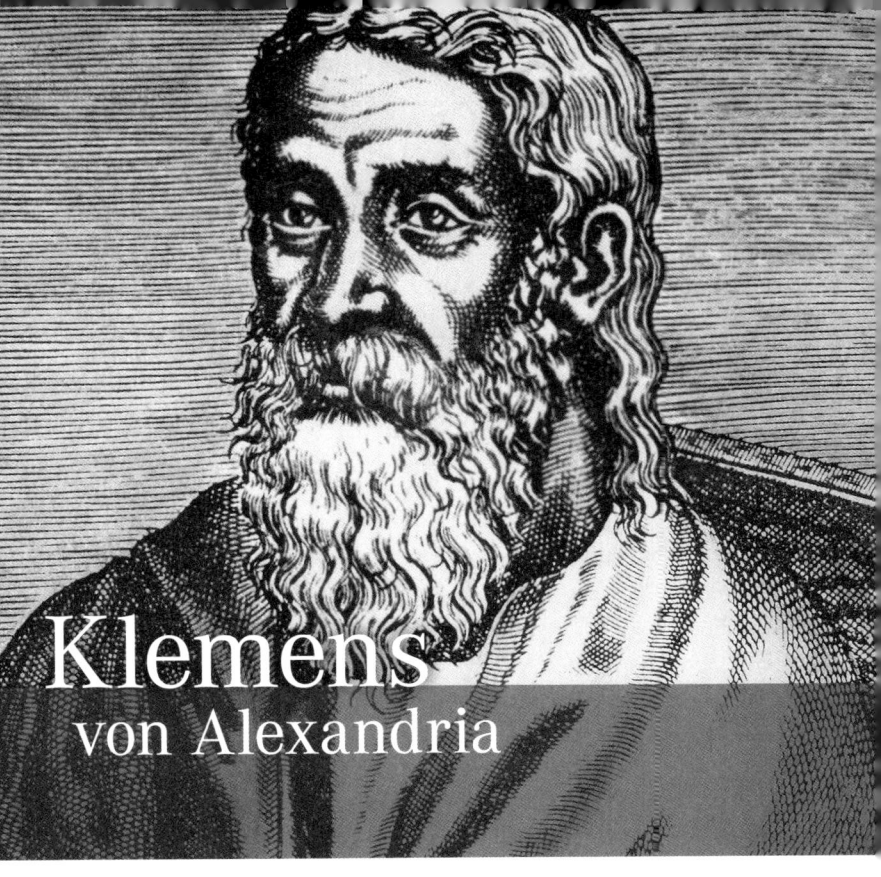

Klemens
von Alexandria

Titus Flavius Clemens, genannt Klemens von Alexandria (ca. 150–215), wurde als Sohn heidnischer Eltern in Athen geboren und starb in Alexandria.[88] Er war einflussreicher griechischer Theologe und Kirchenschriftsteller, der über den Weg des Platonismus schließlich zum Christentum gefunden hatte. Aus Athen war er zu christlichen Lehrern unter anderem in Griechenland, Italien und Ägypten gereist. Mit etwa 25 Jahren wurde er ein Lehrer der Katechetenschule von Alexandria, mit 50 ihr Leiter. Die Christenverfolgung unter Kaiser Septimus Severus (193–211) zwang ihn schon bald darauf, Alexandria zu verlassen. Er floh nach Kappadozien, wo er schließlich auch starb.

In Alexandria hatte sich der außerordentlich gebildete Christ aus missionarischer Motivation heraus bemüht, Christentum und griechische Philosophie in weitgehende Übereinstimmung zu bringen. Aus seinen Werken ist vieles über die Strömung der *Gnosis* zu erfahren, deren Schulen damals in Konkurrenz zum jungen Christentum standen. Klemens hielt dem Gnostizismus die wahre „Gnosis" (Erkenntnis) entgegen, die gerade als vollkommene doch nur im Rahmen der kirchlich zu erhaltenden Erkenntnis zu erwerben sei. Sie werde durch die Heilige Schrift vermittelt, vertieft aber durch den in sie einführenden und sie allegorisch auslegenden Lehrer. Vollkommen aber werde sie gerade dadurch, dass der Erkennende des Lehrers nicht mehr bedürfe, weil er durch Christus, das Gotteswort in Person, unmittelbar mit Gott verbunden werde. Wer solch mystische Erkenntnis gewonnen habe, der sei gleichsam eingetreten in den Chor der Engel, auch wenn er sich noch mitten im Weltumgang befinde. Auf dieser Stufe bedürfe er der Gottesdienste der Gemeinde eigentlich nicht mehr, obgleich er sie aufgrund der geschwisterlichen Verbundenheit mit allen Getauften keineswegs meiden solle.

Überhaupt sei es für den derart in Gottes Nähe existierenden Christen selbstverständlich, Geschwister- und Nächstenliebe zu üben. Klemens weiß wie die meisten christlichen Mystiker, dass Kontemplation (lateinisch: *contemplatio*, deutsch: Beschauung) und Aktivität in rechter spiritueller Gesinnung zusammengehören, statt einander auszuschließen. Er sieht Glaube, Erkenntnis und Liebe eng aufeinander bezogen: „Denn es ist gesagt: ‚Dem, der hat, wird noch dazu gegeben werden', dem Glaubenden die Erkenntnis, der Erkenntnis die Liebe, der Liebe aber das himmlische Erbe."[89] Der Glaube wird ebenso wie die Liebe durch Erkenntnis vervollkommnet. An diesen Zusammenhängen liegt Klemens gerade deshalb, weil er inmitten der wachsenden Kirche am Vollkommenheitsideal festhält, wie es durch Jesus selbst in der Bergpredigt (Matth 5,48) vorgegeben ist. Diese Vollkommenheit aber gipfelt in der göttlichen *theoria*, der unmittelbaren Gottesschau, wie sie ihrerseits in der Bergpredigt denen verheißen ist, ist reinen Herzens sind (5,8). Hier kann Klemens sogar von der „Belohnung der Entrückung" reden, die im Vereintsein mit Gott besteht.

Von daher ist Klemens inmitten der Kirche zum Mystiker geworden. Man hat ihn sogar den „Begründer der christlichen Mystik" genannt oder in ihm den „Schöpfer der christlich-mystischen Theologie" gesehen.[90] Jedenfalls hat er das Adjektiv und Adverb „mystisch" in die christliche Lehre eingeführt. Dutzende Male verwendet er den Ausdruck, und zwar sowohl hinsichtlich allegorischer Schriftauslegung als auch im Blick auf Christus, seine Lehre und die aus der Verbundenheit mit ihm fließende christliche „Praxis". Wichtig ist dabei seine ausdrückliche Abgrenzung gegenüber der Substanzmystik in der heidnischen Philosophie und Gnosis. Nach seiner christlichen Überzeugung ist die Seele nicht – auch nicht auf verborgene oder verschüttete Weise – von sich aus göttlicher Natur, sondern sie enthält eine Potenzialität in dieser Richtung, die im lebendigen Kontakt mit dem Mensch gewordenen *logos*, dem Christus Jesus realisiert wird. Das heißt, sie empfängt die Vergöttlichung als Geschenk der Erlösung mittels des in Liebe erkannten Christus. Nach seinem Ebenbild kann der Christ „zu einem im Fleisch wandelnden Gott" werden – was Klemens zu sagen wagt auf dem Hintergrund von Psalm 82,6 und Joh 10,34, aber auch mit kritischem Seitenblick auf die zeitgenössische Verehrung von Kaisern als „Götter".

Der mystische Gedanke an eine mögliche christliche Vollkommenheit hat Klemens mit gewisser Zwangsläufigkeit zu der

Überlegung geführt, dass es eine „wahre Kirche" innerhalb der Kirche gebe. Realität war eine entsprechende Vorstellung wohl schon zur Zeit des Apostels gewesen, der ja in den ersten Kapiteln des 1. Korintherbriefs ganz unbefangen von Vollkommenen in der Gemeinde spricht. Wenn der Neutestamentler Gerd Theißen im Blick auf die betreffende paulinische Äußerung formuliert: „Der Unmündige wie der Vollkommene werden von derselben Offenbarung getroffen, aber nur der Vollkommene durchschaut, was sich an ihm und in ihm vollzieht",[91] dann hätte er das genauso mit Blick auf Klemens sagen können. Auch der Hebräerbrief kennt demgemäß ein Fortschreiten von anfänglichem zu gereiftem Christusglauben: „Wem man noch Milch geben muss, der ist unerfahren in dem Wort der Gerechtigkeit, denn er ist ein kleines Kind. Feste Speise aber ist für die Vollkommenen, die durch den Gebrauch geübte Sinne haben und Gutes und Böses unterscheiden können" (5,13 f). Dabei war es für Klemens selbstverständlich, dass jede spirituelle Einsicht in der Lehre der Kirchengemeinschaft gründen müsse. Dennoch machte er sich mit seinem esoterisch anmutenden Konzept in der Kirche seiner Zeit und späterer Zeiten nicht nur Freunde.

Unleugbar hatte das spiritualistische Flair Alexandrias – ein brodelndes Gemisch von Mysterienkulten, Gnostizismen, Zaubervorstellungen, Philosophien und Theosophien – seine Wirkung in Klemens hinterlassen. Er interessierte sich sehr für alle alten Offenbarungen, geheime Überlieferungen und Mysterien – und zwar auch dort, wo er ihren Inhalt verurteilte. Den Christusglauben verstand er als eine mystische, den ganzen Menschen verwandelnde und erhöhende Kraft. Dabei konnte er die Torheit und Unmoral der heidnischen Mythen, Mysterien, Bilder und Opfer kräftig kritisieren, ohne doch Teilwahrheiten bei ihnen zu bestreiten. In seiner Mahnrede an die Heiden formulierte er, Gott habe den Menschen zu einem schönen, von Geist erfüllten Instrument nach seinem Bilde gemacht – nämlich zu einem melodischen und heiligen Instrument Gottes, voller Harmonie. In der platonischen Philosophie erblickte Klemens das Beste des Heidentums. Aber wenn Nichtchristen mit dem Alter ihrer jeweiligen Sichtweisen oder Gewährsleute prangen wollten, entgegnete er selbstbewusst, Christen wären doch längst schon vor Grundlegung dieser Welt dagewesen, insofern sie von Gott vorherbestimmt waren, vernünftige Geschöpfe des einen Wortes Gottes im Ursprung zu sein.

In den zur Reife gelangten Christen erblickte Klemens den Höhepunkt der menschenmöglichen Vernunftentwicklung. Nach seiner Überzeugung zielt letztlich alle Vernunft auf Erkenntnis, nämlich die *theoria* im vollkommensten Sinn, durch die Gottesschau, ja Gottesbegegnung vermittelt wird. Mystisches und Vernünftiges waren für ihn keineswegs Gegensätze. Demgemäß sah er das Menschsein und insbesondere auch das Christsein als einen Entwicklungsprozess für die Seele an. Die Praxis christlicher Spiritualität könne nur inneres Wachstum hervorbringen: Wer durch gläubiges Leben und Gebet immer Gott nahe sei, werde mehr und mehr an Gutem gewinnen. Am Ende werde der Lohn im göttlichen Gericht ein je und je unterschiedlicher sein – wobei Klemens an eine letztendliche himmlische Heimholung aller Seelen dachte.

Wichtig war ihm das Hereinragen der Ewigkeit in die seelische Wirklichkeit bei denen, die sich in glaubender Erkenntnis mit Christus, dem einen Gotteswort in Person mystisch verbunden wissen. Dies rechtfertigte für ihn eine Vorverlagerung von eindeutig aufs Jenseits bzw. das künftige Gottesreich bezogenen Aussagen im Neuen Testament (wie etwa die Verheißung einstiger Gottesschau in Matth 5,8 oder das Wort von der künftigen Engelgleichheit in Luk 20,36) in die Gegenwart. Unter „Auferstehung" verstand der Mystiker somit einen vom Heiligen Geist im

Gläubigen gesteuerten „Integrationsprozess", der bereits mit der Taufe beginnt, sich im Glaubensleben und nach dem leiblichen Tod in einem seelischen Aufstieg fortsetzt und in der Vollendung der himmlischen Kirche zum Ziel kommt.[92] Den Gedanken an eine „Auferstehung des Fleisches", wie ihn das kirchliche Glaubensbekenntnis formuliert, konnte er von daher dem schlichten Gemeindeglauben überlassen.

Während der gesamten Spätantike stand Klemens in hohem Ansehen, danach anhaltend im östlichen Bereich des Christentums. Im Westen wurden seine Werke allerdings im Mittelalter nicht ins Lateinische übersetzt. 1748 ließ Papst Benedikt XIV. ihn aus dem römischen Heiligenkalender streichen, da sein Leben zu wenig bekannt, eine öffentliche Verehrung nicht vorhanden und seine Lehre zweifelhaft sei. So ist seine Zurechnung zu den Kirchenvätern bis heute umstritten. Tatsächlich hat keiner der Väter eine derart distanzierte Stellung gegenüber der organisierten Kirche und ihrer klerikalen Ämterhierarchie eingenommen wie dieser Mystiker. Nur einer ist ihm darin ungefähr ebenbürtig gewesen: der im selben Flair Alexandrias groß gewordene Origines, der sein Schüler und späterer Nachfolger in der Leitung der alexandrinischen Katechetenschule wurde.

Scribere dire puer ne te derideat alter

ORIGENES.

histo ria si c legi

Origenes

Der Name Origenes bedeutet wohl „von Horus Stammender"
und lässt auf ägyptische Herkunft schließen. Durch seinen
Vater Leonides, den er 202 durch die Christenverfolgung unter
Septimius Severus verlor, war Origenes (185–254)[93] in Alexandria eine umfassende biblische und wissenschaftliche Unterweisung zuteil geworden. Er suchte angeblich dem Vater damals ins
Martyrium zu folgen – während sein Lehrer Klemens bei derselben Verfolgung die Flucht vorzog. Die Mutter konnte allerdings
verhindern, was Origenes vorhatte, indem sie, bevor er das Haus

verließ, seine Kleider versteckte. Zwar verarmte die Witwe, doch Origenes erhielt nun die Förderung einer wohlhabenden und angesehenen Frau. Bereits ab 203 erteilte er in Alexandria Unterricht in Grammatik an der von Demetrius, dem Bischof Alexandrias gegründeten Katechetenschule.

Der junge, asketisch lebende Lehrer besuchte während der Christenverfolgung unablässig die Gefangenen, sorgte für sie vor Gericht und tröstete die Verurteilten, wobei er selbst wie durch ein Wunder vor Schaden bewahrt wurde. Um unabhängig von seinen Unterrichtseinkünften zu sein, verkaufte Origenes die vom Vater ererbte heidnische Bibliothek für einen Betrag, der ihm ein bescheidenes tägliches Einkommen sicherte. Tagsüber unterrichtete er, den größeren Teil der Nacht widmete er dem Studium der Heiligen Schrift. Er soll sogar so weit gegangen sein, dass er Jesu symbolische Aussage in Matth 19,12 buchstäblich verstanden und sich selbst entmannt hat.

Möglicherweise war Origenes in Alexandria einige Jahre lang Schüler des berühmten platonischen Philosophen Ammonios Sakkas, bei dem jedenfalls sein Zeitgenosse Plotin[94], der Begründer des Neuplatonismus, ausgebildet wurde. Sicher wurde Origenes stark geprägt durch Klemens von Alexandrien, was die deutliche platonische Ausrichtung seines Denkens und seiner Mystik auch erklären würde. Aus seiner platonischen Schulung empfing der junge Mann nicht zuletzt eine Aufgeschlossenheit für die Vorstellung von der Präexistenz der menschlichen Seele und ihrer Wanderung durch verschiedene Existenzen. Dabei scheint er allerdings nicht an eine Art „Seelenwanderung" im Sinne einer wiederholten Rückkehr auf die Erde gedacht zu haben, sondern an eine Wiederverkörperung der Seele in anderen, höheren Welten zwecks fortlaufender Reinigung. In späteren Jahren hat er sich aber aufgrund seiner eingehenden Schriftstudien ausdrücklich gegen jeden Seelenwanderungsglauben ausgesprochen. Insofern hat es übrigens das gern zitierte Konzil von Konstantinopel im Jahre 553 mitnichten nötig gehabt, den Reinkarnationsglauben „abzuschaffen", wie in der modernen Esoterik oft entgegen der Quellenlage behauptet wird; vielmehr hat jenes Konzil lediglich die damit allerdings verwandte spiritualistische Vorstellung des Kirchenvaters verurteilt, es gebe präexistente Seelen, die bei der Entstehung von Menschen aus dem Himmel herabkämen. Mit der Abweisung der gnostisch-platonischen Deutung der Menschen im Sinne himmlischer Geistwesen, die nach einem „Sündenfall" in tiefere materielle Ebenen verbannt worden oder hinabgestürzt seien, war und blieb freilich auch der Reinkarnationsgedanke kirchlich ausgeschlossen.

Origenes wird indessen in der modernen Esoterik nicht ganz zu Unrecht gerne aufgerufen. Hatte er doch eine mythologisch-philosophische Gesamtschau entworfen, mit der die biblischen Dimensionen durchaus gesprengt und verzerrt wurden. Seine Theosophie bildete ein weitläufiges, spekulatives System, dessen Grundmotiv von Hervorgang und Rückkehr eine Vielzahl von Welten umschließen und sogar den Gedanken anklingen lassen konnte, dass in unabsehbaren zeitlichen Fernen wieder neue Verfinsterungen und damit neue Weltperioden und Welt-Erlösungen ausgelöst würden. Umstritten, ja kirchlich verurteilt ist in diesen Zusammenhängen auch sein Gedanke an eine Allversöhnung, die alle geistigen Wesen einschließt. Dabei hat dieser Gedanke dadurch mystische Tiefe, dass er für Gottes Ziel mit der Schöpfung einen ewig von Gott nicht beherrschten Bereich namens Hölle ausschließt – und so den biblischen Satz „Gott ist Liebe" in einem letzten Sinn ernst nimmt.

Origenes konnte sein spiritualistisches System freilich nur dadurch mit den von ihm hochgeschätzten, für wörtlich inspiriert gehaltenen biblischen Schriften Alten und Neuen Testaments in Einklang bringen, dass er eine spezielle Auslegungsmethodik entwickelte. In ihr erhielt die allegorisch-bildliche Deutung neben der textkritischen und historischen Arbeit ein großes Gewicht; ja ihr wurde die eigentliche, weisheitliche Tiefe zuerkannt. Zweifellos konnte mit ihrer Hilfe manch biblischer Text mit Gewinn auch auf der Linie des jeweiligen Bibelbuches oder im gesamtbiblischen Sinn ausgelegt werden, wobei Origenes allemal seine außerordentlichen Kenntnisse zugutekamen. Doch bot diese Methode auch Raum zu mancherlei spiritualistischer Willkür. „Durch die weiten Räume der mystischen und der geistlichen Einsicht werde ich reiten", ruft Origenes in seinem Römerbrief-Kommentar (VII 11) enthusiastisch aus. Tatsächlich gelangen ihm mittels seiner Art der Schriftauslegung viele mystische Aussagen.

Um sein exegetisches Arbeiten zu vervollkommnen, studierte er mit etwa 28 Jahren Hebräisch. Um diese Zeit lernte er einen wohlhabenden Mann namens Ambrosius von Alexandria kennen, den er von der Gnosis zum kirchlichen Glauben zurückführte. Einige Jahre später schloss dieser Freund einen Vertrag mit Origenes, um dessen Schriften zu verbreiten. Alle folgenden Arbeiten waren aus Dankbarkeit jenem Ambrosius gewidmet. Ihm folgte Origenes zwischenzeitlich auch nach Cäsarea, wo er auf Bitten des dortigen Bischofs die Heilige Schrift auslegte. Nach Alexandria zurückgekehrt, lehrte und schrieb er äußerst fleißig weiter; mehrere tausend Papyrusrollen soll er gefüllt haben. Zu diesem Zweck hatte ihm Ambrosius mehr als sieben Schreiber und Kopisten zur Verfügung gestellt. Auf Bitten von Ambrosius verfasste er insbesondere einen großen Bibelkommentar, zwei Bücher über die Frage der Auferstehung und das Werk „Peri archon" („Von den Ursprüngen"). Vom gesamten Textumfang seiner Bücher ist kaum ein Drittel erhalten geblieben.

Origenes verkörperte in seiner Person eindrucksvoll die Verbindung von Theologe, Philosoph und Mystiker. Direkt wie indirekt hat er spätere Mystik-Theorien beeinflusst. Nicht nur seine Interpretation der Heiligen Schrift war eine mystische, sondern auch seine Gotteslehre. Deren (neu-)platonische Inspiration ist aus der monistischen These herauszuhören, Gott allein sei das substanziell Seiende, während alle anderen Dinge nur durch Teilhabe an ihm existierten; ja man könne auch von Gott als dem Seienden jenseits des Seins sprechen. Seine Beschreibung der Trinität hat einen erkennbar neuplatonischen Beigeschmack, indem sie sich an das Abstiegsschema jener monistischen Philosophie anlehnt – alles komme aus dem obersten Einen. So hat Origenes die zweite Person der Trinität, nämlich den Schöpfungsmittler, gedeutet als Manifestation des absoluten Einen als des Vaters – also als den ersten Ort „unterhalb" der alleroberseten Dimension. Und der Heilige Geist nimmt als die dritte Person noch eine Stufe tiefer gleichsam den Rang der „Weltseele"[95] ein, wie sie Platonismus und Stoizismus annehmen.

Ungeachtet solcher Unterordnung betont Origenes unter Berücksichtigung der kirchlichen Trinitätslehre, der Sohn, der *logos* als die zweite Person der göttlichen Dreieinigkeit sei wirklich göttlicher Natur, ja gleich ewig mit dem Vater. Dieses Zugeständnis fiel ihm nicht schwer, da die erste Manifestation des Absoluten auch im platonischen Sinn als erstes Abbild des Ewigen selber noch Ewigkeitscharakter tragen konnte. Bedenklich wurde aber mit der Ewigkeitszuschreibung an den Schöpfungsmittler, dass damit dessen Ewigkeitscharakter in der Vorstellung von Origenes auch auf die von ihm gewollte und getragene Welt selber abfärbte – nämlich auf die zunächst im Himmel existierende Schöpfung, die er sich als „vollkommen" dachte. Deshalb soll den geistigen Geschöpfen in ihr, die in der Gemeinschaft mit dem *logos* die himmlische Kirche bildeten, auch das Merkmal vollkommener geistiger Freiheit zugehört haben. Damit aber war für Origenes zugleich der Ort der Möglichkeit des Sündenfalls, der Abwendung von Gott markiert. Diese Spekulation diente bei ihm der Beantwortung der Frage nach dem Woher des Übels in unserer Welt.

Das Gefühl, hier um letzte Antworten zu wissen, vermittelt durchaus ein mystisches Selbstbewusstsein. Aber anders als im substanzmystisch orientierten Gnostizismus wurde bei Origenes das liebesmystische Element der Christus- und Gottesbeziehung herausgearbeitet. Das geschah insbesondere in der Auslegung des Hohenliedes, dessen erotische Aussagen Origenes mittels seiner bildhaft-allegorischen Auslegungsmethode gänzlich mystisch deutete. Die trieb er bis hin zu der steilen Aussage, Gott sei in seiner ausstrahlenden Liebe selber als „Eros" zu verstehen. Die Erfahrung mystischer Ekstase deutete er demgemäß als Hingerissensein des Geistes von der Erkenntnis großer und wunderbarer Dinge, insbesondere als Bewegtsein von der Liebe des in lauterster Selbstentäußerung herabgestiegenen Christus, der die Seele zur mystischen Gottesschau und damit zu ihrer Vergöttlichung emporführt.

Der spiritualistische Lehrer und Gottesmann Origenes konnte sich vieler Verehrung und Bewunderung erfreuen. Mit der Zeit wurde er zu einer gefragten theologischen Autorität. Als beispielsweise in Arabien eine Art „Ganztod"-Lehre verkündet wurde, wonach die Seele sterblich sei, mit dem Körper verfalle und erst bei der Auferstehung der Toten wieder zum Leben erweckt werde, beauftragte man Origenes, dorthin zu reisen. Selbstverständlich argumentierte er gegen die Ganztod-Auffassung, indem er einerseits die Unterscheidung zwischen irdischem und himmlischem Leib herausstellte und andererseits den Gedanken an eine „Auferstehung des Fleisches" dem schlichten Gemeindeglauben überließ. „Auferstehung" wurde von Origenes wie schon von Klemens als spiritueller Prozess interpretiert, der im Tod einen vorläufigen Höhepunkt und in der himmlischen

Vollendung sein Ziel findet, hingegen ohne Zusammenhang mit dem Schicksal des Kosmos bleibt.

Auf die Dauer wurde die geistige Autorität des Origenes eine Konkurrenz zur kirchenamtlichen Autorität. Dies umso mehr, als der berühmte Alexandriner ungeachtet seiner Bibelfrömmigkeit Tendenzen zeigte, die von der bisherigen Lehre der Kirche wegführten. So konnte es seinem Bischof Demetrius gar nicht einfallen, ihm womöglich auch noch die priesterliche Weihe zukommen zu lassen. Deshalb erboste es Demetrius sehr, als sich Origenes 230 während einer kirchlichen Dienstreise in Cäsarea zum Priester ordinieren ließ. Mittels zweier extra einberufener Synoden entzog der Bischof Origenes zunächst die Lehrbefugnis; sodann wurde auch seine Ordination für unwirksam erklärt.

Darauf ließ sich Origenes dauerhaft in Cäsarea nieder, wo man ihn hochwillkommen hieß. Sein Anliegen blieb es auch weiterhin, die gesamte Wissenschaft seiner Zeit von einem christlichen Gesichtspunkt zu überschauen und das Christentum in hellenistischer Tradition zu einer universellen Theorie zu erhöhen. Zunehmende Angriffe auf seine Rechtgläubigkeit veranlassten ihn zu einem Rechtfertigungsschreiben an Papst Fabianus (236–250) und zahlreiche Bischöfe. Gleichzeitig wurde er gegen mancherlei Häresien zu Hilfe gerufen. Den 250 erneut ausbrechenden Verfolgungen der Kirche entging Origenes wohl nicht: Er wurde wahrscheinlich zu Tode gefoltert.

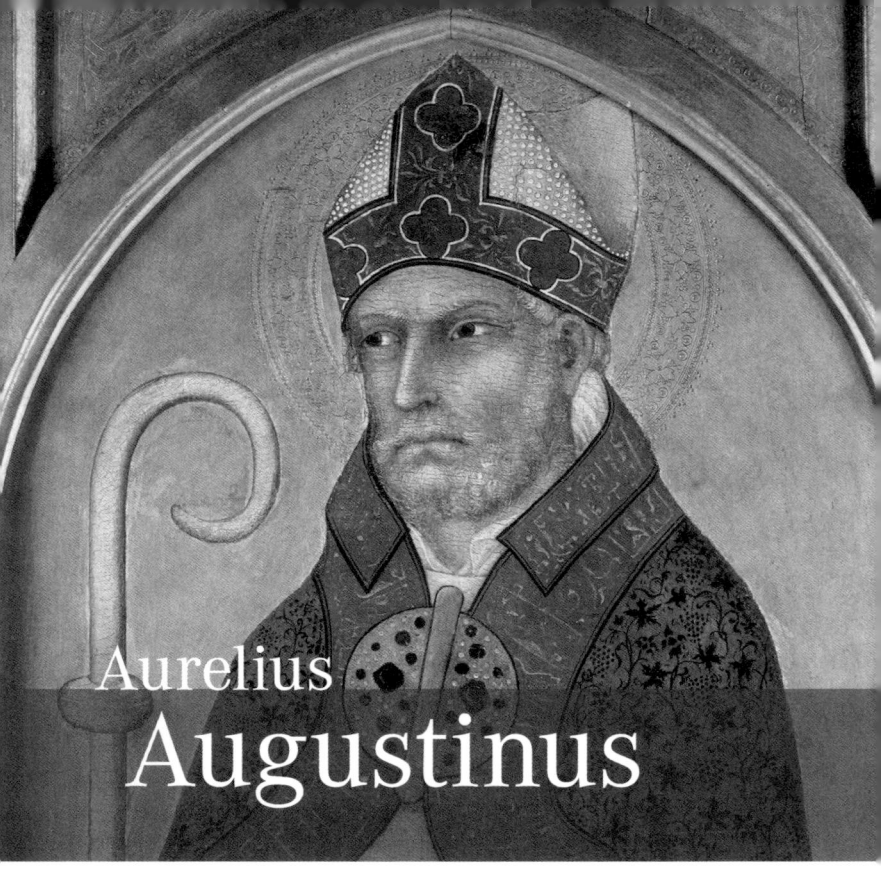

Aurelius
Augustinus

Aurelius Augustinus oder kurz Augustin (354–430)[96] wurde als
Kind einer einfacheren nordafrikanischen Familie geboren.
Sein Vater war Heide, während seine christliche Mutter ihn fein-
fühlig und am Ende mit Erfolg dem Glauben näherzubringen
vesuchte. Begonnen hat er seine Laufbahn als junger Rhetor in
Thagaste und Karthago. Dann ging der junge Akademiker nach
Italien, nämlich nach Rom und bald darauf nach Mailand, wo
er sich für mehrere Jahre der gnostischen Sekte der Manichä-
er anschloss. Unbefriedigt wandte er sich schließlich von ihnen

ab. Aus seiner Verzweiflung rissen ihn die wiederholten Worte spielender Kinder: „Nimm und lies!" Er griff zu den Schriften des Apostels Paulus und stieß auf das ihn packende Wort in Röm 13,13–14, das rät, allen weltlichen Begierden abzusagen und den Herrn Jesus Christus anzuziehen. Schließlich ließ er sich 387 von Bischof Ambrosius, einem berühmten Theologen jener Zeit, taufen. Unter anderem las er nun neuplatonische Schriften. In Italien hielt ihn bald nichts mehr: Er wechselte 388 nach Afrika und erhielt dort die Priesterweihe. Von 395 bis zu seinem Tod, also 35 Jahre lang war er Bischof von Hippo Regius, der zweitgrößten Stadt Afrikas.

Augustin gilt als einer der bedeutendsten Kirchenlehrer überhaupt und zugleich als wichtiger Philosoph an der Zeitenwende zwischen Antike und Mittelalter. Als einer der einflussreichsten Köpfe der christlichen Spätantike hat er das weitere Denken des Abendlandes wesentlich geprägt, so dass man ihn unter die westlichen Kirchenväter rechnet. Seine Theologie beeinflusste die Lehre fast aller abendländischen Kirchen, ob katholisch oder protestantisch, denn gerade auch die Reformatoren hielten viel von ihm.

Zahlreiche und zum Teil umfangreiche theologische Schriften hat Augustin verfasst; die meisten davon sind erhalten geblieben. Diese Schriften zeigen: Der christliche Glaube bildete für ihn die Grundlage seiner spirituellen Erkenntnis – im Sinne der Formel *credere ut intelligas* („glaube, damit du erkennst"). Seine Philosophie enthält mancherlei von Platon und von Plotin stammende, jedoch im christlichen Sinn modifizierte Elemente. Hierzu gehören insbesondere die Zweiteilung der Wirklichkeit zwischen der höheren Welt des Seins, die nur dem Denken zugänglich ist, und der niederen Welt des Werdens, der Sinne – was sich beim Menschen in der spannungsvollen Einheit von Leib und Seele ausdrückt.

Augustins „Confessiones" („Bekenntnisse"), entstanden in den letzten Jahren des 4. Jahrhunderts, bilden einen der einflussreichsten autobiografischen Texte der Weltliteratur. Der frisch gebackene Bischof hat sie in Gebetsform verfasst, also als Rede hin zum dreieinen Gott. Schon nach wenigen Sätzen stößt man auf die berühmt gewordenen Worte: „Zu dir hin hast du uns geschaffen, und unruhig ist unser Herz, bis es ruht in dir." Allein dieser Satz beweist zur Genüge die mystische Natur des Kirchenvaters. Weitere einschlägige Stellen aus den „Bekenntnissen" ließen sich als Belege anführen – so etwa im 10. Buch die Aussage, er finde keinen sicheren Ort für seine „Seele als nur in dir, in dem sich sammelt, was in mir zersplittert ist, und der nichts verliert von allem, was mein ist. Und bisweilen lässt du mich innerlich gar Wundersames erleben, ich weiß nicht, welche Wonne! Käme sie in mir zur Vollendung, wüsste ich nicht, was es noch Höheres geben könnte als dieses Leben." Oder im letzten, dem 13. Buch: „So gib dich mir, mein Gott, gib dich mir wieder! Sieh, ich liebe dich, und ist's zu wenig, will ich dich stärker lieben. Ich kann es nicht ermessen, wie viel mir noch an Liebe fehlt, bis es genug ist und mein Leben sich birgt in deinen Armen und nimmer sich abkehrt, bis es versunken ist in der Geheimnistiefe deines Angesichts."

Solche Stellen illustrieren nicht nur hinreichend, dass Augustin Mystiker war, sondern auch, dass es sich nach Form und Inhalt bei ihm um Liebesmystik handelt. Kaum verständlich ist von daher die schon lange anhaltende Debatte darüber, ob man Augustin überhaupt als Mystiker anzusehen habe. Beispielsweise hat ihm William Ralph Inge in seinem Buch „Christian Mysticism" (1899) abgesprochen, ein Mystiker gewesen zu sein. Dagegen ist Bernard McGinn zuzustimmen, wenn er bemerkt: „Trennt man a priori Evangelium und Mystik (was für einige protestantische Forscher charakteristisch ist) oder rationale Philosophie und affektive Mystik (so einige Katholiken), macht man es sich mit der Behauptung, Augustinus könne kein Mystiker gewesen sein, zu leicht."[97] Zu Recht warnt McGinn in diesem Zusammenhang vor einem zu eng gefassten Mystikbegriff um zu unterstreichen: „Liebe und Erkenntnis sind für das mystische Bewusstsein Augustins ineinander verflochten."

Tatsächlich hat Augustin keine methodische, auf Versenkung bzw. Vereinigung mit der Gottheit zielende Mysik betrieben oder empfohlen. Gleichwohl kannte er den Gedanken eines seelischen Aufstiegs zur ekstatischen Erfahrung der göttlichen Gegenwart, den er einbettete in ein theologisch reflektiertes Gottes- und Menschenbild und in eine betonte Kirchlichkeit. Wichtig wurde ihm der Begriff der *visio Dei*, der seligen Gottesschau jenseits der sinnenhaft gegebenen Welt. Diese beglückende, vor allem intelligibel, aber eben keineswegs affektfrei gedachte Berührung mit der göttlichen Wirklichkeit hat auch etwa Ästhetisches, wie aus dem Ausruf im 10. Buch der „Bekenntnisse" (27, 38) hervorgeht: „Spät habe ich dich geliebt, du Schönheit, ewig alt und ewig neu!" In diesem Kontext formuliert Augustin: „Du hast mich berührt, und ich bin nach deinem Frieden entbrannt."

Solches Berühren Gottes ist nach Augustin nur dem getauften Christen möglich, der durch die Verbundenheit mit Jesus Christus von aller Sünde gereinigt und in seinem von Gott intendierten Menschsein wiederhergestellt ist. Das unterschied die augustinische Mystik von der neuplatonischen, welche den natürlichen Menschen keineswegs als durch den Sündenfall verdorbenen, für wahre Mystik ungeeigneten Kandidaten ansah. In diesem entscheidenden Punkt hinsichtlich der Frage der Erlösungsnotwendigkeit setzte sich Augustin also ab von der ansonsten durchaus geschätzten Philosophie Plotins, der noch die gefallene Seele – ähnlich wie später der deutsche Aufklärungsphilosoph Immanuel Kant – für fähig gehalten hatte, sich sozusagen selbst am Schopf zu packen und aus dem Sumpf zu ziehen.

Augustin zufolge konnten die Menschen das Bild Gottes in ihrer Seele zerstören, zu seiner Wiederherstellung aber waren und sind sie nicht in der Lage. Das Heil zu gewinnen, ist daher keine Angelegenheit menschlicher Willensfreiheit oder auch nur Sehnsucht, sondern alles liegt an der göttlicher Freiheit verdankten Gnade.[98] Wo sie wirklich erkannt wird, dort wirkt sie überwältigend und unwiderstehlich. Gottes Erbarmen ist es, das unser Herz entbrennen lässt zu jener Liebe, ohne die unsere Vollendung nicht denkbar ist.

Die letzte, ewige Vollendung mit ihrer unübertrefflichen Süßigkeit aber bleibt Zukunftsmusik: Mystisches Empfinden und Erfahren sind bei Augustin sozusagen Anzahlung auf die künftige Erfüllung, im irdischen Leben also nur kurzes, vorläufiges Glück nicht festzuhaltender Unmittelbarkeit. Auch in diesem Punkt hat sich der reife Augustin vom Neuplatonismus abgesetzt, demzufolge schon auf Erden die Möglichkeit seelischer Vollendung besteht. Der Kirchenvater weiß um die Unfähigkeit der Psyche zu dauerndem Kontakt mit dem göttlichen Licht – wie er überhaupt die Ansicht verwirft, die innere Selbst-Schau der Seele könne sie vergöttlichen. Nein, seelische Ekstase muss bedeuten, dass die Psyche sich selbst auf die Wirklichkeit Gottes hin überschreitet. Augustin denkt mystisch, aber nicht monistisch: Die Seele fasst er keineswegs als gefallenen Gottesfunken im substanzmystischen Sinn auf, sondern als Geschöpf in Beziehung zum Schöpfer.

Grundsätzlich betont Augustin die Unaussprechlichkeit der mystischen Gotteserfahrung, die Nichtdarstellbarkeit der seelischen Ekstase in ihrem Über-die-Welt-hinaus-Sein. Solche Deutung ist freilich etwas Allgemein-Mystisches, für Augustin jedoch nicht das Wesentliche. Vielmehr ist für ihn die Aussage

bezeichnend, dass Christus als das Mensch gewordene Gotteswort göttliche Anrede an uns ist und uns bereits mystisch mit
dem Ewigen verbindet. So schreibt er in seiner Psalmenausle-
gung: „Wenn ich auch noch nicht die reine Kontemplation oder
Freude im absoluten Guten, das Gott ist, erfahre, habe ich an
ihr doch schon in dieser Welt teil durch meine Verbindung mit
Christus, dem Haupt. Er sagt, dass er hier unten bei uns ist; deshalb sind auch wir mit ihm dort oben… Seht, welch ein Unter-
pfand wir haben, wodurch wir nun in Glaube, Hoffnung und Liebe mit unserem Haupt auf ewig im Himmel sind – weil er selbst
in Gottheit, Güte und Einheit mit uns auf Erden ist bis zur Vollendung der Welt."[99] Christus ist für Augustin zugleich Weg und
Ziel. Darum ist er auch Garant unserer Unsterblichkeit, weil er
als „der glückselige und beseligende Gott, unserer Menschheit
teilhaftig geworden, den kürzesten Weg zugänglich machte, seiner Gottheit teilhaftig zu werden. Denn seine Erlösung von Tod
und Unseligkeit hebt uns nicht zu den unsterblichen und seligen
Engeln empor in dem Sinne, dass wir durch Gemeinschaft mit
ihnen unsterblich und selig würden, sondern zu jener Dreifaltigkeit, durch deren Gemeinschaft auch die Engel selig sind."[100]

   Solche Christus-Zentriertheit bedeutet notwendig betonte
Kirchlichkeit auch im Verständnis des Mystischen: Augustin
sieht nicht nur die Sakramente in ihrem reinigenden Effekt,
sondern auch die Gemeinschaft der Gläubigen in ihrer stüt-
zenden Wirksamkeit als notwendig für die Realisierung echter
mystischer Erfahrung an. Die gelebte Verbundenheit derer, die
„reinen Herzens" (Matth 5,8) sind, ist praktische Voraussetzung
für den Überstieg zur Gottesberührung. Dem entspricht das trinitarische Gottesverständnis, das so nur innerhalb der christlichen Kirche vermittelt wird und dank seiner integralen Kraft
die Tiefe wahren mystischen Empfindens überhaupt erst denkbar macht. Von daher lehrt Augustin sogar die Gottebenbildlich-

keit des Menschen als eine dreifaltige: Der menschliche Geist, sein Erkenntnisinhalt und seine Liebe spiegeln die göttliche Trinität wider, ja ermöglichen am Ende deren Schau.

Solche allein kirchlich einholbare Dimension des Mystischen muss im Sinne Augustins in die konturenlos gewordene Rede von Mystik im 21. Jahrhundert theologisch wieder neu eingebracht werden. Dann kann auch neu deutlich werden, dass zur christlich-mystischen Spiritualität wirklich *alle* Glieder der Kirche in ihrer Verbundenheit mit dem himmlischen Haupt berufen sind. So jedenfalls hat es Augustin gemeint.

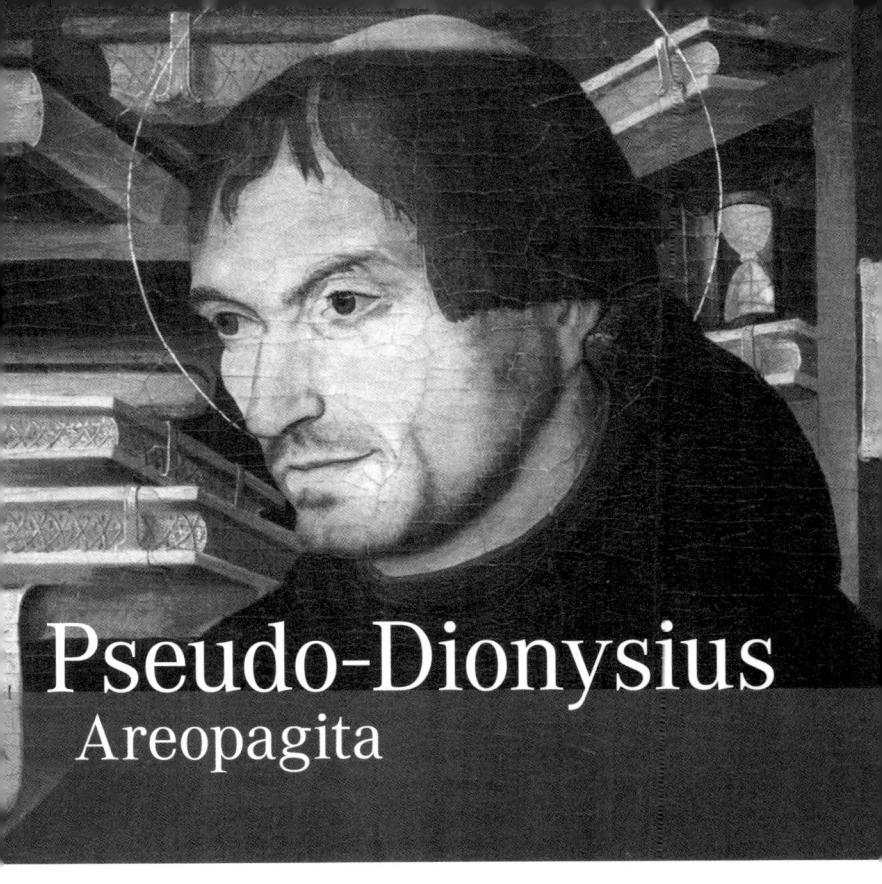

Pseudo-Dionysius
Areopagita

So geheimnisvoll wie das Gebiet der Mystik schlechthin ist einer der wichtigsten Lehrer auf diesem Sektor im christlich-abendländischen Kulturraum gewesen und geblieben: Der „Pseudo-Dionysius Areopagita" genannte Mönch lebte und wirkte um die Wende zum 6. Jahrhundert.[101] Das Wort „Pseudo" ist deswegen Bestandteil seines Namens geworden, weil er fälschlich vorgibt, jener Areopagite Dionysios in Athen gewesen zu sein, der fast ein halbes Jahrtausend zuvor durch den Apostel Paulus zum christlichen Glauben gefunden hatte (Apg 17,34). Jahrhunderte lang vertraute man dieser Darstellung. Als wissenschaftlich gesichert gilt erst seit Ende des 19. Jahrhunderts, dass dieser Mystiker neuplatonische Schriften aus der Feder des Proklos (410–485) voraussetzt, jenes griechischen Philosophen also, der den athenischen Neuplatonismus noch über Plotin hinaus zu einer letzten Blüte geführt hatte.

Neuplatonischer Monismus bildet durchweg die Voraussetzung der Mystik des Areopagiten. Zwar versteht sich der geheimnisvolle Verfasser von Schriften, Briefen und Traktaten wie „Über die göttlichen Namen", „Über die kirchliche Hierarchie" und insbesondere auch „Über die mystische Theologie" (der Begriff der „mystischen Theologie" ist von ihm geprägt worden!) ohne Zweifel als christlicher Theologe und Mystagoge. Aber er hat das christliche Traditionsgut auf geschickte, freilich problematische Weise einzuzeichnen versucht in die Strukturen des späten Neuplatonismus, also einer heidnischen Philosophie. Bernard McGinn drängt sich der Eindruck auf, dass „bei Dionysius trotz aller Bezüge auf biblische Stellen eine Tendenz vorliegt, den biblischen Text zugunsten einer vorgefassten Systematik zu atomisieren."[102] Zudem zeigen sich indirekte Einflüsse des antiken Mysterienwesens – etwa in der mitunter esoterisch anmutenden Sprache sowie in der Vorstellung von unterschiedlichen Graden der Integration von Christen in die Kirche. Seine Bemühung, eine nach beiden Richtungen missionarisch wirkende Synthese zwischen Neuplatonismus und kirchlicher Lehre herzustellen, hat bei modernen philosophischen, theosophischen und theologischen Autoren unterschiedliche Deutungen und Bewertungen hervorgerufen.

Aus dem Neuplatonismus stammt das monistische Grundkonzept des völlig jenseitigen Einen, dessen überfließender Güte sich alles Sein verdankt und in welches alles am Ende wieder zurückkehren wird. Ein Hauptproblem bei diesem Ansatz stellt seine Vermittelbarkeit mit dem christlichen Schöpfungsgedanken dar. Pseudo-Dionysius versucht es zu lösen, indem er sich merklich absetzt von der neuplatonischen Idee, dass es vermittelnde Größen zwischen dem Ureinen und der sinnlich erfahrbaren Welt gebe. Stattdessen unterstreicht er, Gottes dreifaltiges Sein und Wirken erstrecke sich unmittelbar auf alle Stufen des Seins bis hinab ins Grobstofflich-Materielle.

Um dieses freilich immer noch monistische Denksystem intellektuell attraktiv zu machen, baut er den seit Platon gängigen Begriff des Guten im Göttlichen weiter aus: Er fasst ihn dynamischer denn je und deutet ihn unter Benutzung eines anderen platonischen Begriffs weiter aus, der bis dahin mit dem Göttlichen selbst kaum je in Berührung gebracht worden war, nämlich dem des *eros*. Dieses Wort erinnert an den Gott der Liebe in der griechischen Mythologie und lässt an sinnliche Anziehungskraft denken.

Bereits Origenes hatte, wie oben dargelegt, Gott selbst in Anlehnung an die Erotik des alttestamentlichen Hohenliedes als „Eros" beschrieben. Von daher wagt es nun Pseudo-Dionysius, eine mystische Theorie vom göttlich-kosmischen Eros zu entwerfen. Da nach Platon unter *eros* ein Streben und Verlangen nach etwas zu verstehen ist, das man noch nicht besitzt, scheint der Begriff zunächst ungeeignet zu sein für die Dimension des Göttlichen. Doch einige Neuplatoniker hatten mittlerweile – sogar unter Bezugnahme auf Platon selbst – herausgearbeitet, dass ja zu den Eigenschaften des Eros auch das Verlangen gehöre, Schönheit hervorzubringen. Von daher konnte Dionysius unterstreichen, alle Wesen strebten nach dem Schönen und Guten, liebten es und sehnten sich nach ihm – teils mit Verlangen, teils mit dem Bedürfnis des Schenkens. Er bezog nun den Eros-Gedanken sogar auf Gott als den absolut Guten selbst und behauptete, es sei das Übermaß des Urschönen und Urguten,

„welches den Urheber von allem veranlasst, alles zu lieben, alles zu machen, alles zu vollenden, alles zusammenzuhalten, sich allen zuzuwenden und alles zu sich zu wenden."[103] Ausdrücklich heißt es, dass die göttliche Liebe im Sinne des göttlichen Eros gut sei. Die Kraft des „Erotischen" gehe aller Schöpfung voraus: Sie sei im kosmischen Herzschlag von Hervorgang und Rückkehr spürbar; sie halte das Gleiche in gemeinsamer Berührung zusammen; sie binde das Ungleichartige durch Fürsorge und Hinwendung.

Solch eine theologische These ist – wie schon bei Origenes – nur möglich auf dem Hintergrund einer nicht unproblematischen Gleichsetzung von *eros* und *agape*. Wenn im 1. Johannesbrief Gott als Liebe im Sinne von *agape* (lat. *caritas*) definiert wird, dann geschieht das im kreuzestheologischen Kontext der Rede von der göttlichen Hingabe, ja Selbstentäußerung, die um edler Liebe willen auch reichlich Leid und Schmerz auf sich zu nehmen bereit ist und den Weg entbehrungsreicher Selbsterniedrigung einschließt. Dagegen bedeutet Liebe im Sinne von *eros* – trotz des vom Areopagiten genannten Aspekts der Fürsorge – gerade auch unter dem Aspekt der Selbsttranszendenz, ja der „Ekstase" doch eher ein Suchen von Lust mittels des Anderen, ein Sich-selbst-finden-Wollen im Gleichen oder im Höheren.

Die *agape* kann sich im schmerzverzerrten Antlitz des Gekreuzigten ausdrücken oder symbolisieren lassen, während der *eros* sich allemal mit Ästhetik bzw. mit der Idee des Schönen verbindet. Bezeichnenderweise hat ein theologisches System, das Gott als *eros* denken zu können meint, im Blick aufs Wirklichkeitsverständnis harmonisierende Tendenz, wie das eigentlich auf jeden Monismus irgendwie zutrifft. Hingegen ist ein theologisches System, das Gott als Liebe im Sinne von *agape* versteht, fähig zur Wahrnehmung der Wirklichkeit dieser Welt in all ihrem Schmerz, in ihrer ganzen Ambivalenz. Dionysius kann unterstreichen, dass Gottes liebestrunkenes Wirken an allem, was ist, unübertrefflich gut, also auch fürsorglich sei. Das aber bleibt eine Behauptung, die der harten Wirklichkeit des Kreuzes in unserer Welt schwerlich gerecht wird – und auch nicht dem Wort vom Kreuz im Neuen Testament. Kein Wunder, dass Jesus Christus selbst keine tragende Rolle im Denken des Dionysius spielt!

Immerhin versucht der Areopagite den neutestamentlichen Gedanken der göttlichen Selbstentäußerung bzw. Selbsterniedrigung dadurch in sein „mystisch-erotisches" Gesamtkonzept einzufügen, dass er lehrt, Gott werde aus seiner alles überragenden Höhe, in der er allein entrückt bleibe, zur Tiefe aller Dinge hinabgerufen. Hierin drückt sich freilich nur der neuplatonische Gedanke des „Überflusses" des guten Einen aus, der mehr ein Hinausstrahlen denn echte Selbsttranszendenz meint. Tatsächlich hält Dionysius fest, dass Gott ungeachtet seines Hinab-Gerufenseins zur „Tiefe aller Dinge" doch in Wahrheit nie aus sich herausgeht. Das Konzept bleibt also monistisch, wie denn auch der Leitbegriff des Erotischen lediglich besagen kann: Gott „liebt sich selbst in allen Dingen eben aus demselben Grund, aus dem er sich selbst abgesehen von allen Dingen liebt".[104] Göttliche Selbstliebe in dynamischem Kreislauf – dafür steht der theologisch-mystisch gewendete Eros-Begriff, der eine derart zentrale Stellung allein in einem monistischen System zu erringen vermag.

Im Rahmen der entsprechend monistischen Deutung des Universums bezeichnet Dionysius die vielfältig geordnete Manifestation der Weltwirklichkeit mit dem damals von ihm neu gebildeten Begriff der *„Hierarchie"*. Jede der ihrerseits gestuften Hierarchien formt sich dreifaltig aus: in eine höchste Stufe, die zur Vollkommenheit führt, in eine gleichsam mittlere, die erleuchtet, und in eine vergleichsweise untere, die reinigt. Allen

Hierarchien der Schöpfung eignet kraft ihrer Partizipation am Göttlichen die Fähigkeit zur Rückkehr zu Gott – eben durch Reinigung, Erleuchtung und Vervollkommnung. Im Bereich der Schöpfung stellt die kirchliche Hierarchie lediglich einen wenngleich wichtigen Teil der kosmischen Hierarchien dar. Und zwar ist sie als Stufe des Neuen Bundes quasi als mittlere Ebene angesiedelt zwischen der unteren Hierarchie des alttestamentlichen Gesetzes und der höchsten Ebene der himmlischen Hierarchie, welche aus den Engelchören besteht. Diese gliedern sich wiederum dreifaltig in die vollkommen mit Gott geeinte oberste Stufe der „Seraphim", in die mittlere, vermittelnde Klasse der „Herrschaften, Mächte und Gewalten" und in den untersten Chor der „gottartigen Prinzipien, Erzengel und Engel". Mit seiner Engel-Lehre entwirft Dionysius freilich keineswegs eine Art Heilsweg; vielmehr führt nach seinem Verständnis das rechte Verstehen der Engel als vielfältiger Manifestationen der göttlichen Schönheit geistig weiter und trägt auf solche Weise zur Vergöttlichung des Erkennenden bei.

Im Blick auf die göttliche Seinsdimension hat Dionysius den Eindruck nicht vermeiden können, dass die Trinität im Verhältnis zu dem neuplatonisch unbedingt anzunehmenden Ureinen nachgeordnet erscheint. Mit ihm gleichgestellt bzw. identifiziert zu werden, wäre ja auch gedanklich ein Unding! Solcher Nachordnung entspricht dann aber umgekehrt ein Aufstiegsmodell, demzufolge die mystagogisch geleitete, „eingeweihte" Seele gemäß ihrer Natur als einer göttlichen Manifestation am Ende ins mystische Dunkel der Einung mit dem verborgenen, unerkennbaren Gott gelangt. Dort wartet ihrer das Geschenk der Vergöttlichung im Sinne einer Angleichung und Vereinigung mit Gott, die so weit wie möglich geht.

Dionysius verbindet hierbei den Gedanken der unmittelbaren Gottesberührung mit der Betonung ihrer gedanklichen Unfassbarkeit und Unsagbarkeit. In mystisches Nichtwissen mündet alle Erkenntnisbemühung. So erweist sich das Denken des Pseudo-Dionysius als stark durch sogenannte „negative Theologie" charakterisiert, die Göttliches nur durch Verneinungen zu beschreiben wagt.[105] Selbst der Begriff des Guten wird von daher relativiert: Man könne durchaus sagen, dass der über allem stehende Gott auch über dem Urgrund des Guten schlechthin stehe.[106] Dieses Denken führt dahin, dass selbst biblische Bestimmungen wie „Gott ist Liebe" oder „Gott ist Geist" ihm zum Opfer fallen müssen – bzw. dass umgekehrt für diesen gar so jenseitigen, namenlosen Gott dann „viele Namen" denkbar werden und sich solch mystische Spiritualität potenziell pluralistisch öffnet, statt trinitarisch eindeutig gefasst zu sein.

Schließlich gelangt Pseudo-Dionysius zu der These, am Ende müssten nicht nur positive Aussagen über Gott, sondern auch die umschreibenden Negationen noch einmal überstiegen werden, wolle man zur Einigung mit Gott gelangen. Dieses „Mehr-als-Gott", dieses „Mehr-als-Sein"[107] bezeichnet ihm zufolge die Einheit Gottes noch jenseits von jener Einheit, die mit der Trinität gleichzusetzen ist. Auch das ist eine Aussage, die sich neuplatonischer Systematik verdankt. Martin Luther hat Dionysius wegen dieses Denkens hart kritisiert.

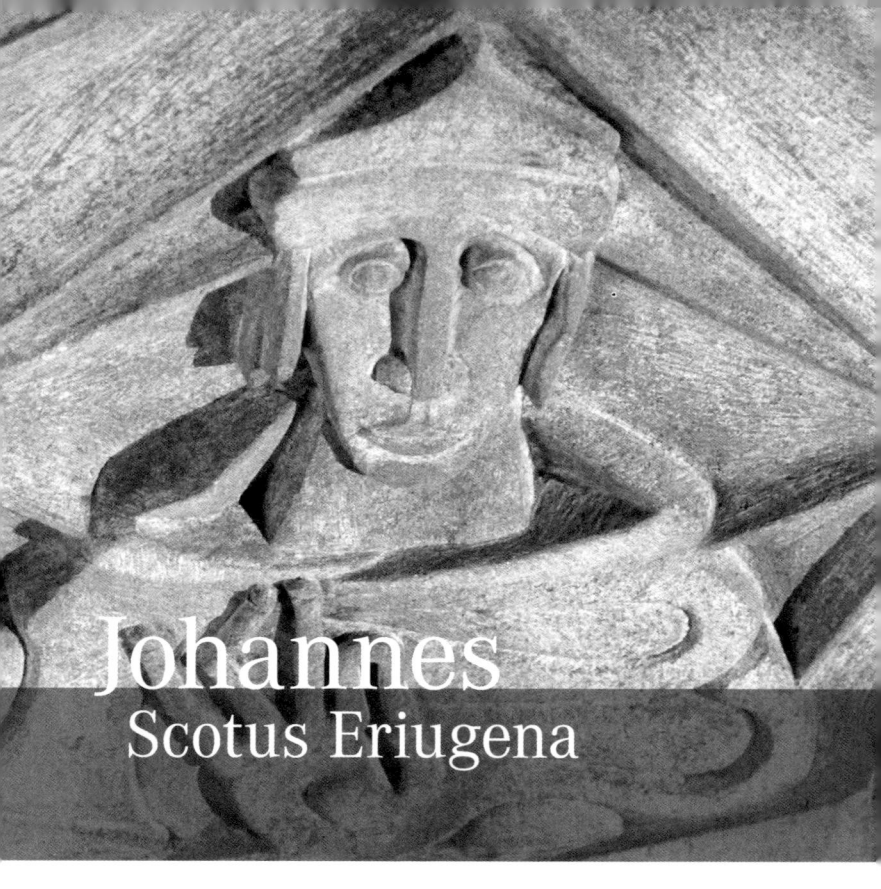

Johannes
Scotus Eriugena

Der Schotte Johannes Scotus Eriugena lebte im frühen Mittelalter zur Zeit der Karolinger (ca. 810–878).[108] Er war, wie der von ihm gewählte Beiname besagt, ein aus Irland stammender Gelehrter. Damit stand er innerlich auf dem Boden der keltischen Kultur. Was von der altkirchlichen Theologie an Dogmen überkommen war, musste auf ihn in vieler Hinsicht fremdartig wirken. Umso mehr aber galt ihm eben dieses Fremde als Niederschlag göttlicher Offenbarung und als ehrwürdiges Traditionsgut. Dass es sich freilich in seinem Denken mit geistigen

Einflüssen des Keltentums vermischte, lag nahe. Diese Einflüsse waren heidnischer Art, näherhin die einer druidisch geprägten Religiosität: Eine Vielzahl von Göttern und die betonte Einheit im Göttlichen standen hier nebeneinander.

Weltanschaulich kann man von einem „Monismus der Kelten"[109], also von der ihnen eigenen mystischen Einheitslehre sprechen. Es handelte sich um die Vorstellung einer lebendigen göttlichen Natur, deren organischer Prozess als ein stetes Werden und Vergehen aufzufassen, ja religiös zu feiern, freilich auch durch Opferkulte in Gang zu halten war. Gott wurde nicht als bewegungsloses Sein, sondern als dynamische Bewegung verstanden, die sich im Kosmos überall belebend auswirkt.

Der Kelte Johannes hat aufgrund seiner Nähe zu diesem Denken nicht zufällig die ebenfalls monistische Philosophie des Neuplatonismus aus der Tradition in sich aufgesogen.[110] Nachdem er in Westfranken Vorsteher der kaiserlichen Hofschule geworden war, tat er sich als Übersetzer des Dionysius Areopagita ins Lateinische hervor – wobei er wie alle Zeitgenossen damals meinte, dass dessen Schriften ihrem Anspruch gemäß aus dem 1. Jahrhundert stammten. Dass es sich in Wirklichkeit um Texte aus dem frühen 6. Jahrhundert handelte, welche die Mystik des Neuplatonismus transportierten und christlich salonfähig zu machen suchten, war ihm nicht bewusst.

Johannes war überzeugt, dass allein die Erkenntnis der Wirklichkeit im Ganzen dem einzelnen Menschen Orientierung für seinen äußeren und vor allem inneren Weg zum Glück und zur Seligkeit geben könne. Deshalb suchte der Mystiker die von Gott geoffenbarte und in der Heiligen Schrift überlieferte Weisheitslehre mit der damaligen naturwissenschaftlichen Auffassung vom Kosmos auf einen Nenner zu bringen.

In seinem Hauptwerk, den fünf Büchern *Periphyseon* („Über Naturen")[111], entwarf er auf neuplatonischem Hintergrund ein umfassendes System. Er deutete in diesem „Lehrbuch der Weisheit" die gesamte Wirklichkeit mystisch als stufenweise sich vollziehende Entfaltung der Vielheit aus der Ureinheit und als Rückkehr zu ihr. Gott wird hier als überwesentliche Einheit aufgefasst, die zugleich innerste Substanz aller Dinge ist und sie dennoch überragt. Als Ursubstanz erkennt und „schafft" Gott sich im Akt der Offenbarung gleichsam selbst. In seinem Sohn, dem *logos*, in dem die Einheit der Ideen gegeben ist, wird er durch deren Umsetzung zum Schöpfer der Welt.

Gott selbst sei – so der keltische Theologe – in seiner Natur überseiend, weshalb er mit Recht auch als „Nichts" bezeichnet werden könne. Diese Auffassung Gottes entspricht der neuplatonischen Lehre vom absoluten Einen. Gegen sie steht allerdings die kirchliche Trinitätslehre. Tatsächlich konnte Eriugena betonen, die drei Personen der Dreieinigkeit seien weniger Formen des göttlichen Wesens als vielmehr Formen, unter denen unser Geist das göttliche Wesen begreife. Namentlich die Geschichtlichkeit Jesu und überhaupt der Offenbarung Gottes in der Geschichte sind nach seiner Ansicht für die einfachen Gläubigen ein unentbehrliches Transportmittel für übersinnliche Ideen; für den philosophisch geschulten Verstand aber stellen sie eine Symbolik dar, die als solche durchschaut und enträtselt werden muss.

Eriugena unterstreicht die Gottebenbildlichkeit des Menschen: „Der Mensch ist ein ewiger Gedanke Gottes, den der göttliche Geist beständig denkt."[112] Sozusagen im Kleinen enthalte der Mensch den ganzen Kosmos. Der Sündenfall habe dem Menschen den Verlust seiner engelgleichen Unsterblichkeit und damit Körperlichkeit und Geschlechtlichkeit eingebracht. Doch diese eingeschränkte Zuständlichkeit sei begrenzt: Am Ende werde er eine Natur erreichen, die wieder mit Gott eins sei. Das werde dann die endgültige Natur des reich gewordenen Gottes sein. In diesem Endzustand vollende sich Gott selbst.

Als unvollendet erweist sich demnach der Mensch aufgrund seiner Willensfreiheit. Er habe willentlich gesündigt und damit den ganzen Kosmos in die Vergänglichkeit hinabgerissen. Dennoch strebe er zu Gott zurück, denn er trage in sich das Bild Gottes – und sei also nicht gänzlich verloren gegangen. Aber auch diese Rückkehr zu Gott beruhe auf Freiwilligkeit. Jesus Christus sei als Erlöser notwendig, um dem Menschen die bei allem guten Willen unverzichtbare Hilfe zuteil werden zu lassen. Das Ziel der Rückkehr zu Gott sei infolge der Erbsünde und durch die Gewohnheit der Tatsünde für die Menschen verdunkelt. Das göttliche Wort, Christus selbst, setze daher die ursprüngliche Dynamik wieder frei, indem er als der Schöpfungsmittler zum fleischlichen Mittler werde und selber menschliche Natur, damit aber auch alle außermenschliche Natur annehme. Denn er steige ja in jene Natur hinüber und hinab, in der ohnehin alle sichtbare und unsichtbare Kreatur enthalten sei. Auf diese Weise führe er nach seiner menschlichen Natur das wieder zu Gott zurück, was er letztlich selbst schaffend verursacht habe. Die Fleischwerdung des Sohnes diene also der Wiederheimführung der gefallenen Natur. Dabei liege die erlösende Gnade gewissermaßen in der Natur Gottes: Sein Gnadenwille entspreche der Einheit aller Dinge zutiefst. Diesem Gnadenwillen gemäß eröffne Jesu Leben und Sterben der menschlichen Natur die Fähigkeit zur Vergöttlichung.

Nicht zufällig hat Johannes die Bedeutung der Erbsündenlehre letztlich unterbewertet. Er zeigt sich überzeugt, dass in jedem Geschaffenen die Gutheit des Schaffenden zu erblicken sei, die zugleich Gabe und Aufgabe bedeute. Namentlich dem getauften Christen sei die mystische Erkenntnis der Beschaffenheit Gottes zugänglich – und sie werde ihm zur Verpflichtung. Mystik gewinnt dadurch eine gesetzliche Färbung. Außerdem entspricht die mystisch beliebte These, alles Geschaffene müsse zurückkehren in den ewigen Ursprung, eher der neuplatonischen Philosophie als der biblischen Vollendungsperspektive.

Schon zu Lebzeiten war der frühmittelalterliche Mystiker Johannes Scotus sehr umstritten. Der Diakon Florus aus Lyon schimpfte beispielsweise: „Sitzt da doch ein solches Scheusal und Ungeheuer, das schon längst den Ohren der Gläubigen ferngehalten gehörte, stellt wissenschaftliche Erörterungen an, trägt so viele Unrichtigkeiten an Irrtum zusammen, so viele Schmähungen gegen den Glauben an die Wahrheit, und wird von keinerlei Wachsamkeit der Hirten der Kirche deswegen zurechtgewiesen oder gar verjagt."[113] Tatsächlich verbreiteten sich seine Gedanken bereits im 9. Jahrhundert enorm. Sein Hauptwerk wurde schließlich im 13. Jahrhundert offiziell verurteilt, wirkte aber dennoch weiter nach – insbesondere auf die spätmittelalterliche Mystik.

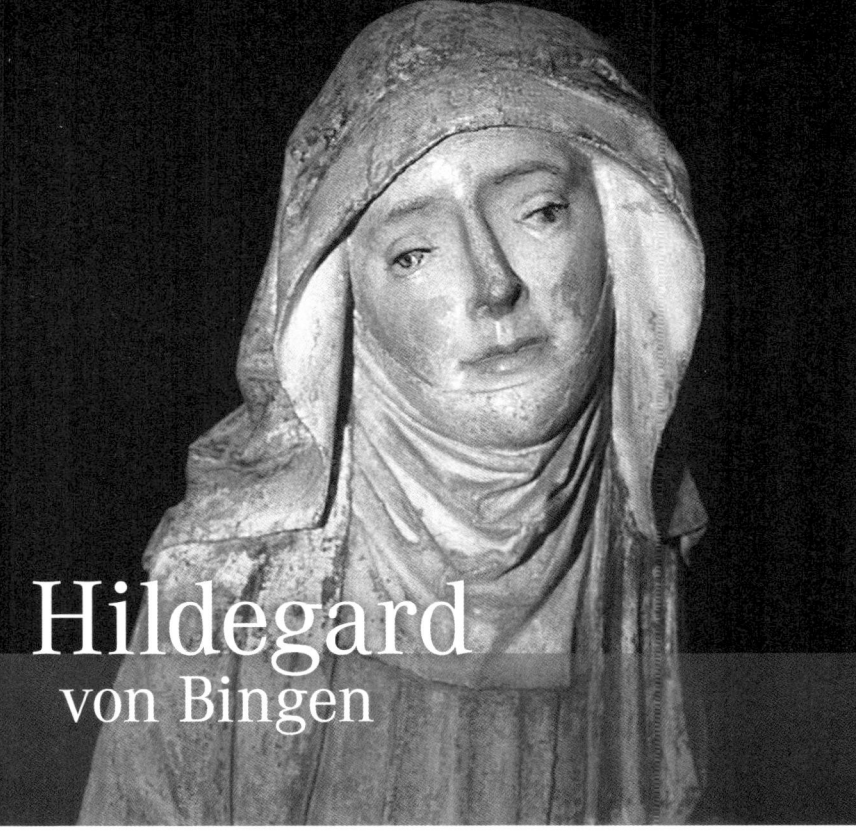

Hildegard
von Bingen

Visionen und deren ausführliche Auslegung kennzeichnen das Werk der mittelalterlichen Mystikerin Hildegard von Bingen (1098–1179),[114] die 2009 den Mittelpunkt des Kinofilms „Vision" von M. von Trotta bildet. Als Kind bedeutender Edelleute geboren, hatte sie schon als Dreijährige überwältigende Lichterscheinungen. Von früh an reifte sie zur *Prophetissa teutonica*, zur deutschen Prophetin heran, als die sie manchen Menschen noch heute gilt.

Mit acht Jahren kam Hildegard, zumal sie als zehntes Kind ihrer Eltern als „gottgeweiht" galt, in die Obhut der mit ihr verwandten Klausnerin Jutta von Spanheim auf den Disibodenberg bei

Bingen. Hier sollte sie in das vielschichtige Bildungsgut benediktinischer Tradition eingeweiht werden. Benediktinerklöster waren damals Hochburgen der Wissenschaften und Künste. Nur als Demutsäußerung ist es insofern zu verstehen, wenn sich Hildegard gern als eine ungelehrte Frau ausgab. Tatsächlich war sie eine vorzügliche Kennerin der Heiligen Schrift und der Kirchenväter, der benediktischen Mönchsregel sowie der von ihr durch eigene Melodien ausgebauten Liturgie. Mit 16 nahm sie als Novizin den Schleier, sagte also endgültig Ja zum spartanischen Leben in einer Klosterzelle mit Gängen nur in die Klosterkirche und den kleinen Kräutergarten. Nach Juttas Tod wurde sie als 38-Jährige zur Meisterin des Nonnenkovents auf dem Disibodenberg gewählt.

Rund zwei Jahre später erlebte sie – nachdem sie schon so manches Mal visionäre Ansätze gezeigt hatte – in einer großen Schau jenen Durchbruch, der sie zur mystischen Prophetin werden ließ. „Schreibe auf, was du siehst und was du hörst", befahl ihr während der Entrückung eine innere Stimme, von deren himmlischer Abkunft sie überzeugt war und der sie sich zunächst dennoch zu entziehen suchte. Nachdem sie schon einige Jahre an ihrem ersten Buch gearbeitet hatte, blieb sie unsicher und schrieb an den berühmten Abt und Mystiker Bernhard von Clairvaux, sie sei sehr bekümmert wegen ihrer Vision, die sich ihr im Geist als ein großes Geheimnis aufgetan habe. Bernhard antwortete diplomatisch: Wenn sie eine „innere Unterweisung" erhalten hätte, was solle er noch dazu sagen? Er mahnte sie, der geschenkten Gnade mit ihrer ganzen Lebenskraft und Demut zu entsprechen. Und auf der Synode zu Trier 1147 brachte er Papst Eugen III. dazu, auf einer Versammlung von Kardinälen und Priestern aus Hildegards zuvor geprüften Schriften vorzulesen und die Seherin aufzufordern, ihre Visionen aller Welt kundzutun. Das geschah dann auch in Gestalt ihres ersten großen Werkes „Liber Sci Vias Domini" („Buch: Wisse die Wege des Herrn").[115]

Charakteristisch für Hildegard von Bingen ist die Weltzuge-
wandtheit ihrer Mystik, die Ganzheitlichkeit ihrer Schau Sie entsprach der Vielseitigkeit ihrer Tätigkeiten: Die Äbtissin wirkte
auch als Dichterin, Komponistin und Heilkundige, und sie stand
im Briefverkehr mit hervorragenden Gelehrten ihrer Zeit. Sogar
Beraterin Kaiser Barbarossas wurde sie, als der sich in Ingelheim
aufhielt. Um 1150 gründete sie das Kloster Rupertsberg bei Bingen am Rhein, das mittlerweile nicht mehr existiert, außerdem
1165 in Eibingen (heute zu Rüdesheim gehörig) ein immer noch
bestehendes Filialkloster. Vieles von ihrem visionär gestützten
Wirken – nicht zuletzt auf medizinischem Gebiet – ist erkennbar zeitgebunden, beeindruckt aber auch noch im 21. Jahrhundert durch die menschen- und weltfreundliche Ausrichtung.

Mit Josef Sudbrack ist zu unterstreichen: „Hildegard erfährt
nicht in leerer Abstraktheit, sondern in sinnenhafter Dichte – wobei sie betont, dass es nicht die leiblichen Sinne sind, die ihr die
Erfahrung schenken."[116] Wie schon ihre erste große Vision in „Sci
Vias" zum Ausdruck bringt, regiert Gott die ganze Welt kraftvoll
und gütig. Seine Schöpfung ist ein einziger Lobgesang für ihn. Ja
er „durchströmt mit dem Licht himmlischer Erleuchtung, die ihn
fürchten und ihm in freudiger Liebe im Geist der Demut dienen.
Und er führt sie zu den Freuden der ewigen Schau, wenn sie auf
dem Weg der Gerechtigkeit ausharren" (8). Den gesamten Prozess
der Schöpfung bis zu ihrer herrlichen Vollendung am Jüngsten
Tag hat Gott visionär vorausgeschaut, bevor noch der Weltenbau
entstanden war. Hildegard unterscheidet sich in diesem Zusammenhang von einigen namhaften Theologen ihrer Epoche, indem
sie konsequent betont, dass auch das Erlösungswerk durch Jesus
Christus von Ewigkeit her geplant und nicht erst zwischenzeitlich
durch den Sündenfall – sozusagen überraschend – erforderlich
geworden war. Der Gottessohn führt in seiner Menschennatur den
verlorenen Menschen zum Himmel zurück. Und der Geist Gottes

lässt den Menschen und die Schöpfung der paradiesischen Vollendung entgegenwachsen: „Durch den Heiligen Geist grünt alles im
Vater und im Sohn" (453). Der Begriff des Grünens, ja der „Grün-
heit" spielt bei Hildegard in diesem Sinn eine zentrale Rolle.

Ihre mystische Schau des Menschen im Kosmos ist viel zu
positiv, als dass sie in weltferne Versenkung und abstrakte
Selbstverleugnung münden könnte. Gottes- und Nächstenliebe
schließen für sie zwar durchaus den Impuls, sich selbst zu überschreiten, ja zu verlassen, aber zugleich Selbstliebe im tieferen
Sinn ein: „Du sollst dich auf die Süßigkeit seiner Liebe konzent-
rieren und auch dich selbst lieben. Wie? Wenn du Gott liebst,
liebst du dein Heil. Und wie du in all dem dich liebst, so sollst du
auch deinen Nächsten lieben" (485).

Der Geist des Menschen ist für Hildegard „geistiger Natur",
was ihn mit Blick auf den Umstand, dass die Heilige Schrift Gott
selbst als Geist bezeichnet (Joh 4,24), aus der Natur des Geschöpf-
lichen heraushebt: Er entspringt dem „Geheimnis Gottes", des
Schöpfers, der „alle lebendigen Funken entzündet und nichts
Sterbliches ausgehaucht" hat (451 f). Dennoch ist der Geist des
Menschen nichts gleichsam Neutrales, sondern er enthält von
Gottes Geist her grundlegende Informationen und den Ruf zur
Entscheidung in sich. Faktisch ist der Mensch laut Hildegard mit
Leib und Seele ein gefallenes Wesen, das sein „himmlisches Ge-
wand" verloren hat. Aber es enthält die Sehnsucht nach Gott in
sich, und es bedarf der „Wiedergeburt" durch den Heiligen Geist,
um der Erlösung und ewiger Glückseligkeit teilhaftig zu werden.

In ihrem Alterswerk „Liber divinorum operum" („Buch vom
Wirken Gottes")[117] unterstreicht Hildegard: Wenn „der Mensch
mit den Sehnsüchten der Seele übereinstimmt, brennt er ganz
in der Liebe Gottes, und so fliegt er von Tag zu Tag in der Heiterkeit der ewigen Freude und findet seine Freude am Glauben, der
ein Spiegel Gottes ist" (175). In diesem Sinn versteht Hildegard

die „Seele" des Menschen als „Hauch von Gott", näherhin als unsterblichen, in den geschaffenen Leib geschickten Geistfunken (198 u. ö.). Die aus Gott hervorgegangene Seele habe „eine feurige Natur" (141) und erkenne daher, „dass sie Gott hat" (232). Ihre Kräfte erstrecken sich demgemäß nicht nur über den gesamten Erdkreis, sondern in der Verbundenheit mit der Kraft Gottes sogar auf das Begreifen des Himmlischen. Die Vernunft, durch die sie Himmlisches und Irdisches spürt, ist ihr eingeprägt.

Diese Begabung der nach dem Bild Gottes geschaffenen Seele bedeutet jedoch zugleich ihre Herausforderung, ihr Gefordertsein. Es nützt ihr nichts, dass sie durch Gott „göttlich" ist, sofern sie sich dieser Natur nicht als würdig erweisen sollte. Hildegard betont: Wenn die Seele mit guten Werken erfüllt sei, steige sie auf zur ewigen Wohnstätte, um dort von der Speise des Lebens erquickt zu werden. Doch wenn sie von schlechten Taten besetzt werde, steige sie hinunter in stinkenden Schmutz, um in den Höllenstrafen unterzugehen. Denn Gott, der Adam das Gebot gab, wolle, dass der Mensch unter dem Gebot stehe. Hier erweist sich die Spiritualität Hildegards als merkwürdig „gesetzlich": Eine Art Werkgerechtigkeit kommt unvermittelt neben tiefsinnige mystische Ansätze zu stehen. Die Äbtissin unterstreicht die Entscheidungsfreiheit des Menschen und sieht seine Seele mit den von ihm vollbrachten Taten wie mit einem Gewand bekleidet an. Mehr als jedes andere Geschöpf müsse der Mensch als Gottes Ebenbild „erprobt" werden. Auserwählte und Verdammte würden die Hölle erkennen – die Auserwählten als ihr Entronnene, die Verdammten als mit andauernder Strafe Gepeinigte. Das ist jedenfalls keine nur süßliche Mystik.

Mit Hildegards Visionen begann in der Geschichte christlicher Mystik das Gebiet des Visionären richtig aufzublühen. Dass diese Blüte schließlich auch zur Krise der abendländischen Mystik führte, darf freilich nicht verschwiegen werden.

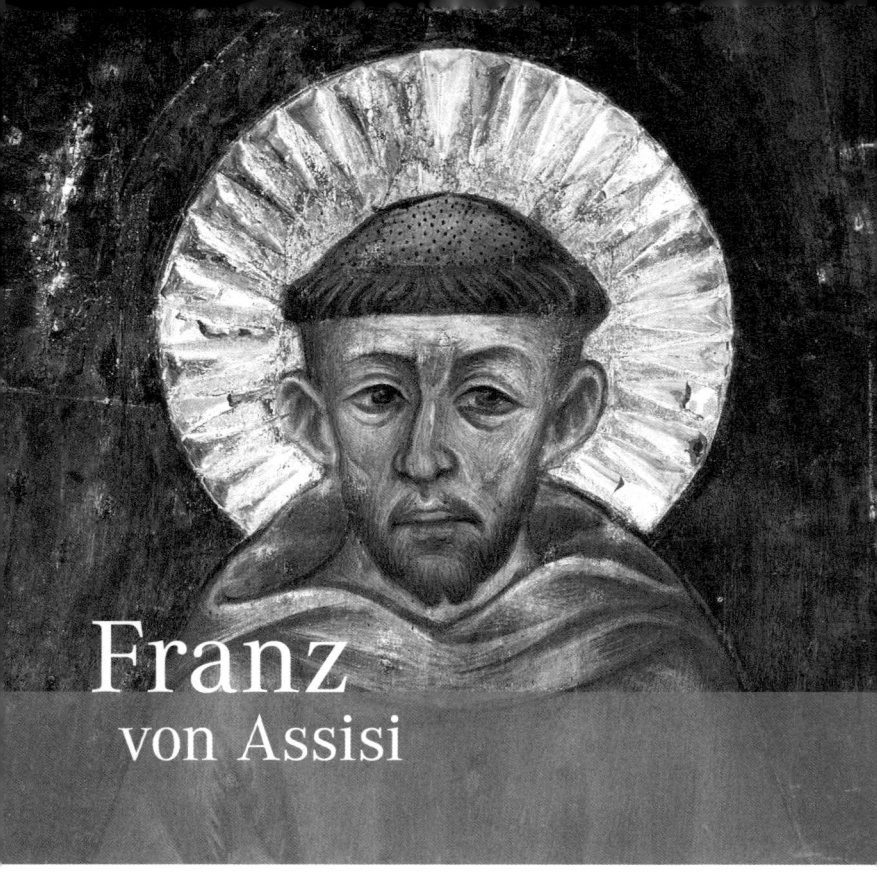

Franz
von Assisi

Es war zu der Zeit, als die päpstliche Macht in der Kirchengeschichte ihren Höhepunkt erreichte: Innozenz III. bezeichnete sich als ein zwischen Gott und die Menschen gestellter Mittler und beanspruchte von daher die Herrschaft über Kirche und Welt. Damals lebte und wirkte in Italien ein ganz anders gesonnener Mann, der gegen die Gewalt von Machthabern zu Felde zog und überhaupt zum Gewaltverzicht aufrief: Franz von Assisi (1181–1226).[118] Er suchte angesichts des gesellschaftlichen Umbruchs von hauptsächlich bäuerlichen Strukturen zu städtischer

Kultur und echter Geldwirtschaft das Prinzip der Armut nach dem Vorbild Jesu zu realisieren. Seine Mystik und auch sein Humor zeugten von dem, was ihm wirklich wertvoll war: die große innere Freiheit in der Bindung an Jesus Christus.[119]

Der von Franz selbst einst in seine Brüdergemeinschaft aufgenommene Thomas von Celano wurde sein erster Biograf. Nach dessen Schilderung war Franz ein kleiner, magerer, schwarzhaariger Mann mit fröhlichem Antlitz und gütigem Gesichtsausdruck, klaren, dunklen Augen und abstehenden Ohren. Er trug einen schwarzen, nicht besonders dichten Bart und hatte schlanke Hände und lange Finger. Immer wieder betonen Berichte seine sanftmütige Art Mensch und Tier gegenüber:[120] Alle waren sie ihm Schwester und Bruder, auch Sonne, Mond und sogar der Tod, wie da sein berühmter „Sonnengesang" zum Ausdruck bringt.

Franz hatte eine gute Bildung genossen. Zunächst führte er ein ausschweifendes Leben; mit dem Geld seines reichen Vaters konnte er seine Altersgenossen bei Festivitäten freihalten. Als junger Italiener peilte er den Ritterstand an, weshalb er 1202 im Städtekrieg zwischen Assisi und Perugia kämpfte und dann für über ein Jahr in Gefangenschaft geriet. Nachdem ihn sein Vater freigekauft hatte, wollte er 1205 wieder kriegerisch tätig werden. Doch unterwegs hielt ein Traum ihn auf, der ihn umgehend nach Assisi zurückkehren hieß. Dort gab er ein letztes großes Fest für seine Freunde und zog sich danach in die Einsamkeit zurück. Auf einer Wallfahrt nach Rom entdeckte er die Süße der Armut. Und bei einer Begegnung mit einem Leprakranken lernte er, seine Abscheu und seinen Ekel zu überwinden.

In der kleinen Kirche von San Damiano bei Assisi, wo Franz sich zum Gebet zurückgezogen hatte, vernahm er – aufs Kreuz blickend – den Auftrag: „Geh, Franziskus, und stelle mein Haus wieder her, das vom Zerfall bedroht ist." Er nahm dies zunächst wörtlich und begann, Steine und Kalk für die verfallene Kirche zu erbetteln. Sein entrüsteter Vater erteilte ihm dafür Hiebe und sperrte ihn unter der Treppe ein; doch die Mutter ließ ihn wieder frei. Daraufhin verklagte der Vater seinen Sohn. Franz aber verzichtete vor Gericht aufs väterliche Erbe und jeden irdischen Besitz; er zog sich vor Gericht nackt aus, um dem leiblichen Vater auch das Letzte, was er von ihm hatte, zurückzugeben. Damit handelte er besser als jener junge Mann, zu dem einst Jesus vergeblich gesagt hatte: „Willst Du vollkommen sein, so geh hin, verkaufe, was du hast, und gib es Armen" (Matth 19, 21). Ja, Franz wollte vollkommen sein.

Dem Besitzlosen und seinen ersten Gefährten übergab der Abt der Benediktinerabtei am Monte Subasio 1208 ein Kirchlein namens Portiuncula. Da Franz aber keinen Grundbesitz haben wollte, bestand er darauf, dass die Brüder eine Art Miete in Form von Fischen an die Benediktiner zahlten. Auf dem Gelände um die Kirche lebten die Brüder in einfachen Hütten aus Reisig. Viel Fröhlichkeit ging von ihnen aus; denn sowenig Franz müßiges Geschwätz und läppische Späße billigte, sowenig wollte er traurige Gesichter bei seinen Gefährten sehen.[121] Seiner Überzeugung nach kam in unerschütterlicher Fröhlichkeit die Herrschaft Gottes zum Ausdruck – in Traurigkeit hingegen eher die Macht des Teufels.

1209 wanderte Franz mit zwölf Gefährten nach Rom, um von Papst Innozenz III. die Bestätigung der Lebensweise ihrer kleinen Gemeinschaft zu erbitten, die sie 1210 zumindest probeweise erhielten. 1212 kam der Wanderprediger nach Dalmatien und in den Jahren darauf bis nach Südfrankreich und Spanien. Durch seine Rede beeindruckte der „Narr Christi" die Menschen vielfach, und man nannte ihn „Troubadour Gottes"; doch erntete er auch mancherlei Spott. Mit seiner Verkündigung und seinem eindrucksvollen Lebenswandel trug er dazu bei, dass zahlreiche

Klöster gegründet wurden, und zwar auch nördlich der Alpen; sie erlangten in den wachsenden Städten neben denen der Dominikaner große Bedeutung für Armenpflege, Seelsorge und Predigt.

Nach einer Reise, die ihn nach Ägypten und ins Heilige Land geführt hatte, fand er 1220 die Ordensbrüder in Uneinigkeit vor, weshalb er von der Leitung des Ordens zurücktrat. Die folgenden Jahre verbrachte er unter anderem mit der Planung eines neuen Ordens ausdrücklich für Menschen, die in der Welt nach Ordensregeln leben wollen. 1223 bestätigte Papst Honorius III. diese endgültigen Regeln des Franziskanerordens.

Schließlich zog Franz sich zurück in die bergige Einsamkeit des kleinen Klosters La Verna. 1223 feierte er in einem echten Stall mit Ochs und Esel und einer strohgefüllten Krippe im Wald Weihnachten, um so der Bevölkerung Jesu Geburtsgeschichte näher zu bringen (wenn auch ohne Darsteller von Maria, Joseph und Jesuskind). Im Jahr darauf bildeten sich auf sein Gebet hin, am Leiden Jesu Anteil haben zu dürfen, und nach vierzigtägigem Fasten die Wundmale des Gekreuzigten an seinem Leib ab – wohl die erste Stigmatisierung in der Geschichte des Christentums. Dabei soll sich der Gekreuzigte zu ihm hin geneigt haben, getragen von einem Engel mit sechs Seraphenflügeln. Die Wundmale Christi an Händen, Füßen und an der Seite verheimlichte Franz bis zu seinem Todestag. Aufgrund seiner asketischen Entbehrungen und Erschöpfung starb er im Herbst 1226 in seiner geliebten Kapelle Portiuncula unterhalb von Assisi, auf bloßem Boden liegend und nackt.

Nun waren seine Stigmata für seine Ordensgenossen sichtbar, mit denen er gemeinsam noch das Abendmahl gefeiert hatte. Seine Brüder bestatten ihn in Assisi. Über seinem Grab wurde mit dem Bau der Doppelkirche „San Francesco" unmittelbar vor der Heiligsprechung 1228 begonnen; doch aus Angst vor Reliquienräubern blieb die Grabstätte über ein halbes Jahrtausend verborgen – erst 1818 wurde ihre genaue Lage entdeckt.

Die innere Freiheit und der Humor des Franziskus hatten ihren tiefen Grund in einem radikalen Verständnis des Rechtfertigungsglaubens, das Martin Luthers spätere Erkenntnis schon ein Stück weit vorwegnahm. Dies geht aus folgender Geschichte hervor: Während damals allein den Kreuzfahrern ein vollkommener Ablass gewährt wurde, wandte sich Franziskus eines Tages an den Papst, um solch einen Total-Ablass zu erbitten. Papst Honorius fragte ihn in Anwesenheit seiner Kardinäle: „Einen Ablass willst du? Von wie viel Jahren?" Der kniende Franziskus antwortete: „Nicht um Jahre bitte ich, sondern um Seelen." Dieser „ganzheitliche" Wunsch war gemäß mittelalterlicher Logik daraufhin konkretisiert, dass jeder reuige und priesterlich absolvierte Sünder beim Überschreiten der Türschwelle jener kleinen Kirche in der Nähe von Assisi, die Franz selbst restauriert hatte, Vergebung aller Sünden und Nachlass sämtlicher damit verbundenen Sündenstrafen im Diesseits und im Jenseits erlangen sollte. Der Papst war überrascht, die Kardinäle reagierten empört: Ein solch gigantischer Ablass würde das Privileg der Kreuzritter beeinträchtigen und insofern Unzufriedenheit zur Folge haben! Franz aber gab vor, Christus selbst habe ihn mit dieser Bitte beauftragt. Und tatsächlich veranlasste die Ausstrahlung dieses Mystikers den Papst zum Nachgeben – allerdings mit der Einschränkung, solch vollkommener Ablass werde nur einmal im Jahr, jeweils am 2. August zu erlangen sein. Und Franz war außer sich vor Freude. Genau pünktlich verkündete er dann in der besagten kleinen Kirche selbst diesen Total-Ablass und rief: „Ich werde euch alle ins Paradies schicken!"[122] Solch vollkommene Vergebung war nicht nur „ein listiger Sabotageakt gegen die Idiotie des Kreuzfahrens",[123] sondern in ihrer Ganzheitlichkeit ein mystisches Ansinnen. Wie anders hätte Franz

frei und fröhlich sein können als auf der Basis möglichst unein-
geschränkter Gnadenverkündigung!

Alles Sorgen um irdische Dinge aber hatte der Mystiker als
Feind christlicher Spiritualität und damit als Hindernis der
Glaubensfreude ausgemacht. Die Narrheit der Armut, die er seine Verlobte nannte, war darum für ihn der undiskutable Weg
zu geistlicher Sorglosigkeit. Sie verstand er als Weg zu innerem
wie selbst zu äußerem Frieden; denn materieller Besitz müsste
ja mit Waffengewalt verteidigt werden, und hatte nicht Jesus –
der geheime König der Narren – den Widerstand gegen das Böse
untersagt (Matth 5,39)? Wie weit Franz das Prinzip der Besitzlo-
sigkeit treiben konnte, illustriert folgende Geschichte: Eines Tages kam die Mutter zweier Genossen zu Franz und bat um eine
Unterstützung, weil sie völlig mittellos dastand. Der aber fragte
in die Runde: „Haben wir irgendetwas, das wir unserer Mutter
geben können?" Man antwortete ihm, es sei nichts von Wert vorhanden – außer dem Neuen Testament in der Kapelle, aus dem
in der Frühe die Lesung gehalten worden war. Darauf Franz:
„Gebt der Mutter das Neue Testament, damit sie es verkaufen
kann! Steht nicht in eben diesem Buch geschrieben, dass wir
den Armen zu Hilfe kommen sollen? Ich glaube, dass Gott mehr
Freude haben wird, wenn wir das Buch herschenken, als wenn
wir daraus lesen."[124] So wurde der Besitz des einzigen Neuen
Testamentes in dieser Bruderschaft damals verschenkt. Franz
forderte das Wagnis des Glaubens, nicht für den kommenden Tag
zu sorgen, im Vertrauen darauf, dass die bettelnde Hand immer
wieder gefüllt werde. Für Arbeit verlangte er keinen Lohn. Unter
keinen Umständen nahm er Geld, und er verbot das auch seinen
Gefährten. Als dennoch einmal einer nach gebotenem Geld griff,
ließ Franziskus ihn seine Münze auf den Eselsmist schaffen.

Natürlich standen bei alledem Jesu Worte vom Nicht-Sorgen
aus der Bergpredigt im Hintergrund. Das aber waren ja keines-

wegs philosophisch gemeinte Ratschläge – etwa gemäß dem Motto von Dale Carnegie: „Sorge dich nicht – lebe!" Vielmehr wusste Jesus nur zu gut, dass Leben und Sich-Sorgen untrennbar zusammen gehören, ja in unserer Subjektivität oft genug identisch sind. Deshalb verwies Jesus menschliches Sorgen lediglich in seine Grenzen: Er drehte es sozusagen auf Sparflamme – und zwar zu Gunsten der eigentlichen Sorge, die unser Herz ausfüllen sollte: „Trachtet zu allererst nach dem Reich Gottes!" Solch auf Gott selbst ausgerichtete, mystische Haltung macht frei und froh.

Franz wusste, dass von daher spirituell nicht oberflächliche Fröhlichkeit, sondern „vollkommene Freude" in den Blick kommt. Das illustriert eine Geschichte, die deutlich macht, in welcher Weise Franz Mystiker war. Einst wanderte er im Winter mit einem Bruder namens Leo zu der erwähnten kleinen Kirche bei Assisi. Beide froren bitterlich. Da sagte Franz plötzlich: „Bruder Leo, auch wenn die Mitbrüder allenthalben ein leuchtendes Beispiel des heiligen Lebens geben und viele Menschen erbauen, so merke wohl und schreibe es sorgfältig auf, dass darin nicht die vollkommene Freude liegt!" Nach einer Weile begann Franz abermals zu sprechen: „Auch wenn die Brüder die Blinden sehend machen und die Krüppel gerade, wenn sie Teufel austreiben und Tote aufwecken, so merke wohl und schreibe es sorgfältig auf, dass darin nicht die vollkommene Freude liegt!" Nach einem weiteren Wegstück bekam der Mitwandernde zu hören: „Ach Leo, wenn die Brüder alle Sprachen verstehen und alle Wissenschaften und Schriften, wenn sie die Zukunft vorhersagen und in die Geheimnisse des Herzens einzudringen vermögen, so merke wohl und schreibe es sorgfältig auf, dass darin nicht die vollkommene Freude liegt!" Da ergriff Leo in großer Verwunderung das Wort: „So sag mir endlich in Gottes Namen, worin dann die vollkommene Freude liegt!" Franz zögerte nicht mit der Auskunft: „Wenn wir, durchnässt vom Regen und steif vor Kälte, in der kleinen Kirche ankommen, schmutzig und von Hunger gepeinigt, und an die Tür klopfen, und der Pförtner schaut missmutig heraus, erkennt uns nicht, hält uns für Landstreicher, macht die Tür zu und lässt uns draußen stehen in Schnee und Regen, und wir ertragen dies freundlich und ohne Murren, dann – Bruder Leo, schreibe es auf – liegt darin die vollkommene Freude!"[125]

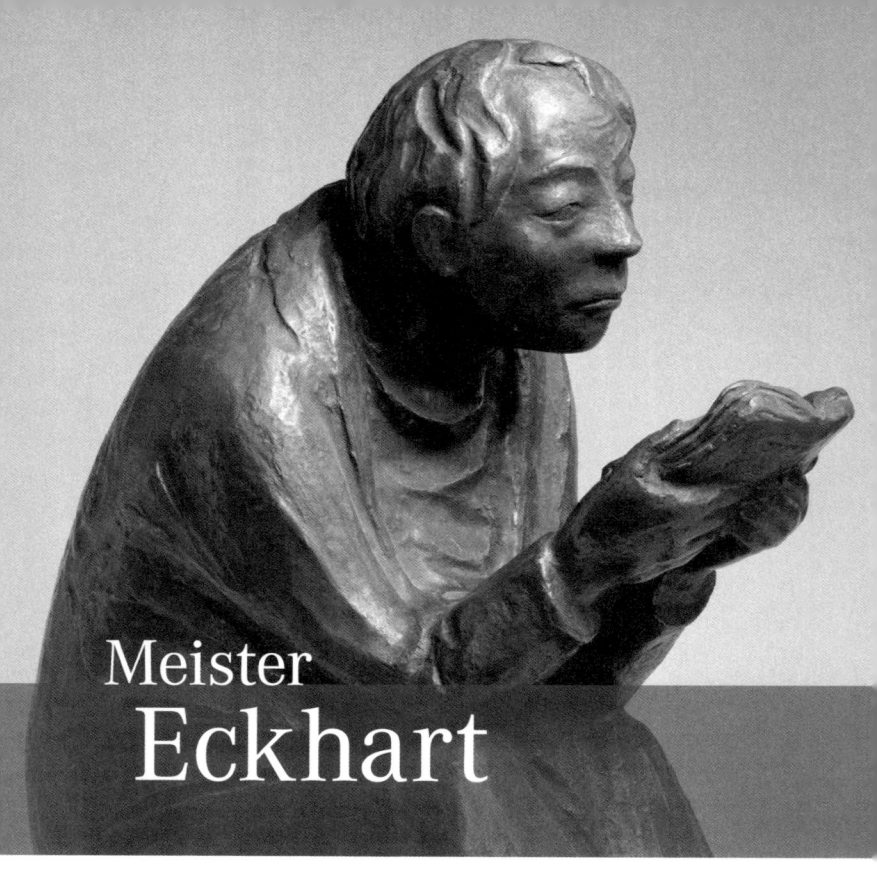

Meister
Eckhart

Kaum ein anderer Mystiker im Christentum hat es geschafft, dass sein Titel fest mit seinem Namen verbunden geblieben ist. Dem Theologen Meister Eckhart (1260–1328)[126], der eigentlich Johannes Eckhart hieß, ist dies gelungen. Dabei hatte er sich selbst „wider alle die Meister, die jetzt leben", gestellt und in abfälligem Ton von anderen „kleinen Meistern" gesprochen.[127] Obwohl er von keiner eigenen mystischen Erfahrung berichten konnte, bezeichnet ihn Adolf Lasson als den „Zentralgeist aller Mystik": Es „erscheinen bei ihm alle Elemente der Mystik in so hoher Vollendung, in so sachgemäßer Entwicklung und Verbindung untereinander, wie bei keinem seiner Vorgänger oder Nachfolger. Seine harmonisch abgeschlossene Lehre vereinigt alle einzelnen Momente, welche bei den anderen Mystikern getrennt auftreten… Die tiefsten Resultate für die Förderung der christlichen Ethik verbinden sich mit den kühnsten Spekulationen über die Gottheit, über die göttlichen Personen, über Wesen und Zusammenhang der Welt und ihr Verhältnis zum Absoluten, über die Seele und ihre hohe Bestimmung."[128]

Derartige Verehrung für Meister Eckharts Mystik findet sich mitunter auch in neueren Studien und Darstellungen. Aber sie übersieht, dass dieser Mystiker wie alle anderen einen bestimmten Ort in der Geschichte und neben seinen faszinierenden Seiten auch seine Grenzen hat. So zeigt ein Buch von Kurt Flasch über „Meister Eckhart" (2006) konkret – wie der Untertitel besagt – „die Geburt der Deutschen Mystik aus dem Geist der arabischen Philosophie" auf. Eckharts Denken war demnach weit mehr als bisher bekannt durch den arabischen Philosophen Averroes (1126–1198), damit aber durch jüdisch-islamische Einflüsse geprägt. Von daher lässt sich besser denn je der penetrante Monismus, aber auch die Skepsis verstehen, die dem Mystiker von offizieller kirchlicher Seite zuteil geworden ist. Auch heute gilt es, großen und kleinen Mystiker(inne)n bei aller spirituellen Sehnsucht nicht einfach fasziniert zu erliegen, sondern die Geister noch dort zu unterscheiden, wo sie besonders tief zu sein vorgeben.

Meister Eckhart, von dem keine zeitgenössische oder spätere Abbildung existiert, stammte aus einer niederadligen Familie in Thüringen und trat im Alter von etwa 15 Jahren in den Dominikanerorden ein. In Erfurt leitete der sehr selbstbewusst auftretende Magister ein Kloster und war Provinzial für die Provinz Saxonia. Später wirkte er zusätzlich als Vizegeneral der Dominikaner in Böhmen. Von 1302 bis 1303 und dann noch einmal von

1311 bis 1313 war er als Theologieprofessor in Paris tätig. Hier vertiefte er zuletzt seine Mystik-Theorie durch Studien von neuplatonisch geprägten Texten des Dionysius Areopagita. Zwischen 1314 und 1322 unterrichtete und predigte er zunächst in Straßburg, später in Köln. Um sich gegen den Vorwurf der Häresie zu verteidigen, begab er sich – weil als Dominikaner direkt dem Papst unterstellt – 1327 an den päpstlichen Hof in Avignon, wo er nach fast einem Jahr verstarb.[129]

Seine mystische Theologie verband die überkommenen Lehren der Scholastik und insbesondere seines berühmten Ordensbruders Thomas von Aquin spekulativ mit neuplatonischem Gedankengut, aber – wie gesagt – auch mit arabisch-jüdischer Philosophie. Um zur Einheit mit Gott, zur *unio mystica* zu gelangen, durchläuft die Seele nach Eckhart einen vierstufigen Prozess: Sie erfährt zunächst ihre eigene Nichtigkeit, die sie mit allen Dingen und Kreaturen außerhalb Gottes verbindet;[130] dann entdeckt sie ihre Ähnlichkeit mit Gott, der von ihr ungeschieden ist; diese Erkenntnis führt zur Verschmelzung und Wesenseinheit mit Gott – und schließlich zur Erfahrung des einen göttlichen Seins schlechthin.

Zwar kann Eckhart betonen, dass die Seele ihrem Wesen nach kreatürlich sei. Aber auch das Gegenteil schwingt bei ihm mit, weil er kreisförmig an Ausfluss und Rückfluss denkt: In ihrem Kern kommt die Seele aus dem Ungeschaffenen der Ewigkeit. Daher bleibt sie auch nach dem Sündenfall fähig zum Guten, zur Ausrichtung auf Gott. Als geschaffene Seele in der materiellen Welt ist sie gewiss unvollkommen. Aber wäre die ganze Seele rein jenes „Fünklein", dann – so der vom Neuplatonismus faszinierte Theologieprofessor – „wäre die Seele ungeschaffen"[131], also selber göttlich. Aus religionsphilosophischer Überzeugung erklärt er: Alle Vollkommenheit und Seligkeit des Menschen hängt daran, dass er über jede Geschöpflichkeit und Zeitlichkeit hinausschreitet und eingeht in jenen Grund, der „grundlos" ist.

An den mittelhochdeutschen Begriff des „Herzensgrundes" anknüpfend, macht Eckhart den Begriff des *Grundes* schlechthin zu einem Symbol- und Signalwort seiner Lehre von der verschmolzenen Wesensidentität Gottes und des befreiten Seelenkerns.

Im einfaltigen Seelenfünklein ist die Seele laut Eckhart „Gott gleich", denn sie „nimmt ihr Sein unvermittelt aus Gott; darum ist Gott der Seele näher, als sie sich selber ist, und darum ist Gott in dem Grund der Seele mit aller seiner Gottheit."[132] Der Seelenfunke will „in den einfaltigen Grund, in die stille Wüste, in welche nie Unterschiedenheit hineinlugte, weder Vater noch Sohn noch Heiliger Geist…"[133] Natürlich teilt Eckhart die christliche Lehre vom dreifaltigen Gott; aber neuplatonischer Logik zufolge ist die Ebene der Trinität noch nicht jene erstrangige, einfache Einheit Gottes, sondern eine erste Ausfaltungsstufe derselben. Soweit Gott einfaltiges Eines ist, ohne alle Eigenheit, sei er weder Vater noch Sohn noch Heiliger Geist.[134] Darum gelte es, zum „Gott jenseits von Gott"[135] weiterzugehen. Und in diesem Sinne solle auch die Seele „einfaltig" werden.

Des Meisters mystische Rede von der „Gottesgeburt in der Seele" deutet die Wiedergeburt von Christus her: Der Sohn geht Eckhart zufolge aus der Selbsterkenntnis Gottes des Vaters hervor – und mit ihm alle Kreatur; sie ist „in Gott geschaffen".[136] Von daher sind alle Menschen insofern mit Christus identisch, als sie wie er Sprösslinge Gottes sind und als derselbe Gott geboren werden müssen. Dem entspricht die Lehre, dass der ewige Sohn bei seiner Fleischwerdung die Menschheit eines jeden Menschen angenommen habe. Im tiefen Grunde teilen daher alle Menschen Christi göttliches Personsein mit ihm. So verfüge die Seele in ihrem Grund über die göttliche Kraft, „im ewigen Jetzt sowohl das Wort als auch sich selbst zu erzeugen".[137] Durch die Gottesgeburt in der Seele, nämlich durch das Bewusstwerden des Sohnes in ihr wird sie aller Unterschiedenheiten ledig, also

„gottförmig" und „gottfarbig", um schließlich im Dunkel der ewigen Gottheit zu vergehen. Am Ende „entwird" wie die Schöpfung sogar Gott: Im verborgenen Dunkel des Einen erkennt er sich nicht einmal mehr selber.[138]

Damit sich aber die Gottesgeburt in der Seele überhaupt vollziehen kann, muss sich der Mensch zuvor rein, ja leer machen. Er muss sein Wissen zurücklassen und seinen Eigenwillen entmachten, also die Tätigkeit der höheren und niederen Seelenkräfte aufgeben und „durch Übung" die Seele auf den Punkt zusammenziehen, wo sie bloßer „Grund", ja „Einöde" ist. Das kann er vermittels seines inneren Auges – in sich selber gekehrt, „so dass er Gott erkennt in seinem ihm eigenen Geruch und in seinem eigenen Grunde."[139] Der Mensch ist dann befreit von allen geschaffenen Dingen, zurückgekehrt in die Ungeborenheit. Das ist freilich eine ebenso monistische wie regressive[140] Vorstellung. Eckhart sieht zwar richtig, dass die Menschen, ja dass die Welt im Grunde nichtig sind ohne ihre Bezogenheit auf Gott. Aber diese Erkenntnis wird verzerrt, wenn daraus die Behauptung erwächst, durch ihren wesenhaften Gottesbezug habe die Kreatur im Kern selber substanziell göttliches Wesen.

Eckharts Substanzmystik kann sogar erotische Färbung annehmen: „Wenn der Seele ein Kuss von der Gottheit geschieht, so steht sie in ganzer Vollkommenheit und in Seligkeit; da wird sie umfangen von der Einheit. In der ersten Berührung, da Gott die Seele berührt hat und sie berührt als ungeschaffen und ungeschöpflich, da ist die Seele der Berührung Gottes nach so edel, wie Gott selber ist."[141] Der Meister folgert, wo immer Gott sei, da sei die Seele, und wo immer die Seele sei, da sei Gott. Mehr noch: Er lehrt, dass wir im tiefsten Grunde selber der eingeborene Sohn Gottes seien, ja wesenhaft identisch mit Gott dem Vater.

Damit treibt der spekulative Theologe seine Mystik auf die Spitze. Vor allem die Lehre von der Seelengemeinschaft mit Gott führte dazu, dass gegen ihn der Vorwurf des Pantheismus, also einer Gleichstellung, ja Verschmelzung von Gott und Welt, von Schöpfer und Schöpfung erhoben wurde. Hatte er nicht in einer Predigt formuliert, alle Dinge seien Gott selber? Nachdem Papst Johannes XXII. ihn 1327 aufforderte, sich gegen die Anschuldigung zu verteidigen, verfasste Eckhart eine Rechtfertigungsschrift in 28 Sätzen. Als die aber 1329 durch eine päpstliche Bulle verurteilt wurde, war er bereits über ein Jahr tot. Schon frühzeitig hatte er erklärt: „Mir genügt's, dass in mir und in Gott wahr sei, was ich spreche und schreibe."[142] Besagter Bulle zufolge hatte Eckhart am Ende seines Lebens allerdings eingelenkt und ausdrücklich jene Sätze bereut, die geeignet sein konnten, in den Köpfen von Gläubigen eine irrige oder dem Glauben feindliche Meinung zu erzeugen.

Sein Grab ist unbekannt, doch groß seine Nachwirkung! Sie beruht besonders auf seinen deutschen Schriften und Predigten, in denen er sich als großer Sprachschöpfer erwies. Sie basiert freilich auch auf der Faszinationskraft eines radikalen spirituellen Monismus, der Seelengrund und Göttlichkeit naturhaft gleichzusetzen wagt, weil er im letzten Grund jede Dualität leugnet und nur noch das einfache Eine annimmt, das – neuplatonisch gedacht – dem Nichts gleichkommt. Diese Lehre wurde später von all jenen begrüßt und mitunter missbraucht, die sich aus der Bindung an konkrete christliche Bekenntnisse herauslösen wollten (insbesondere auch im Kontext des Nationalsozialismus) Sie ist heidnisch-philosophischen Ursprungs und führt nach biblischen Maßstäben eher auf Abwege als ins Zentrum der Wahrheit. Nicht zufällig hat sich im Gefolge der irritierenden Lehre Eckarts die gebotene Unterscheidung der Geister wie nie zuvor auf das Gebiet der Mystik zu erstrecken begonnen. Dass Mystik nicht nur hin zu Gott, sondern auch auf Irrwege führen kann, veranlasste seither verstärkt zu kirchlich-theologischer Wachsamkeit.[143]

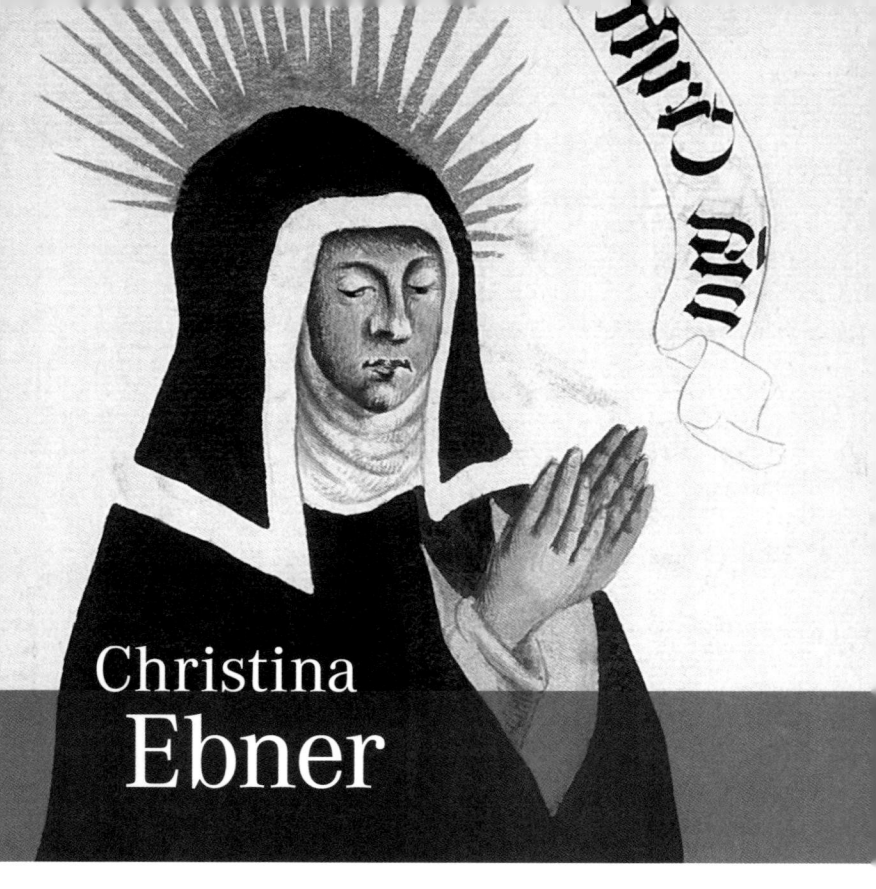

Christina
Ebner

Konzentrierte sich das Interesse der Mystik im Christentum im 1. Jahrtausend eher auf die göttliche Natur Christi, so richtete es sich im 2. Jahrtausend mehr auf seine menschliche Natur. Das gilt auch für die Dominikanerin Christina Ebner (1277–1356),[144] die im mittelfränkischen Kloster Engelthal lebte und eine der bedeutendsten Mystikerinnen des Spätmittelalters wurde. Als zehntes Kind Nürnberger Patrizierleute an einem Karfreitag geboren, war sie im Alter von zwölf Jahren ins Kloster eingetreten. Schon ein Jahr danach bat sie eine Schwester, ihr scharfe

Schläge zu geben: Solche Kasteiungen sollten ihr dazu dienen, dem Gekreuzigten ähnlicher zu werden. Ein weiteres Jahr später zeigte sich ihre visionäre Veranlagung. Verschärfte Selbst-Kasteiungen bis aufs Blut folgten; erstaunlicherweise erwiesen sie sich für Christina zugleich als lustvoll. In mystischer Verzückung konnte sie beten: „Herr, nimm diese Lust nicht von mir, lass mich damit ersterben!"[145]

Ihr Beichtvater regte später die Vierzigjährige zur Niederschrift ihrer mystischen Erfahrungen an, was sie bis ins hohe Alter durchhielt. Den äußeren Höhepunkt ihrer Biografie stellte wohl im Jahr 1350 ein Besuch von Kaiser Karl IV. bald nach seiner Krönung bei ihr dar: Der Monarch wollte sich unbedingt von der berühmten alten Dame segnen lassen. Ihr noch wenig gesichtetes Werk steht im Kontext damals weit verbreiteter lehrhafter Literatur über mehr oder weniger ekstatische Gotteserfahrungen von Klosterfrauen.

Bekannt wurde vor allem ihr Büchlein „Von der Gnaden Überlast", in ihrer Muttersprache geschrieben und um 1345 fertiggestellt. Gleich zu Beginn räumt sie ein, sie habe leider einen schwachen Verstand und kenne auch die Heilige Schrift nicht wirklich. Tatsächlich lässt sich hier eine Art weibliches Gegenkonzept gegenüber dem damals dominierenden Stil der Scholastik im Sinne wissenschaftlicher „Männertheologie" erkennen, wie eine Studie über frauenmystische Texte des 14. Jahrhunderts zeigt.[146] Was Christina Ebner berichtet, sind vor allem Tugendleben und Visionserfahrungen aus der bisherigen Klostergeschichte. Beispielsweise heißt es einmal ganz selbstverständlich, es habe selten eine Mahlzeit gegeben, ohne dass etliche der Schwestern im Laufe der Tischlesung vor Entzückung von Sinnen geworden wären und wie die Toten dalagen. Diese „Gnade der Verzückung" pflegte sich aber auch bei der Handarbeit oder im Gebet einzustellen. Dabei kam es zu Offenbarungen wie etwa der von der Schwester Leugart vom Perg: „Mir ist die Heilige Dreifaltigkeit erschienen in dreier schöner Herren Person; diese drei sind einander so gleich gewesen, dass man – hätte man einen von ihnen verloren – nicht hätte erkennen können, welcher es war. Aber ich erkannte sie wohl, und sie gaben mir süßen Trost." Oder es erschienen Engel und Heilige – mitunter sogar Jesus Christus selbst in der künstlerisch gern zusammen mit Maria abgebildeten Gestalt eines schönen Kindes, um die Visionärin ihrer eigenen Gotteskindschaft zu versichern.

Christina Ebner lebte und wirkte als „heiligmäßige" Person also in einem weltabgeschiedenen, spiritualisierten Umfeld, das gewissermaßen enthusiastisch aufgeladen war und in der Außenperspektive als womöglich krankhaft empfunden werden könnte. Zwischen allenthalben herrschender Jenseitsorientierung, Höllenfurcht und Himmelssehnsucht hatten liturgisch eingebettete, weltverneinende Übungen ihren mystisch „fruchtbringenden" Ort.

Eine besondere Rolle spielte bei Christina die Tradition der Brautmystik im Gefolge des Hohenliedes, wie sie in den Dominikanerorden von Ordensgeneral Humbert von Romans programmatisch hineingetragen worden war. Nicht nur die Kirche als Kollektiv galt nun als „Braut Christi", sondern auch das fromme weibliche Individuum. Noch ein Stück deutlicher als bei der für sie vorbildlichen Mystikerin Mechthild von Magdeburg (1207–1282) gewann bei Christina sublimierte Erotik an Gewicht und Ausdruckskraft. Der 20-Jährigen sagte der Kaplan, er wünsche ihr nun jeden Tag, dass sie den „Leib Christi" bekäme, woraufhin sie sich innerlich mit „brennender Begierde" darauf einstellte, den Herrn persönlich zu „empfangen": „Du bist mir tausendmal willkommen, Allerliebster!" Sie redete ihn an mit „Mein Gemahl, mein Trost, mein Liebender!" Betend gab sie sich in Jesu Hände; sie umfing ihn als ihren „Verlobten" oder später als Bräutigam mit den Armen und drückte ihn an ihr Herz; ja sie legte sich so hin, als ob sie mit ihm zu Bett gegangen sei.[147]

„Wie groß sind die Wunder, die ich mit dir getrieben habe", soll ihr der geliebte Herr gesagt haben. „Meine große Liebe hat deine kleine entzündet. Vom Ausfluss meiner Liebe bist du trunken geworden. Meine Gottheit hat dich geehrt. Meine Menschheit hat dir das getan." Oder: „Ich komme zu dir wie ein Liebhaber, der seine Liebe gestanden hat." Und: „Ich wohne in dir wie der Duft in den Rosen… Du saugst meine Süßigkeit, wie es die Biene bei den Blumen macht."[148] Welch ein Christus-Wort: „Ich komme zu dir nicht wie ein Richter, ich komme zu dir wie ein Bräutigam zu seinem Brautbett"!

Sublime Erotik bricht auch im Blick auf die klösterlich aufgeopferte Möglichkeit der Mutterschaft durch: Christina kann sich mit Maria identifizieren und in der Betrachtung von deren Stillen des Jesus-Babys selber zur Stillenden werden. Verzückt genießt sie dann die innige Beziehung zum hilfsbedürftigen Jesuskind. Tatsächlich wurden im Kloster sogar ganz konkret Jesus-Puppen in Wiegen gelegt, gewickelt und liebkost. Aber auch umgekehrt erscheint Jesus als der quasi Stillende: „Ich habe dich gesäugt mit den Brüsten meiner Wollüstigkeit."[149] Damit wird zwar die Bildhaftigkeit und symbolische Bedeutung solch liebesmystischer Aussagen deutlich; gleichwohl bleibt die Bilderwelt eine merkwürdig sinnliche. Matthias Binder überlegt hierzu: „Ist erst auf geistlicher Ebene die ‚Süße' erlaubt, die Lust, die dem Leib nach mittelalterlicher Frömmigkeit angeblich versagt ist?"[150]

Kritik an solcher Art von liebesmystischer Spiritualität war freilich schon im Spätmittelalter möglich. So hatte bereits Albertus Magnus aus Regensburg im 13. Jahrhundert die Vorstellung von Nonnen getadelt, sie würden das Christus-Kind stillen: Das sei eine „Albernheit", die man mit Prügeln bestrafen müsse.[151]

Christina zeigte sogar Anflüge von Selbstkritik: Sie dachte mitunter durchaus, dass es vielleicht nicht Gott sei, der sich ihr offenbarte, sondern nur ihre eigenen Gedanken und ihre „starke Begierde"[152]. Schließlich konnte es auch vorkommen, dass sie wider eigene Erwartung nichts von der „Süße" des Herrn empfand. Doch im Endeffekt deutete sie nicht ihre Offenbarungen und Visionen, sondern ihre Zweifel als Selbstbetrug. In einer Art Trance würden ihr reale zukünftige Dinge wahrnehmbar – davon blieb sie überzeugt. Dass die ihr zuteil gewordene Offenbarung eines frühen Todes nicht eintraf, führte sie dank einer neuen Offenbarung schlicht auf eine Sinnesänderung Gottes zurück: Er habe entsprechende Gebete erhört; zudem „fassten wir in unserer Dreieinigkeit den Entschluss, dass wir an dir noch so viel Gutes wirken wollten, dass es in kurzer Zeit nicht möglich gewesen wäre; wir mussten dir diese Jahre dazugeben."[153]

So wird auf der einen Seite inbrünstig-fromme Mystik in keiner Weise in einem Gegensatz zu dem von Theologie und Kirche vertretenen Gottes- und Christusverständnis empfunden; beispielsweise kann Christus als der Herr der Kirche bei der Mystikerin Teresa von Avila sich „selber der realen irdischen Autorität der Kirche" unterwerfen.[154] Doch welch ein Gottes- oder Christusbild hier begegnet, müsste kritischer hinterfragt werden – im Interesse einer Mystik, die im Ernst theologisch und kirchlich voll zu bejahen wäre!

In Christinas Visionen wird der Himmel recht sinnenfreudig ausgemalt mit Blumen, Tanz, Musik und stufenhaft eingeteilten Engeln, von denen sie übrigens auch Offenbarungen empfing. Aus dem Fegfeuer wurden ihren Mitteilungen zufolge ihr zuliebe viele tausend Seelen befreit. Oft verfiel sie, nachdem sie von der Arbeit in den Chor gekommen war, „in Liebe"; dann pflegte sie wenig zu essen, weil die Liebe sie „so trieb". Auch den Heiligen Geist fasste sie als „Liebhaber" auf. Die *unio mystica* konnte ihr zur dinglich-lustvollen Vereinigung geraten, weil sie auf ihre Weise im neuplatonischen Schema dachte: Ist die Welt ein Ausfließen aus Gott, so bleibt sie trotz ihres Unterschiedenseins vom Höchsten allemal mit Gott monistisch verbunden. Die Erotisierung der Gottes- oder Christus-Beziehung hatte damit eine metaphysische Basis.

Spirituelle Liebesmystik wird bei Christina also in einem frommen und doch knisternd erotischen Sinn gedeutet. Asketischer Verzicht ist gepaart mit sinnlichen Ersatzhandlungen und -empfindungen. Bei alledem kommt durchaus theologisch ansehnlicher Gehalt zur Geltung: Die Gnade und Liebe Gottes wird anstelle seiner strengen Gerechtigkeit betont und in einem geistlich reifen Sinn herausgearbeitet. Der Gekreuzigte wird betont – aber Christina empfängt dann auch den Kuss des sich vom Kreuz Herabneigenden. Die hier wuchernde erotisierende Bildwelt ist missverständlich, wie es ja schon immer ein exegetisches Missverständnis war, das alttestamentliche Hohelied – ursprünglich tatsächlich ein Liebeslied – geistlich zu interpretieren. Nicht dass christliche Mystik leibfeindlich wäre oder sein müsste! Aber die im Neuen Testament grundgelegte Liebesmystik meint – in griechischer Begrifflichkeit unterschieden – *agape* (Nächstenliebe) und nicht *eros*, kurz: geistige, verinnerlichte Zuwendung als personalen Ich-Du-Austausch ohne sinnlich-sexuelle Färbung. Gleichwohl ist das biblische Menschenbild von einer Ganzheitlichkeit, die Ewigkeit und Auferstehung des Leibes zusammendenkt und daher sublim-erotische Ausformungen der Liebesmystik wie bei Christina Ebner nicht mit letzter Schärfe abweisen muss, sondern in ihrer symbolischen Dimension tolerieren kann.

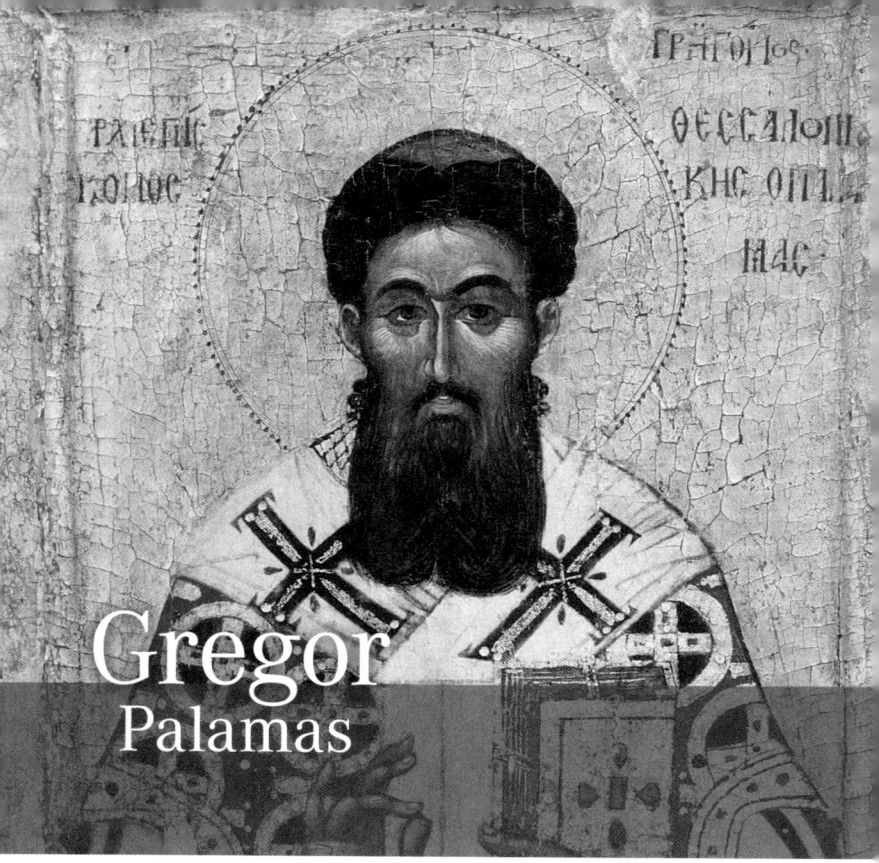

Gregor
Palamas

B erg Athos! Kegelförmig zugeschnitten, birgt er – zum Teil in zerklüftetem Fels hoch über dem Meer – mehrere griechisch-orthodoxe Klöster, die inzwischen zum Weltkulturerbe zählen, sowie verschiedene Kapellen und Eremitagen. Dort oben lebte lange Jahre ein Mönch namens Gregor Palamas (1296–1359).[155] Von ihm stammt der Satz: „Ich setze unseren heiligen Glauben über alle sinnlichen und geistigen Erkenntnisse. Und zwar ist er auf besondere Weise eine Schau unseres Herzens, welche alle verständigen Kräfte unserer Seele übersteigt." So äußerte sich der berühmte byzantinische Theologe in seiner Schrift „Verteidigung der heiligen Hesychasten".[156] Unter „Glauben" verstand er dabei das unerschütterlich feste Stehen auf dem rechten Bekenntnis und den Verheißungen Gottes: „Denn wie sehen wir durch ihn die Verheißungen jener künftigen ewigen Welt? Etwa durch die Sinne? Doch der Glaube ist das Feststehen im Erhofften; kein Mittel aber gibt es, Künftiges und Erhofftes sinnlich zu sehen!"

Visionäres beruht demnach – entgegen dem Dafürhalten vieler christlicher und nichtchristlicher Mystiker – keineswegs auf übersinnlich-sinnlicher Wahrnehmung gegenwärtiger oder zukünftiger Wirklichkeit, sondern auf gläubigem Vertrauen gegenüber dem biblischen Wort der Verheißung. Der dies hervorhob, hatte sich im Alter von 20 Jahren als Sohn vornehmer Eltern aus Konstantinopel für das mönchische Leben entschieden. Auf die Frage, wie es für Menschen möglich sei, den doch völlig jenseitigen und unwissbaren Gott überhaupt zu erkennen, unterschied Gregor zwischen der Erkenntnis Gottes in seinem *Wesen* einerseits und seinem *Wirken* bzw. seinen Energien andererseits. Während Gott „an sich", also wesensmäßig alle geschöpfliche Erkenntnis übersteige, sei er in seinen „Energien", also hinsichtlich seines Wirkens an den Geschöpfen sehr wohl erkennbar, zumal er sich ja offenbart habe. Um diese und andere theologische und politische Fragen wurde zur Zeit Gregors heftig gestritten; auf der Synode von 1351 erwies er sich als Sieger. Nach neuerlichen Wirrnissen starb er als Erzbischof von Thessaloniki im Jahre 1359. Schon 1369 wurde er heiliggesprochen.

Die genannte Grundunterscheidung zwischen der erkennbaren und der unerkennbaren Seite Gottes bedeutet bei Gregor Palamas im Blick auf mystisches Erleben ein eingeschränktes, aber deutliches Ja. Gott ist laut Gregor in seinem je gegenwärtigen Wirken mystisch durchaus erfahrbar. In diesem Sinn erklärte der griechische Theologe beispielsweise, die Apostel Petrus, Jakobus und Johannes hätten einst auf dem Berg Tabor die Verklärung Christi so erlebt, dass sie dabei das unerschaffene Licht Gottes sahen. Und es sei anderen Menschen zu allen Zeiten ebenso möglich, dieses Licht zu schauen. Hierzu seien bestimmte geistige Übungen und Gebete hilfreich, ohne freilich automatisch zu „funktionieren".

Hinter der These von dem „an sich" allerdings unerkennbaren Gott steht bei Gregor die neuplatonische Metaphysik, wie sie durch Pseudo-Dionysius überliefert worden war. Die Anlehnung an diese monistische Perspektive lässt Gott sozusagen erst sekundär, nämlich im Rahmen seiner Entfaltung hin zur Welt erkennbar werden – und zwar als heilbringenden, liebenden Vater. Wegen der absoluten Einheit, Einfachheit, Unveränderlichkeit und Ewigkeit des göttlichen Wesens aber ist die Fleischwerdung des Wortes in Jesus Christus weder Grund noch bestimmendes Moment der göttlichen Gnade – und auch kein Grund für die Ermöglichung menschlicher Teilhabe an ihr. Diese Sichtweise hat philosophische Gründe und entfernt sich deutlich von der biblischen Perspektive.

Auf der anderen Seite will Gregor Gott hinsichtlich der Seite seines Wirkens den Menschen ganz nahe bringen. Auch eröffnet sich mit dieser theologischen Theorie eine mystisch-kosmische Perspektive auf die gesamte Schöpfung hin. Ausdrücklich spricht er von der „Vergottung", die für Mensch und Welt denkbar wird. In der erwähnten Hesychasten-Schrift heißt es: „Denn wie die Gottheit des menschgewordenen Wortes Gottes dem Leib und der Seele gemeinsam ist und mittels der Seele das Fleisch vergottet, so dass durch es Gottes Werke vollbracht werden, so ist es auch bei den geistlichen Männern die Gnade des Heiligen Geistes, die mittels der Seele bis zum Leib hinüberdringt, auch ihn das Göttliche erleben lässt."[157] Wenn die Seele Göttliches erlebe bzw. erleide, habe sie eine „vergottete" Leidenschaftlichkeit, die auch den Leib durchdringe. Mit dem Begriff der *Vergottung* bezieht sich Gregor freilich nicht auf den „Gott an sich", nicht auf das „überwesenhafte Wesen Gottes", sondern eben auf die Energie bzw. das Wirken dieses Gottes nach außen hin. Ein Beispiel für die Lebendigkeit und Kräftigkeit von dessen Wirken ist für ihn das Wunder-Tun von Menschen, die von dieser göttlichen Energie durchdrungen sind.

Besonderes Gewicht kommt in diesem Zusammenhang dem Heiligen Geist zu: Er ist ja einerseits die dritte Person der immanenten Dreifaltigkeit, andererseits die Größe, durch die Gott im menschlichen Geist ankommt und damit extern wirksam ist. Gregor betont: „In den noch Unvollkommenen ist er da"[158] – was ja alles andere als eine Selbstverständlichkeit darstellt, weil Heiliges und Unvollkommenes als Nicht-Heiliges einander eigentlich ausschließen müssten. In der je und je sich ereignenden Herabkunft des göttlichen Geistes zeigt sich also dieselbe liebende Haltung wie in der Selbsterniedrigung des Gottessohnes, die in der einmaligen Menschwerdung des *logos* Wirklichkeit geworden ist. Solch göttlicher Gnade verdankt der Fromme, verdankt jeder Mystiker, was sich ihm eröffnet. Dabei sieht Gregor durchaus auch Unterschiede von mehr und weniger Begabung, von unreifer und gewachsener Spiritualität. Wer von der Vollkommenheit noch weiter entfernt ist, bei dem erzeugt der Heilige Geist einige „gewisse Geneigtheit" mit noch unstabiler Meinung; in den bereits Vollkommeneren hingegen ist er anwesend wie eine erworbene Gewohnheit, ja mehr noch: „Wie die Sehkraft im gesunden Auge, so ist die Energie des Geistes in der gereinigten Seele."

Um Jesu Christi willen, der mit seinem Geist das All erfüllt, lässt sich das Wirken des Heiligen Geistes aber keineswegs auf die mehr oder weniger Frommen beschränken. Es ist im ganzen

Kosmos da. Diese Aussage bezieht Gregor auf Gott nach seinem „überwesenhaften Wesen", das diesem Wesen gemäß wiederum nach außen hin wirkt. Überall ist daher die Vergottung eine verborgene Wirklichkeit, insofern sie vom Wesen Gottes untrennbar ist. Wahrgenommen werden kann diese lichthafte Wirklichkeit überall dort, wo ein mystisches „Organ" vorhanden ist, um das göttliche Hereinleuchten aufzunehmen. Wen es einmal anstrahlt, in dem leuchtet es beständig als ewiges Licht, wie Gregor lehrt. Ja er unterstreicht, dass dieses Licht solche an ihm teilhabenden Menschen zu „weiteren Sonnen" umschafft – gemäß dem Wort Jesu, die Gerechten würden leuchten wie die Sonne (Matth 13,43).

Aber erläuternd gibt Gregor zugleich zu verstehen: „Nicht also das überwesenhafte Wesen Gottes ist die vergöttlichende Gabe des Geistes, sondern die vergöttlichende Energie des überwesenhaften Wesens Gottes; und auch diese nicht ganz, wenngleich sie nach ihr selbst unteilbar ist." Der einschränkende Zusatz macht hier klar, dass doch kein Mensch – der Gottmensch Jesus Christus freilich ausgenommen – imstande ist, die unendliche machtvolle Kraft des Geistes ganz in sich aufzunehmen. So intensiv seine Theorie die göttliche Wirklichkeit im Kosmos mystisch zu erfassen sucht, so deutlich bleibt doch die Differenz im Blick, die sich zur noch unvollkommenen Kreatur hin auftut und die innerhalb der vergänglichen, vergehenden Welt nicht völlig zu überbrücken oder auszuschalten ist. Damit vermeidet der gelehrte Mönch einen mystischen Enthusiasmus im Sinne eines „kosmischen Bewusstseins", für dessen rauschhafte Perspektive alle Unvollkommenheiten in der Welt beseitigt sind.

Wiederum ist Gregor fern davon, die verborgene Wirklichkeit einer Teilhabe aller Geschöpfe am Göttlichen etwa verneinen zu wollen. Von Gottes Güte und Fürsorge her – so ist er überzeugt – hat diese mystisch ansatzweise erfassbare Wirklichkeit

Bestand. Gottes Liebe ist es letztlich, die sozusagen das verbindende Glied zwischen dem unbekannten Gott, jenem bezie-
hungslosen Überseienden einerseits und dem in Jesus Christus
uns bekanntgewordenen Gott andererseits darstellt. „Unteilhab-
bar und teilhabbar ist also derselbe Gott" – eine spannungsvolle
Aussage des Mystikers vom Berg Athos, die aus der Perspektive
christlichen Glaubens heraus keineswegs paradox erscheinen
muss.

Johannes
Tauler

Der in Straßburg geborene Johannes Tauler (ca. 1300–1361)[159] war bürgerlicher Herkunft und wurde Schüler bei den Dominikanern. Im Zuge des Generalstudiums in Köln war er höchstwahrscheinlich auch ein Schüler Meister Eckharts. Zurück in Straßburg, könnte er ihn als Prediger gehört haben. Dort bildete der zum Priester geweihte, seelsorgerlich und predigend tätige Tauler etliche Jahre später den Mittelpunkt eines Kreises der mystischen „Gottesfreunde".

Politische Wirren um Kaiser Ludwig den Bayern und einen Gegenpapst dürften apokalyptische Gefühle bei Tauler wachgerufen und seine mystische Abkehr von der „unaussprechlichen Finsternis in der Welt" noch verstärkt haben. Für etwa vier Jahre (ca. 1338–1342) wählte er das Exil in Basel und verkehrte von dort aus brieflich mit den „Gottesfreunden". Um 1361 starb er in Straßburg, und zwar bei seiner Schwester im Kloster der Dominikanerinnen. Sein Grabstein am Hauptportal der neuen Kirche zeigt die Konturen einer großen, schlanken Gestalt mit edlem Gesicht.

Überliefert sind von Tauler nur Predigten in deutscher Sprache, die er in Köln und Straßburg gehalten hat. Seine Mystik lässt gelegentlich etwas Einfluss Hildegard von Bingens erkennen, die er in einigen Predigten erwähnt. Auch stand er mit Christine Ebner in Kontakt; sie hielt ihn aufgrund einer göttlichen Eingebung für den Menschen, den Gott auf Erden am liebsten hätte.[160] Deutlicher aber ist die Wirkung Meister Eckharts auf ihn. Dabei schlägt er einen etwas anderen Ton an als dieser: Ihm geht es zwar ebenso wie seinem Lehrer um das Eine, das Einsame, das Äußerste, zugleich aber mehr um das Erreichbare, das Nahe und Praktische.

Von der möglichen Vergottung des Menschen in der „Gottesgeburt" und vom Gottförmig-Werden kann er in vergleichbarer Art sprechen. Doch fügt er stets hinzu, was er wohl aus der Verurteilung Eckharts gelernt hat: dass die Gottesgeburt in der Seele „von Gnaden, nicht von Natur" erfolge. Und er versteht sie weniger als einen Erkenntnis-Vorgang, sondern viel eher als ein Geborgen-Werden im „Abgrund Gottes", als eine Rettung in die Seligkeit dadurch, dass Gott den inneren „Grund" des Menschen gnädig heimsucht. Solche Betonung der Gnade und des Erlösers Jesus Christus muss später Martin Luther beeindruckt haben, als er Taulers mystische, die Demut herausstellenden Texte gelesen und weiterempfohlen hat.

Drei mystische Stufen benennt Tauler: den Weg der *Reinigung*, der für ihn im Vordergrund steht, sodann den Weg der

Erleuchtung und schließlich den Weg der *Einigung* des geschaffenen Geistes mit dem aus sich selbst seienden Gottesgeist. Der Geist Gottes entleert den Menschen, um ihn zu füllen. Im innersten Seelengrund ist Gott der Seele näher als sie sich selbst, denn dort lebt und wirkt er. Mit Blick auf das Jesus-Wort „Das Reich Gottes ist inwendig in euch" (Luk 17,21), aber vor allem auf neuplatonischem Hintergrund kann Tauler sagen: Ist Gott in den Seelengrund hineingesunken, wiegt die Seele so viel wie Gott selbst. Dann ist die Seele gottfarbig, ja göttlich – von Gnaden freilich, nicht wie Gott von Natur! „Und die lautere, göttliche, ledige Seele, die wird ewiglich angesehen werden wie Gott, wie sie alle ihre Seligkeit in ihr und außer ihr besitzt in dieser Vereinigung, und sie wird sich selber als Gott erblicken, denn Gott und sie sind in dieser Vereinigung eins."[161]

Diese *unio mystica* bedeutet laut Tauler heilsnotwendige Bergung und Rettung. Denn verharrt der Mensch in seinen Absichten und in den Kreaturen und in den geschaffenen Dingen, muss er jetzt und ewiglich verloren gehen. Erst wessen Seele sich scheidet von all dem, was zeitlich und vergänglich ist, um von Gott „erfüllt" zu werden, gleicht einem Schiff, das durch keinen Sturm mehr zum Untergang gebracht werden kann. Erst der hat Grund zum Genießen Gottes und zur gelebten Gelassenheit, da in Gottes Gegenwärtigkeit alles Leid und alle Leiden verschwinden. Freuden und Schmerzen können dann gleichermaßen aus Gottes Hand entgegengenommen werden.

Hinter diesen Aussagen steht klar erkennbar Eckharts mystische Lehre vom Rückweg der Seele in die göttliche Dimension des Ungeschaffenen. Geschaffener und ungeschaffener Abgrund werden demnach „ein einiges Ein". Im Kuss der göttlichen Umarmung entsteht eine Ekstase voller Innigkeit, in der am Ende kein unterscheidendes Bewusstsein mehr vorherrscht: „Da hat sich der Geist verloren in Gottes Geist; er ist ertrunken in dem

grundlosen Meer."[162] Solch abgründiges Entsinken in ein „uner-
gründliches Nichts" – „wie ein Tropfen Wasser im tiefen Meer"[163]
– klingt nach den „ozeanischen" Gefühlen einer regressiven
Mystik, die des personalen Elements verlustig geht, ja überhaupt
jeglichen Ich-Bewusstseins. Tauler spricht demgemäß auch von
dem „Namenlosen der Seele" und davon, dass der Geist des Menschen am Ende seiner Versenkung – nach wonnigem Genuss
– in die göttliche Finsternis gezogen und allen Genießens be-
raubt werde. Tiefenpsychologisch bedeutet das: Hier wird an em-
bryonale Vorbewusstseinsstufen angeknüpft. Ein solcher – im
doppelten Sinn – *Rückweg* liegt allerdings nicht auf der Linie
christlichen Schöpfungs- und Erlösungsglaubens.

Tauler setzt dabei voraus, dass der Mensch in seinem ewigen
Ursprung in Gott und dort mitnichten einfach nur wesenlos war:
Da war er „Gott in Gott"[164]. Der Mystiker meint: „Dasselbe, was
der Mensch jetzt in seiner Geschaffenheit ist, das ist er ewig in
Gott in Ungeschaffenheit gewesen, ein seiendes Wesen mit ihm.
Und solange der Mensch nicht in diese Lauterkeit kommt, sowie
er aus dem Ursprung, aus seiner Ungeschaffenheit hinausgeflos-
sen ist in seine Geschaffenheit, solange kommt er nicht wieder
hinein in Gott…, kommt er niemals wieder hinein in den Ursprung."[165] Solche Konzentration auf Rückkehr und Verschmelzung mit dem „Ursprung", von dem das Geschaffene „ausgeflossen" sei, entspricht exakt neuplatonisch-monistischer Mystik;
und Tauler nennt in diesem Zusammenhang auch ausdrücklich
den Namen des bekannten Neuplatonikers Proklus (410–485).

Tatsächlich dürfte Taulers entsprechende mystische Lehre
vor allem auf monistischer Spekulation und nicht etwa auf persönlicher Erfahrung basieren, denn er räumt ausdrücklich ein,
dass er nicht „in eigenem Erleben bis dahin gelangt sei."[166] Mit
dem biblischen Menschenbild und der Perspektive christlicher
Zukunftshoffnung hat diese Mystik wenig zu tun. Sie ist eher

Substanz- denn Liebesmystik, wie Tauler mit der Formulierung erkennen lässt: „Gott liebt hier sich selbst und ist sich hier sein eigener Gegenstand."[167] Dass in Wahrheit Gott wirklich Anderes liebe, darauf beruht der biblische Schöpfungsglaube und auch die Lehre, dass Gott selbst sich aufs Kreuz eingelassen habe; darauf beruht recht verstandene christliche Liebesmystik.

Gleichwohl bemüht sich Tauler, das neuplatonisch betonte göttliche *Eine* mit der kirchlich tradierten Lehre vom *Dreieinen* zu verbinden. Er erklärt des Öfteren: Der heimgeholten Seele prägt Gott gnadenhaft und unbildlich in ihren bloßen Grund sein dreifaltiges Bild ein. Damit gelangt der Mensch „zur höchsten Kunde der heiligen Dreifaltigkeit, wie der Vater von aller Ewigkeit her den Sohn geboren, wie das ewige Wort sich ewiglich in dem Herzen des Vaters ausspricht, wie der Heilige Geist von ihnen beiden ausfließt und die heilige Dreifaltigkeit sich in alle seligen Geister ergießt und diese sich wiederum in wunderbarer Seligkeit in Gott ergießen."[168]

Von daher kennt und fordert Tauler mystische Gelassenheit im tiefen Innern. Indes – ist Gelassenheit als solche wirklich eine zentrale Größe christlicher Spiritualität? Man bedenke nur, wie Jesus, der Gottmensch, selbst verschiedentlich zornig werden oder weinen konnte, ja wie er vor seiner Gefangennahme Blut schwitzte, also das Leiden annahm, statt es in mystischem Bewusstsein in Gottes Gegenwart „verschwinden" zu lassen! Auch der Apostel Paulus konnte sich durchaus erregen und wusste sich dem Leid sehr bewusst zu stellen, was an diversen Stellen seiner Briefe deutlich wird. Das Ideal einer womöglich vollkommenen Gelassenheit entspricht keineswegs dem Leidenschaft einschließenden Gott der Liebe, sondern eher dem philosophisch gedachten Absoluten jenseits alles Weltlichen. Natürlich ist eine Haltung der Gelassenheit auch für Christen erstrebenswerter Ausdruck dessen, dass nicht das „Fleisch", nicht die „Welt" das existenziell Bestimmende, das Maßgebende und Werte Definierende ist oder sein sollte. Aber solche Gelassenheit verdankt sich eben nicht der Verwurzelung in einer mystisch-dunklen Überweltlichkeit, sondern der Glaubensverbindung mit dem gegenwärtigen Herrn der wahren Zukunft.

Freilich hat der Mystiker Tauler selber keiner totalen Welt-fremdheit das Wort geredet. Die Verwurzelung im göttlichen Urgrund des Ungeschaffenen bedeutete für ihn die Basis für weltzugewandtes Handeln, für aktive, aufs alltägliche Leben gerichtete ethische Verantwortung. Weltferne und Weltnähe bil-den hier keinen Gegensatz.

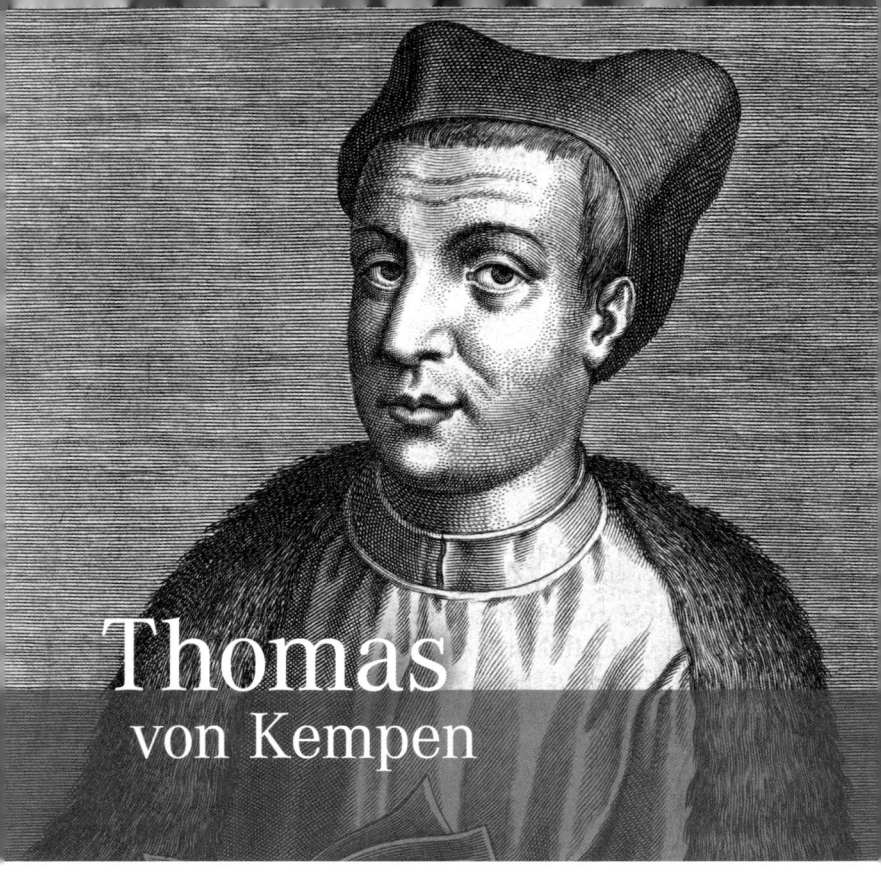

Thomas
von Kempen

Der spätere Augustiner-Mönch Thomas von Kempen (1380–1471)[169] wurde zunächst als Thomas Hemerken in Deventer in ein Haus der „Brüder des gemeinsamen Lebens" aufgenommen. 1399 trat er als Laie in das in den Niederlanden neu gegründete Regulierte Augustiner-Chorherrenstift St. Agnetenberg bei Zwolle ein, dem seit kurzem als erster Prior sein Bruder Johannes vorstand. Dort verblieb er über sieben Jahrzehnte fast ununterbrochen – bis zum seinem Alterstod. 1413 trat er in den Priesterstand; 1425 und 1447 war er Subprior des Klosters.

Die Frömmigkeit der Laienbruderschaft der „Brüder vom gemeinsamen Leben" prägte ihn lebenslang. In ihr wirkte die alltagspraktisch-mystische Reformbewegung der *devotio moderna*, die von der deutschen Mystik herkam und sich als eine verinnerlichte Alternative zur damaligen Kirchenfrömmigkeit verstand. Von ihr ist das Hauptwerk des Thomas von Kempen, die „De Imitatione Christi" („Nachfolge Christi")[170] unverkennbar beeinflusst. Dieses Meditationsbuch wurde das nach der Bibel meistverbreitete Buch des Spätmittelalters. Seit dem 16. Jahrhundert bis heute sind zahllose Ausgaben davon in nahezu aller Kultursprachen der Welt erschienen – allein in deutscher Sprache sollen es annähernd 4000 Ausgaben sein.[171]

Die Bedeutung dieses Buches liegt nicht nur in seinen Anregungen für eine im Alltag von Christen lebbare mystische Praxis, sondern auch darin, dass selbst Nicht-Christen in ihm manch wertvolle Anregung für ihr Leben finden können. Beispielsweise rät Thomas: „Hör auf damit, zu viel wissen zu wollen, denn darin findet sich große Zerstreuung und Selbstbetrug" (I, 2, 3). Oder er gibt zu bedenken, dass es nun einmal „auf dieser Erde keine vollkommene Sicherheit und keinen ganzen Frieden gibt" (I, 12, 4). Und er weiß: „Leichter ist es überhaupt, zu schweigen, als beim Reden das rechte Maß zu treffen" (I, 20, 2). Dergleichen Weisheiten und Ratschläge, aber auch Übungsempfehlungen finden sich bei Thomas zuhauf.

Die höchste Weisheit ist es für ihn freilich, sein Herz zu „göttlichen Dingen" zu erheben und durch Gleichgültigkeit gegenüber der Welt zum Himmel zu streben. Er ist überzeugt: Je mehr ein Mensch mit sich eins geworden und dadurch in seinem Innersten einfacher geworden ist, umso mehr und umso Höheres wird er mühelos erlernen. Wer sich nicht ständig gesammelt halten könne, der sammle sich hin und wieder, wenigstens am frühen Morgen oder am Abend!

Ein weiterer wichtiger Rat lautet: „Alles, was du denkst und tust, soll so gedacht und so getan werden, als wenn du heute noch sterben müsstest… Selig, wer die Stunde des Todes immer vor Augen hat und sich täglich zum Sterben rüstet!" (I, 23, 4) Es sollte dies ein existenzielles Bedenken der eigenen Vergänglichkeit sein, um dadurch den Horizont der Ewigkeit im Blick zu behalten und die geschenkte Lebenszeit möglichst nicht mit wertlosen Dingen zu vertun.

Doch nicht eine abstrakte Ewigkeit, sondern Jesus Christus selbst ist das Zentrum, auf das sich Thomas von Kempen mystisch konzentriert: „Wann werde ich mein ganzes Wesen in dir allein sammeln und in Liebe zu dir meiner selbst vergessen und nichts als dich, dich empfinden und genießen können, dich genießen auf eine Weise, die die wenigsten kennen und die alle gewöhnlichen Weisen und Empfindungen übersteigt?" (III, 21, 3)

Von daher versteht sich auch folgender mystische Imperativ: Es „sei unser höchstes Studium, uns in Jesu Leben zu versenken. Seine Lehre überragt ja alle Lehren der Heiligen…" (I, 1, 2) Wer Christi Worte völlig verstehen und in sich aufnehmen wolle, müsse danach trachten, sein ganzes Leben ihm nachzubilden. Hier geht es um keine Herrlichkeitsmystik, sondern um eine Kreuzesmystik: „Weißt du nicht Hohes und Himmlisches zu spiegeln, so ruh in dem Leiden Christi und wohne gern in seinen heiligen Wunden!" (I, 2, 7)

Der Augustiner-Chorherr Thomas war ein bescheiden lebender Mystiker der Innerlichkeit: Er liebte die Stille, das Schweigen und den Gottesdienst. Das immerwährende Herzensgebet war ihm geläufig. Er betonte, dass die andächtige Seele in Schweigen und Ruhe Fortschritte machen und sogar die Dunkelheit der Heiligen Schrift erhellen lernen werde. Durch seine Predigten konnte er viele Menschen zur Umkehr in Richtung einer meditativ gelebten Frömmigkeit bewegen.

Die offenkundige Schwäche seiner Mystik bestand allerdings in einer zu leicht für möglich gehaltenen Befreiung von Sündhaftigkeit, Versuchlichkeit und Gottesentfremdung. Wer Jesus und die Wahrheit liebe, der könne in seiner Innerlichkeit „von allen ungeordneten Neigungen frei" werden und sich „alle Augenblicke ungehindert zu seinem Gott erheben", ja „sich über sich selbst im Geiste erschwingen" und „in Gott seliger Genuss und im Genusse Gottes Ruhe finden" (II, 1, 6). Thomas meint, wer in jedem Lebensjahr auch nur einen Fehler ausrotten würde, der würde bald ein vollkommener Mensch sein. Und er ist überzeugt, manche Heiligen hätten solche Vollkommenheit erlangt, dass sie „mit allen Fasern ihres Herzens in Gott bleiben konnten" (I, 11, 2). Daher rügt er mangelnde, zu wenig intensiv unternommene Versuche, „den vollkommenen Weg der Heiligen zu betreten" (I, 11, 4). Und er fordert dazu auf, vor Gott „Verdienste zu erwerben" (I, 22, 5). In dieser Hinsicht wird erst die Mystik der Reformation zu einer differenzierteren Spiritualität gelangen.

Doch es ist keineswegs so, dass Thomas ein unrealistisches Bild vom Christenleben gehabt und die Sündenrealität unterschätzt hätte. So räumt er ein: „Es wäre verwunderlich, wenn ein Mensch, der sich seine Entfremdung zu Herzen nimmt und die vielen Gefahren für seine Seele betrachtet und bedenkt, im Leben je sollte froh werden können. Wegen der Leichtfertigkeit unseres Herzens und der Verharmlosung unserer Defekte merken wir freilich nichts von den Schmerzen unserer Seele. Wir lachen auf, wo wir weinen sollten" (I, 21, 1). Ihm ist klar – und es wird bei ihm zur weisen Erkenntnis: „Solange wir in diesem zerbrechlichen Leibe leben, können wir nicht ohne Sünde sein und nicht ohne Überdruss und Schmerzen leben" (I, 22, 5).

Sein Anliegen einer inneren Strebsamkeit nach Vollkommenheit gründete in Jesu Forderung in der Bergpredigt: „Ihr sollt vollkommen sein" (Matth 5,48). Und es entsprach durchaus der

Radikalität der Bergpredigt Jesu, wenn Thomas betonte: „Gott
will, dass wir uns ihm vollkommen unterwerfen und dass wir
durch entflammte Liebe…rein wie die Engel wandeln." (I, 14,
6 und 19,1) Nachfolge Christi heißt für den holländischen Mystiker: Obschon wir dem Willen Gottes bis zu unserem leiblichen
Tod nicht immer gerecht werden können, sind wir doch aufgerufen, den Versuch dazu stets aufs Neue zu unternehmen. Und das
nicht nur im Sinne eines hoffnungslosen Sollens, sondern eines
hoffnungsvollen Dürfens.

NICOLAVS CVSANVS
1401 — 1464

Nikolaus
von Kues

Nikolaus Cryfftz aus Kues an der Mosel war der Sohn eines wohlhabenden Schiffers. Er studierte Kirchenrecht in Padua und promovierte in diesem Fach. Zudem schloss er in Padua eine lebenslange Freundschaft mit dem bedeutenden Mathematiker und Astronomen Paolo dal Pozzo Toscanelli, weshalb er auch auf diesen Gebieten hervortrat. Zwei Rufe nach Löwen, wo ihm die Universität eine Kirchenrechtsprofessur anbot, schlug er 1428 und 1435 aus. Inzwischen nannte er sich Nicolaus Treverensis (Nikolaus von Trier) oder *Nicolaus de Cusa*.

Dieser Nikolaus von Kues (1401–1464)[172] entwickelte sich zu einem berühmten, universal gebildeten Philosophen und Theologen. Als Humanist leistete er Bedeutendes in der philologischen Forschung, sowohl durch Entdeckung von Handschriften verschollener antiker Werke und unbekannter mittelalterlicher Quellen als auch durch seine kritische Auseinandersetzung mit Quellentexten wie etwa der „Konstantinischen Schenkung". Auch in der Kirchenpolitik spielte er ab 1448 als Kardinal, päpstlicher Legat und bald darauf als Fürstbischof von Brixen eine bedeutende Rolle, insbesondere in den Auseinandersetzungen um die Kirchenreform. Erfolg war seinen diesbezüglichen Bemühungen wenig beschieden, und rund drei Jahre vor seinem Tod soll er in Rom dem Papst resigniert vorgeworfen haben: „Wenn Ihr es nicht ertragen könnt, die Wahrheit zu hören, dann muss ich sagen, dass ich ganz und gar nicht ertrage, was in dieser Kurie vor sich geht. Alles ist korrupt; niemand erfüllt seine Pflicht. Alle lassen sich von Ehrgeiz und Habgier treiben. Immer wenn ich in einem Konsistorium über die Reform spreche, lacht man mich bloß aus. Gestattet mir, dass ich zurücktrete! Ich ertrage diese Art nicht mehr. Ich bin ein alter Mann und brauche Ruhe."[173] Mit diesen Worten soll er in Tränen ausgebrochen sein.

Ekstatische Visionen werden von ihm nicht berichtet. Aber ohne mystische Erfahrungen war der Philosoph und Theologe keineswegs. Den Übergang von bloßer Vernunfterkenntnis zur mystischen Anschauung erblickte er dort, wo das Ende aller aufsteigenden Erkenntnis, also die „wissende Unwissenheit", sich als Anfang der Offenbarung des unbekannten Gottes erweist: „Der Geist hofft auf dieser Stufe in demütigstem Verlangen, von Gott erleuchtet zu werden, um ihn, den Unsichtbaren, so weit zu sehen, als er sich ihm offenbart."[174] Das berühmteste seiner zahlreichen Werke, betitelt „De docta ignorantia" („Von der gelehrten Unwissenheit"), will er während einer Meeresüberfahrt als „ein

Geschenk von oben, vom Vater der Lichter" empfangen haben. Er betonte, dass „die Schätze der Glorie des ewigen Reiches in uns und innerhalb unseres Wesens" zu finden seien.[175] Galt ihm doch der Mensch als ein „zweiter Gott"![176]

Vor allem in seiner Schrift „De visio Dei" („Über das Sehen Gottes"), geschrieben „zur leichteren Erfassung der mystischen Theologie", finden sich bildhafte Worte, die von viel Sinn fürs Mystische zeugen: „Wer kann einen Bären vom Honig wegbringen, wenn dieser einmal die Süßigkeit gekostet hat? Wie groß ist die Süßigkeit der Wahrheit, die das freudigste Leben gewährt, weit über alle körperliche Freude? Was ist stärker als die Liebe, aus der alles Liebenswürdige stammt?"[177] In einer Weihnachtspredigt definierte der Cusaner die mystische Theologie kurz und bündig: „Dass Gott geoffenbart sei, heißt Folgendes: nämlich, dass Gott existiere und nicht sichtbar sei, und das ist mystische Theologie."[178]

Wie soll von daher überhaupt ein Sehen des unsichtbaren Gottes möglich sein? Der Kardinal formuliert in gebetsartiger Anrede Gottes, wie er dazu kommt, hierüber Auskunft zu geben: „Wenn die Süßigkeit eines unbekannten Obstes keine Schilderung, keine Beschreibung zulässt, wer bin ich armer Sünder, der ich dich Unsichtbaren darzustellen und jene unendliche Süßigkeiten anderen zum Genusse darzubieten mir herausnehme, die ich selbst noch nicht zu kosten verdient habe und durch meine Darstellung eher verkleinere als vergrößere? Doch deine große Güte, o mein Gott, lässt auch Blinde vom Licht reden und das Lob eines Gegenstandes verkünden, von dem sie nichts wissen und wissen können, es werde ihnen denn geoffenbart."[179] Von daher erklärt Nikolaus: Unser Sehen ist ein Akt, in dem Gottes Sehen selbst in uns aktiv ist. Wegen der Identität seines und unseres menschlichen Blickes ist das Gesehen-Werden von Gott das Gleiche wie das Schauen Gottes – und umgekehrt. Kontemplation kann deshalb bedeuten, Gott in einer Art von mentaler Entrückung zu sehen: „Indem du mich siehst, gibst du dich mir zu sehen, der du der verborgene Gott bist; und dich zu sehen, ist nichts anderes, als dass du den dich Sehenden siehst."[180] Eigentlich gilt ja Gott als unsichtbar. Aber die Dunkelheit, die entsteht, wenn man ihn anschaut, entspricht laut Nikolaus jener im Auge, die beim Blicken in die Sonne zu Stande kommt. Gewöhnt sich das mystische Auge daran, kommt es durchaus zum Erkennen und Schauen Gottes.

Obwohl Nikolaus von Kues stark von der neuplatonischen Tradition – vermittelt besonders durch Dionysius Areopagita, Johannes Scotus Eriugena und Meister Eckhart – geprägt ist, bleibt seine Mystik nicht in den dunklen Verneinungen negativer Theologie hängen. Die von ihm brillant entwickelte Methode, Gegensätze nicht nur als solche zu betrachten, sondern per Tiefenblick ihr Ineinanderfallen zu erkennen, also ihre „Koinzidenz" wahrzunehmen, eröffnet ihm die Möglichkeit, jenseits der Paradoxe Gott geistig zu schauen.[181] Zwar betont der deutsche Kardinal zum einen, dass Gott in seiner Unendlichkeit nicht zu ermessen und zu begreifen sei – was den mystischen Genuss in keiner Weise einschränke: „Eine weit größere Freude empfindet, wer einen Schatz gefunden hat, den er als unzählbar und unendlich erkannt hat, als wer einen zu ermessenden endlichen Schatz entdeckt hat… Was der Geist in der Art als erkennbar erkennt, dass es nie vollkommen erkannt werden kann, das allein kann ihn sättigen."[182] Zum andern wird Gott für den Mystiker doch geistig begreifbar und anschaubar, weil er sich erfassbar gemacht hat in Jesus Christus. Von Ewigkeit her haben sich in dem einen Gottessohn und Menschensohn die gegensätzlichen Ebenen Gottes und des Geschöpfs ein- für allemal vereinigt. Für Cusanus ist die zweite Person der göttlichen Dreieinigkeit das „Vermittelnde des Einsseins von allem". Daher vermag der Glaubende zu einer solchen Vereinigung mit Gott zu gelangen wie der Sohn mit dem Vater: „Es kann also der Mensch mit dir durch deinen Sohn, der das Mittel der Vereinigung ist, vereinigt werden."[183]

Umgekehrt bedeutet das: Ohne Jesus ist es unmöglich, die ewige Glückseligkeit zu erlangen. Denn der unsichtbare Vater ist nur dem Sohn sichtbar und durch ihn den mit ihm Verbundenen: „Es sieht jeder glückliche Geist den unsichtbaren Gott und ist durch dich, o Jesus, mit dem unzugänglichen und ewigen Gott geeint. So wird das Endliche durch dich mit dem Unendlichen und Nichtzueinenden geeint, der Unbegreifliche wird begriffen in ewigem Genuss, der die höchste, nie endende Seligkeit ist."[184] Lange Meditationen führen den Glaubenden zu keiner anderen Einsicht als zu dieser: „Nur Jesus in seiner höchsten Güte ist zu lieben!"[185] Zu Gott gilt es durch ihn, den gekreuzigten und auferstandenen Christus, emporzusteigen: Er führt in die Entzückung, über das eigene Selbst hinaus – und auch über diese Welt hinaus.

Insgesamt erweist sich die Mystik des Cusaners trotz ihrer neuplatonischen Prägung als sehr dynamisch von der kirchlichen Gottes- und Christuslehre durchsetzt. Der eine Gott wird dementsprechend nicht etwa dahingehend missdeutet, dass die Einheit – wie bei manchen anderen Mystikern – in monistischer Spekulation noch über der Dreifaltigkeit zu stehen kommt. Vielmehr unterstreicht Nikolaus kraft seiner Koinzidenz-Lehre: Wie die Vollkommenheit des einen Grundes verlangt, dass Gott *einer* sei, so verlangt sie zugleich, dass er *dreieinig* sei. „Die Einheit wäre nicht die vollkommenste, wenn sie nicht alles in sich fasste, was zum vollkommensten Prinzip notwendig ist, und dies wird durch die Dreiheit ausgedrückt. Die Dreiheit wäre nicht vollkommen, wenn sie nicht Einheit wäre. Die Einheit Gottes ist nicht eine *mathematische*, sondern eine wahre und *lebendige*, welche alles in sich fasst…"[186] Das Eine ist also auf solche Weise eins, dass es drei ist, und auf solche Weise drei, dass es eins ist. Zugleich betont der Cusaner, dass nur der dreieine Gott den Menschen glücklich machen könne. Sein letztes Werk, geschrieben wenige Monate vor seinem Tod, heißt „De apice theoriae" („Über den Gipfel der Schau") und schließt mit den Worten: „Der dreifaltige und eine Gott, dessen vollkommenste Erscheinung Christus ist – denn nichts kann vollkommener sein –, führt uns durch dessen Wort und Beispiel zur klaren Schau des Möglichen an sich; und das ist die Glückseligkeit, die einzig die höchste Sehnsucht des Geistes stillt."

Noch in einem weiteren wichtigen Punkt drängt der Cusaner über die Vorgaben monistischen Denkens hinaus: Er lehnt eine Koinzidenz von Gut und Böse in Gott ab. Die mystische Dunkelheit im Aufstieg zu Christus und zum Vater weicht der klareren, nun „wie durch eine lichtere Wolke" gelingenden Schau Gottes, und die Finsternis wird als Licht erkannt. Nikolaus zitiert 1. Joh 1,5: „Gott ist Licht, und keine Finsternis ist in ihm." Gott selbst erkennt zwar das Böse und erleidet es, aber er verursacht und will es nicht. Das entnimmt der Kardinal der Weisheit des Kreuzes. In Christus erblickt er so die Bedingung wahrer Mystik.

Martin
Luther

Eine erste Blüte hatte die christliche Mystik im frühen Mönchtum der Spätantike erlebt, eine reiche dann im Mönchtum des
späteren Mittelalters. Martin Luther (1483–1546)[187] hat als Mönch
wichtige Anstöße aus dieser mystischen Tradition empfangen.
Zudem war ihm schon während seiner Jugend die *Devotio moderna* begegnet, jene praktisch-mystische Frömmigkeitsbewegung,
die bereits Thomas von Kempen geprägt hatte.

Noch bevor er die Schule der spätmittelalterlichen „Deutschen Mystik" kennen und schätzen lernte, erfuhr er bereits den

Reiz mystischen Erlebens. In der Rückschau heißt es bei ihm, er wäre fast „toll" geworden, weil er die Einigung Gottes mit seiner Seele spüren wollte; doch später habe er erkannt, inwiefern das ein schwärmerisches Verlangen gewesen war.[188]

Als junger Theologieprofessor las er begeistert Tauler, ebenso die spätmittelalterliche „Theologia Deutsch", deren von Mystik gesättigten Text er 1516 in Teilen und 1518 vollständig herausgab. Mystik hat Volker Leppin zufolge einen stärkeren Anteil an Luthers Entwicklung gehabt, als meist angenommen wird: „Seine Theologie ist bis in ihre Kerninhalte hinein gar nicht anders zu verstehen als vor dem Hintergrund ihrer mystischen Wurzeln."[189] Allerdings hat die Mystik allein, wie es sie ja in den Jahrhunderten vor ihm in der Kirche unübersehbar gab, den Durchbruch zum Reformator und zu seiner Rechtfertigungserkenntnis nicht bewirkt.

Tatsächlich konnte er sich „mystischer Vorstellungen bedienen, um seine reformatorische Auffassung über Rechtfertigung und Heil auszudrücken".[190] Er geht aus von der Zusage der Bedingungslosigkeit der Liebe Gottes – gemäß der paulinischen Überzeugung: Hat Gott seinen Sohn für uns alle dahingegeben, wie sollte er uns mit ihm nicht alles schenken? (Röm 8,32). Die hierauf sich gründende Glaubenserfahrung hat mystische Tiefe und bewirkt frohe Gewissheit.

Theologische Voraussetzung für Luthers Deutung ist die Überzeugung, dass der Heilige Geist selbst nicht nur als „äußere" Größe im Verhältnis zu unserem Geist verstanden wird. Von daher leuchtet ein, warum das Neue Testament den Heiligen Geist immer wieder als „Geist Christi" charakterisiert: Durch sein Wirken wird Christi Heilswerk uns personal zugeeignet; in ihm kommt der Erhöhte bei uns an. Schenkt er uns den Glauben, so bringt er uns damit vorwegnehmend unsere endgültige Identität, nämlich unsere innere Vollendung als geschöpfliche

Personen vor Gott – und zwar ungeachtet unseres anhaltenden Sünderseins. Christen gelten im Glauben – so erkennt es Luther – als „Gerechte und Sünder zugleich".[191] Daher finden sie durch Christi Gegenwart im eigenen Geist mittels der Glaubensbeziehung zu ihm erst wirklich zu sich selbst in ihrer Wirklichkeit vor Gott: Sie dürfen sich trotz ihres Sünder-Seins ganz von Gott angenommen wissen. Das aber heißt, dass sie gegen die eigene Selbst-Erfahrung anglauben dürfen und lernen müssen, ganz auf die Zusage durch Gottes Wort zu vertrauen.

Immerhin kennt Luther selbst mystische Erfahrung; beispielsweise bezeugt er, ekstatisch im „dritten Himmel" gewesen zu sein (WA 11, 117). Aber die Basis seiner Mystik ist doch die recht verstandene Christus-Botschaft selbst: Sie macht deutlich und offen dafür, dass es allein auf Gottes Liebe und Gnade ankommt, wenn der Weg zu ihm gefunden und gegangen werden soll. Von daher kann Luther auch in mystischer Sprache ausdrücken, dass wir durch dieses uns rechtfertigende Wort „sind, was er ist, auf dass wir in ihm sind und sein Sein unser Sein sei"[192]. In der berühmten kleinen Schrift „Von der Freiheit eines Christenmenschen" (1520) heißt es im 12. Absatz: „Der Glaube gibt nicht nur dies, dass die Seele dem göttlichen Wort gleich wird, aller Gnaden voll, frei und selig, sondern er vereinigt auch die Seele mit Christus als eine Braut mit ihrem Bräutigam." Aufgrund solch liebesmystischer Einheit „werden auch beider Güter, Glück, Unglück und alle Dinge gemeinsam; das, was Christus hat, das ist der gläubigen Seele zu eigen; was die Seele hat, wird Christus zu eigen." Noch 1532 erklärt der Reformator in einer Auslegung zu Psalm 45,10, der Christ müsse hinaufsteigen zu Christus als seinem Bräutigam durch den Glauben an dessen Wort; und dabei sei es ihm verboten, über sich selbst nach eigenem Gefühl und Empfinden zu urteilen.

Dem entspricht Luthers Reserviertheit gegenüber technischen Übungen zwecks mystischer Erfahrung. Alles kommt bei ihm auf den Glauben an, der ins „himmlische Wesen" versetzt: „Wenn ich nun solches weiß und glaube, so ist mein Herz oder Gewissen und Seele schon auch durch den Tod und durchs Grab hindurch bei Christus im Himmel…, so dass nicht mehr als der linke Fuß zurückbleibt! Denn die Sünde ist schon vergeben und ausgetilgt, Gottes Zorn und die Hölle sind ausgelöscht; und der Glaubende lebt bereits in und bei Christus nach dem bestem Stück, nämlich der Seele, teilhaftig des ewigen Lebens." (WA 36, 548 und 581) Dabei ist selbst dieser Glaube Geschenk des Geistes Christi – nicht etwa unsere Leistung, sondern Gottes Ermöglichung und Wirkung in uns. Deshalb wäre es ein Missverständnis, wiederum den Glauben zum Ziel von Übungen, Selbstbeobachtung oder Kraftanstrengung machen zu wollen. Luther zufolge genügt es schon, Christus nur mit einem schwachen Glauben zu ergreifen – der sei stark genug, den Teufel und alles mit Füßen zu treten. Denn Christus und der Glaubende werden zu einem „Kuchen" zusammengebacken (WA 37, 236). Luther kann sogar formulieren: „Christus wird ich und ich Christus." (WA 17 I, 93)

Diese liebesmystische Aussage darf nicht in einem substanzmystischen Sinn missverstanden werden – als sei Christus alles in uns und wir selbst gar nichts mehr. Vielmehr geht es der Christus-Mystik Luthers um die Betonung anhaltenden Ungetrenntseins bei Aufrechterhaltung des Grundunterschieds von Gott und Kreatur innerhalb dieser mystischen Verbundenheit. Mit dem ewigen Heil schenkt Christus durch seinen Geist liebesmystisch die Teilhabe am göttlichen Sein selbst, ohne dass deshalb das geschöpfliche Sein der Glaubenden enden würde. So aber lässt Christus sie nach Luthers Verständnis an der göttlichen Natur teilnehmen, wie das ja in 2. Petr 1,4 in Aussicht gestellt wird. Im Sinne der altkirchlichen und besonders in den östlichen Kirchen betonten Lehre von der gnadenhaften „Vergottung" hat Luther die heilvolle Perspektive unserer Vergöttlichung entfalten und beispielsweise formulieren können, dass Gott sich selbst in uns gießt und uns in sich zeugt, so dass er ganz und gar „vermenscht" wird und wir ganz und gar „vergottet" werden (WA 20, 229). Ein Christenmensch wird durch den Glauben „hoch erhaben über alle Dinge", weil ihm hinsichtlich seiner Seligkeit, seines Gerettetseins für Gott nichts mehr zum Schaden gereichen kann (WA 7, 27).

Auch von Gott selbst spricht Luther mitunter in mystischen Farben – etwa wenn er sagt: „Nichts ist so klein, Gott ist noch kleiner, nichts ist so groß, Gott ist noch größer, nichts ist so kurz, Gott ist noch kürzer, nichts ist so lang, Gott ist noch länger, nichts ist so breit, Gott ist noch breiter, nichts ist so schmal, Gott ist noch schmäler und so fort, ist ein unaussprechliches Wesen über und außer allem, das man nennen oder denken kann" (WA 26, 339 f) – nämlich in allen und über und außer allen Kreaturen. Zugleich warnt Luther vor Lehren, die nichts als „eitel falsch erdichtete Dinge von Gott" sind (WA Tischreden 6, 59). Denn der Mensch könne von Natur aus nicht wollen, dass Gott Gott sei, sondern möchte selber Gott sein. Tatsächlich gibt es innerhalb und außerhalb des Christentums mancherlei Mystik, die vor allem von diesem Wunsch nach Selbstvergottung zeugt, nicht aber von dem wahren Gott.

Im Kampf gegen die „Schwärmer", die Spiritualisten seiner Zeit, hat der Reformator unterstrichen, dass Gott niemandem seinen Geist oder Gnade gibt ohne das vorhergehende äußere Wort. Es sei sektiererisch, sich auf mystische Offenbarungen, auf das „innere Wort" abseits der Bibel zu berufen. Das „äußere" Wort bleibt in der Tat unverzichtbar, weil es den geschichtlichen Jesus verbürgt. Da Jesus der eine Sohn Gottes ist, hat die neutestamentliche Kunde über das geschichtlich zu uns gekommene Heil neben der inneren Dimension diese wichtige äußere. Die innere freilich besagt, was Luthers „Mystik des Wortes"[193] durchaus zu betonen weiß: Die Seele ist gewissermaßen für das Wort geschaffen. „Wo sie das Wort hat, bedarf sie auch keines anderen Dinges mehr, sondern sie hat in dem Wort Genüge, Speise, Freude, Friede, Licht, Kunst, Gerechtigkeit, Wahrheit, Weisheit, Freiheit und alles Gut überschwänglich." (WA 7, 22) Luthers Auseinandersetzung mit den Schwärmern ab 1522 sollte daher nicht etwa als Bruch mit der Mystik seiner Frühzeit gedeutet werden. Vielmehr geht es beim Streit mit den Schwärmern um ein angemessenes Verhältnis zu mystischem Denken und Empfinden.

In dieser Hinsicht erweist sich Luther durchgehend als Theologe des Kreuzes. Er sträubt sich gegen eine Theologie der Herrlichkeit – in dem Bewusstsein: Wer aufsteigen will zu Gottes Herrlichkeit, wird von ihr verzehrt. Zu finden ist Gott allein dort, wo er sich hinabbegeben hat zu uns: in Jesus Christus, in der Niedrigkeit von Krippe und Kreuz. Christliche Mystik, die das vergisst, verdient ihren Namen nicht. Für eine „methodische" Mystik bleibt da kein Raum mehr; an ihre Stelle tritt mystische Kreuzestheologie. Sie weiß gegen alle wankende und oft genug bittere Welt- und Selbsterfahrung die unüberholbare Erfahrung der immer verlässlichen Zusage der Liebe und Gnade Gottes zu setzen. Dass hieraus eine Erneuerung der Kirche erwachsen konnte und musste, ist im Grunde nicht verwunderlich.

Johannes
vom Kreuz

In jenem Jahr 1563, in dem das große Trienter Konzil zu Ende ging, trat in den Konvent der Karmeliter[194] im spanischen Medina del Campo der Sohn eines armen Adligen und einer noch ärmeren Weberin ein. Noch konnte niemand ahnen, dass dessen Gedichte und Lieder einmal zu den größten und bedeutendsten Schöpfungen der spanischen Sprache gehören würden. Immerhin brachte dieser Juan de Yepes eine gediegene Schulbildung mit, die er bei den Jesuiten erhalten hatte. Nach dem Noviziat studierte er in Salamanca Theologie und Philosophie. 1568 konn-

te die Karmelitin und Mystikerin Teresa von Ávila[195] den Ordens-
priester, der sich bereits umfangreiche Kenntnisse in der Praxis
des geistlichen Lebens erworben hatte, für ihren Plan gewinnen,
neue Reformklöster des Karmel zu gründen. Unter dem Namen
Johannes vom Kreuz (1542–1591)[196] begann er mit armseligen Mitteln, den Auftrag umzusetzen. Obgleich klein von körperlicher
Gestalt und bescheiden im Auftreten, wurde er Novizenmeister
und Studienleiter seiner jungen Mitbrüder, schließlich Beichtvater und Spiritual der Schwestern in Ávila.

Aufgrund ordens- und kirchenpolitischer Streitigkeiten und
Missverständnisse setzten ihn Mitbrüder im Dezember 1577 in
einem dunklen Verlies gefangen. Nach quälenden neun Monaten aber gelang ihm die Flucht: Heimlich hatte er die Schrauben
am Schloss seiner Zellentür lösen und sich nachts von einem
Fenster des angrenzenden Raumes an zusammengeknotetem
Bettzeug hinunterhangeln können. Aufzeichnungen seiner Gedichte trug er am Körper mit sich. Der Entkräftete fand dann
im Kloster der Unbeschuhten Karmelitinnen in Toledo vorläufige
Aufnahme. Später konnte er jahrelang verschiedene Leitungs-
ämter in jenem Ordenszweig wahrnehmen und sogar mehrere
Klöster gründen.

Nur am Rande blieb dem Vielgereisten die Zeit zur Abfassung
seiner geistlichen Schriften. Enttäuschungen über die Machtgier
der Kirche und die Willkür der Gegenreformation, über die Här-
ten der Inquisition und die Dekadenz der Gesellschaft zehrten
an seinen Kräften. Richtungsstreitigkeiten führten schließlich
dazu, dass er aller Ämter enthoben wurde. In aller Demut genoss
er sein Glück, kein Amt mehr zu haben. Als sich eine geplante
dienstliche Missionsreise nach Westindien nicht rechtzeitig
organisieren ließ, äußerte er die Bereitschaft, in ein „besseres
Westindien einzuschiffen". An einer Fußwunde erkrankt, kam
er ins Kloster von Úbeda zur Pflege. Dort aber hintertrieb der

Prior, einer seiner Gegner, die ärztliche Behandlung. Ein gefährliches Abszess breitete sich bis zum Spanngelenk hin aus. Bald darauf, am 14. Dezember 1591, starb er, den Blick aufs Kreuz gerichtet, nur 49 Jahre alt. Seinen großen Schmerzen war er mit den Gebetsworten begegnet: „Du bist meine Ruhe von Ewigkeit zu Ewigkeit." 1726 wurde er in Rom heiliggesprochen. Zweihundert Jahre später nahm ihn Papst Pius XI. als *doctor mysticus* in die Reihe der Kirchenlehrer auf.

Gelehrt war Johannes vom Kreuz in Sachen „Mystik" zweifellos: Barfuß unterwegs im hautschürfenden Büßergewand, hatten ihn geistliche Übungen und Verarbeitungen seiner Erlebnisse rasch reifen lassen. Aber der Zweck aller asketischen Exerzitien und spirituellen „Techniken" bestand für ihn nicht etwa in der Hebung eines substanziell-göttlichen Seelengrundes, sondern im Einüben des Lebens in der Beziehung zu Gott. Reinhard Körner erläutert: „*Mystik* bezeichnete bei ihm schlicht und einfach das Eingehen einer existenziell-personalen Beziehung zum verborgenen und doch gegenwärtigen dreieinigen Gott; ein Mystiker ist nach Johannes vom Kreuz ein Mensch, der mit dem Gott lebt, an den er glaubt... Mystik ist personale Verwirklichung der Gottesliebe, Freundschaftlichkeit die personale Verwirklichung der Nächstenliebe – beide gehören, entsprechend dem Evangelium Jesu, untrennbar zusammen."[197]

Dies kommt bei Johannes vom Kreuz in seinen vier Hauptwerken „Aufstieg zum Berg Karmel", „Die dunkle Nacht", „Geistlicher Gesang" und „Die lebendige Flamme der Liebe" immer wieder neu zum Ausdruck. Der Weg zur Vollkommenheit, zur Vollendung bei Gott besteht demnach in der gelebten Liebe zu Gott und den Menschen. „Am Abend deines Lebens wirst du nach der Liebe gefragt", pflegte er zu betonen.

Eine solche indirekte Aufforderung könnte nun freilich wie ein „Gesetz" anmuten, wie ein – bei gewissenhafter Selbstbeobachtung – doch unerfüllbarer Imperativ des spirituellen Lehrers. Doch Juan de la Cruz meint es anders: Er weiß, dass die Liebe zu allererst Gabe, reich machende und erlösende Erfahrung sein muss, bevor sie Frucht bringen kann – theologisch formuliert: dass vor dem Gesetz das Evangelium kommt. Er weiß, dass die Mitteilung und Erfahrung der göttlichen Gnade die eine Bedingung des Heilwerdens ist, die alle anderen Bedingungen kassiert.

Im Reich Gottes erwartet den erlösten, vollendeten Menschen die dialogische Integration in die Gemeinschaft des dreieinigen Gottes: „Der Mensch wird an Gott selber teilnehmen, zugesellt der Heiligsten Dreifaltigkeit, mitwirkend deren Werke" (*Geistlicher Gesang* 39,6). In der ewigen Beziehung mit den drei göttlichen Personen erfüllt sich seine Bestimmung; zu diesem Ziel ist das Menschenherz unterwegs. Die Erschaffung von Welt und Mensch ist noch nicht vollendet. Eine Vervollkommnung in die Gemeinschaft mit Gott hinein ist für beide unumgänglich. Mystiker suchen sie bereits ein Stück weit vorwegzunehmen. Sie erleben, wie Gott sie konsequent umformt „nach seinem Bilde", und wollen daran bewusst mitwirken, um „himmelsfähig" zu werden. Das aber heißt nichts anderes als vom Dreieinen her beziehungsfähig werden zu ihm hin – und von daher auch zu aller Schöpfung. Das ist es, worum es Johannes vom Kreuz geht.

In seinem unvollendeten Werk „Die dunkle Nacht"[198], bestehend aus einem Gedicht und dessen mystischer Selbstkommentierung, knüpft Johannes an die spirituellen Auslegungen des Hohen Liedes mit ihren erotischen Anklängen an. Geistliche Liebesmystik bedient sich hier der Bilder leidenschaftlicher Verliebtheit eines jungen Paares, um die existenzielle Tiefe christlich verstandener Gottesbeziehung poetisch zum Ausdruck zu bringen. Der Begriff der Nacht hat in diesem brautmystischen Zusammenhang einen Ort, aber auch schon eine eigene lange

Tradition in der weltweiten Mystik. Er bezeichnet zunächst die innere Erfahrung des Fernabstehens von äußerer optisch-sinnlicher Wahrnehmung – Johannes spricht hier gern von der damit erfolgenden „Umformung" (*reformacíon*). Überhaupt klingt das Entbehrenmüssen sättigender Erfahrung jeder Art an, verwandt dem Begriff der Wüste. „Nacht" kann sogar für scheinbare Gottesferne stehen – oder auch für die spirituelle Bereitschaft, alles loszulassen, sogar die Gottesbeziehung selbst! Das loslassende Selbst wird dadurch offen für seine eigene Verwandlung durch Gott, den es kaum mehr durch die „Brille" seiner mitgebrachten Frömmigkeit wahrzunehmen sucht. Es wird frei für die Gabe von oben, wie sie Gott von sich aus schenken möchte. Solches Loslassen ist freilich nicht als ein absolutes zu verstehen, vielmehr als tiefster Ausdruck eines letzten Vertrauens – also eigentlich im Gegenteil als höchst intensive Beziehungssuche auf einer neuen Ebene. Es steht im hermeneutischen Zirkel christlichen Glaubens an den geliebten Herrn und erstrebt im paradoxen Vollzug eine „Angleichung" an ihn, den auferstandenen Gekreuzigten[199], wie sie Johannes als „Überformung" (*transformacíon*) bezeichnet.

Selbstverleugnung, ja Abtötung ist nicht etwa eigenes, aktives Werk im Sinne einer Vorleistung für die Gabe des Erfülltwerdens, sondern Werk des Gottesgeistes an der passiven Seele. So und nur so wird daraus tiefste Selbstfindung, wie das in dem Jesus-Wort durchklingt: „Wer sein Leben erhalten will der wird es verlieren; und wer sein Leben verliert um meinetwillen und um des Evangeliums willen, der wird es erhalten" (Mark 8,35). Beglückende Einigung mit Gott gibt es nicht anders als auf dem schmalen Weg (Matth 7,13), als in der dunklen Nacht. Kontemplative Läuterung sucht Gott zu schmecken, ohne dass Sinnenwelt oder der teuflische Verführer dabei stören können. Johannes vom Kreuz erläutert: „Mein Erkenntnisvermögen trat aus sich heraus und wurde aus einem menschlich-natürlichen zu einem göttlichen; denn da es sich Gott durch diesen Läuterungsprozess einte, versteht es nun nicht mehr dank der eigenen Lebenskraft und des eigenen natürlichen Lichtes, sondern dank der göttlichen Weisheit, mit der es geeint wurde. Auch mein Empfindungsvermögen trat aus sich heraus und wurde göttlich, denn geeint mit der göttlichen Liebe liebt es nicht mehr auf laue Weise mit seiner natürlichen Kraft, sondern mit der Kraft und Lauterkeit des Heiligen Geistes... Und nicht anders hat sich mein Erinnerungsvermögen in ewige Wahrnehmung der Herrlichkeit gewandelt. Schließlich werden alle meine Kräfte und Affekte durch diese Nacht und durch die Läuterung des alten Menschen in göttlichen Stimmungen und Wonnen erneuert."[200]

Solch „mystische Theologie" leitet den Kontemplativen zu einem Selbst- und Weltvergessen auf dem Gipfel der mystischen Erfahrung an, ohne dabei womöglich auch noch Gottvergessenheit zu wollen. Hier geht es vielmehr um intensivste Begegnung, sozusagen Antlitz in Antlitz mit dem Höchsten, die zu neuer Liebe gegenüber den Mitmenschen und der Schöpfungswelt wird. Im Geeintsein mit Gott ist die Seele nicht einfach losgelöst von der Welt, vielmehr empfindet sie, wie ihr alles zu Gott wird – im Sinne einer ekstatischen Vorwegnahme der Erlösung aller Dinge, des „Gott-wird-sein-alles-in-allem" (1. Kor 15,28). Bei Johannes vom Kreuz ist in tiefster Weise deutlich, wie sehr christliche Mystik im Letzten gründet, bezogen ist auf die Vollendung. Wer christliche Mystik davon abtrennen zu können meint, verdirbt ihr Wesen.

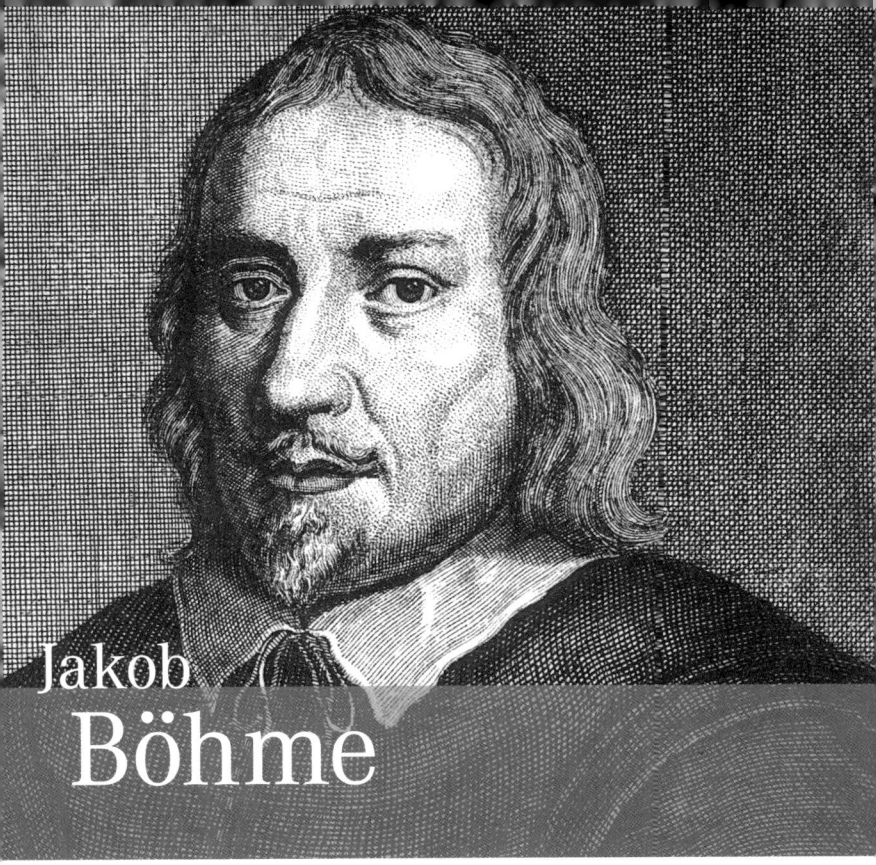

Jakob
Böhme

„Wem Zeit ist wie Ewigkeit / Und Ewigkeit wie Zeit, / Der ist
befreit / Von allem Streit."[201] Dieses kleine Gedicht schrieb
der Schuster Jakob Böhme (1575–1624)[202] seinen Freunden gern
ins Stammbuch. Geboren und evangelisch-lutherisch getauft in
Alt-Seidenberg, erwarb der Bauernsohn 1599 im nahen Görlitz
das Bürgerrecht und legte sich einen eigenen Hausstand zu. Er
kaufte sich eine Schuhmacherei – und hatte schließlich im Jahre 1600 ein mystisches Durchbruchserlebnis, vielleicht im Zusammenhang mit reflektierenden Lichteinwirkungen auf seine

Schusterkugel. Vorausgegangen waren bereits Studien jüdischer Mystik-Schriften. 1610 schrieb er sein erstes Buch: „Aurora oder Morgenroethe im Aufgang / das ist: Die Wurzel oder Mutter der Philosophiae, Astrologiae und Theologiae aus rechtem Grunde, oder Beschreibung der Natur." Nach dieser Veröffentlichung wurde ihm streng verboten, weitere Schriften zu verfassen und zu publizieren.

Doch nach acht Jahren des Schweigen wagte es der seltsame Schuster, weiterzuschreiben. Bis zu seinem Tod 1624 verfasste er insgesamt 32 Bücher und Schriften – ein phänomenales Werk, dessen philosophische Substanz und Wirkung dem deutschen Verfasser den Ehrennamen *Philosophus Teutonicus* eintrug. Obgleich sich Böhmes meditative, symbolreiche Texte dem Leser nicht ohne weiteres erschließen, fanden sie in mehreren Ländern – insbesondere in Deutschland, den Niederlanden und Großbritannien – wohlwollende Aufnahme.

Er gehört zu jenen großen Denkern, die Wilhelm Schmidt-Biggemanns These widerlegen, dass Philosophie und Mystik einander ausschlössen.[203] Sobald man darauf verzichtet, „Philosophie" in einem zu engen Sinn zu definieren, schließt sie unter anderem „Theosophie" mit ein – und damit auch Mystik. Böhmes Philosophie wurde von ihm selbst und auch von anderen als „Theosophie" bezeichnet, was wörtlich „Gottesweisheit" heißt und eine kosmisch ausgreifende Mystik kennzeichnet. Visionär war der Schuster bei alledem, wie seine Aussage erkennen lässt, er rede aus dem „offenen Spiegel Gottes im Schauen".[204]

Tatsächlich war er Philosoph, Theosoph und Mystiker in einem. Zu seiner Zeit tauchte das Substantiv „Mystik" überhaupt zum ersten Mal auf – allerdings in der französischen Sprache. Es markierte eine gewisse Loslösung des Mystischen vom traditionell theologischen Bereich. Entsprechend wurde auch der Mystiker Böhme aufgrund seiner Bücher vonseiten der kirchlichen Oberen immer heftiger bekämpft, ohne dass dabei die von ihm ausgehenden Denkanstöße eine angemessene Würdigung erfuhren.

Ihren Ausgangspunkt nimmt Böhmes mystische Philosophie in der Lehre vom „Ungrund". Dieser Ungrund ist das Allererste überhaupt und geht dem „Urgrund" noch voraus. Er ist das ewige Eine, der ewige Abgrund eines Nichts, dem – wie im Neuplatonismus – kein geschöpflichem Sein vergleichbares Sein eignet. Als göttlich-finsterem, die Existenz des Menschen und der Welt umgebendem Schreckensabgrund kommt ihm der Charakter des „ganz Anderen" zu. Dimensionslose, unbeschreibbare Leere, Stille ohne Ursache und Wesen, gleichwohl wirkungsreicher Quell alles Seienden! Böhme erläutert in der Schrift „Mysterium Magnum" (1,2): „Wenn ich betrachte, was Gott ist, so sage ich: Er ist das Eine gegenüber der Kreatur, als ein ewiges Nichts, Er hat weder Grund, Anfang noch Stätte; und besitzt nichts als nur sich selber."

Im Hintergrund steht hier neben der neuplatonischen Auffassung die jüdische Theosophie, die sogenannte *Kabbala*. Das Ende des abendländischen Mittelalters, zunehmende Verfolgung der Juden und namentlich die Ausweisung der Juden aus Spanien 1492 hatten zu einer großen Verbreitung kabbalistischer Schriften in Mittel- und Westeuropa beigetragen. Humanisten studierten und übersetzten sie, ja ließen sie zu einem Modethema werden. Unter *christlicher Kabbala* versteht man vor allem jene Bewegung, die seit dem 15. und 16. Jahrhundert in christlichen Kreisen darauf aus war, den Glauben nach kabbalistischen Prinzipien zu interpretieren, mehr noch: ihn als den eigentlichen, geheimen Sinn der Lehren der Kabbala nachzuweisen. Man glaubte in jenen Zirkeln, zu denen Böhme Kontakt hatte, in der Kabbala die verlorene Uroffenbarung der Menschheit wiedergefunden zu haben, aus der heraus die Geheimnisse des christlichen Glaubens tiefer begriffen werden könnten. Grundlage für jedes Verstehen der Kabbala ist aber die Lehre vom absoluten und vom relativen Universum. Die Gottheit ist absolutes Universum, das dem relativen Universum gegenübersteht. Das Absolute ist das Nichts, das gleichwohl eine fundamentale Offenständigkeit besitzt. Böhme nennt es den „Ungrund"; erst jenseits von ihm bildet sich der Urgrund des relativen Universums.

Das Verhältnis zwischen Ungrund und Urgrund definiert Böhme als mittelbares. Aber was zwischen der unfassbaren Gottheit des Ungrundes und der göttlichen Offenbarung als dem Urgrund vermittelt, das ist bei diesem neuzeitlichen Mystiker nicht ein intellektuelles Element, sondern der *Wille*. In ihm gibt die „ungründige" Gottheit sich willentlich selbst Gestalt im Sinne von Eingrenzung. Über den unauslotbaren Tiefen des göttlichen Ungrunds hat sich der theosophischen Spekulation zufolge ein Wollen zu sich selbst geregt. Dieses Wollen bezeichnet Böhme als „Sucht": Das göttliche „Nichts" drängt in dunkler Sehnsucht nach einem „Etwas". Solche Sucht ist der Ursprung des Urgrundes: Erst durch sie erscheint aus dem Ungrund der Wille zum Etwas, beginnt aus Gottes „Unbewusstem" so etwas wie Gottes „Selbstbewusstsein" zu keimen.

Der in diesem Sinn denkende und auch sprechende Wille, der das „erste Prinzip" darstellt, bringt wiederum das Gesprochene als den „gefassten Willen" hervor: das „zweite Prinzip". Spricht also die Sucht des Ungrundes willentlich das Wort, den *logos*, so vollendet die Bewegung zwischen dem Sprechenden und dem Gesprochenen schließlich das Selbstbewusstwerden der Gottheit im „dritten Prinzip". Anders ausgedrückt: Die Finsternis als das erste Prinzip steht in der Sucht, die das Licht sucht und will; dieser Wille der Finsternis zum Licht gebiert das Licht als zweites Prinzip. Das dritte Prinzip aber steht in der Anschauung der bewegenden Spannung zwischen dem abgründig Finsteren und dem Lichten. So vollendet das dritte Prinzip das Werden der Gottheit.

Gott der Vater findet sozusagen im „gefassten Willen", nämlich in der Person des Sohnes, zu sich selbst. Der Sohn als das Wort aber wird der Urgrund und Ausgangspunkt aller Seins. Das Bewegungsmoment des göttlichen Willens nennt Böhme die immerwährende göttliche Geburt. Der Wille selbst ist laut Böhme größer als die Sucht, aus der er kommt, weil er aus der in sich ruhenden Gottheit hinüberwirkt in die sich offenbarende Gottnatur. In der treten alle innergöttlichen Bewegungen als die drei göttlichen Personen in Erscheinung. Erfasst sich der Vater im Sohn selbst, so ist der Geist das Symbol für jenen Bewegungsprozess, der sich aus der Spannung zwischen der ewigen göttlichen Person des Vaters mit der des Sohnes ergibt.

Böhme bezeichnet den Heiligen Geist auch als die ewige Weisheit. Da Gott die eigene Anschauung will, verhält sich der Heilige Geist zu den „ungründigen" Tiefen Gottes wie ein Spiegel, in dem alles Wissen um den göttlichen Ungrund und Grund reflektiert wird. Auch spiegelt sich im Geist die innergöttliche Unterscheidung als die erste Widerwärtigkeit zwischen dem Nichts und der Fülle des Seins. In der hellen Gottesschau empfängt der Geist Weisheit als eine allmächtige und allschaffende Kraft. So rundet er den Kreis des göttlichen Mysteriums, denn er schaut zugleich die Finsternis des Ungrundes und das Licht des Urgrundes.

Im Menschen ist dies göttliche Mysterium am Wirken. Böhme interessiert, „was für ein Mensch in uns sei, der der Gottheit ähnlich und fähig sei"[205]. Der Glaube ist laut Böhme „der eröffnete Geist Gottes in dem innern Grunde der Seelen". Indes – der „Abgrund der Natur und Kreatur ist Gott selber"; und dieser „innerste Grund ist ein Funke des ausgeflossenen Willens Gottes"[206]. Den göttlichen Seelenfunken kennt Böhme also wie seine mystischen Vorgänger, nur deutet er ihn weniger als Substanz denn als Willen. Christus und sein Kreuz verwandeln in der Seele des Glaubenden die finstere Spiegelung des Ungrunds, die „Angst-Qual", in die „ewige Licht-Welt, welche die ewige Freude gebiert".

Böhmes mystische Ausdeutung des christlichen Glaubens hat für sich den betonten Erfahrungsbezug: Ohne existenziell-wirkliche Wiedergeburt des inneren Menschen keine Seligkeit! Doch als mystische Spekulation steht sie in der Gefahr, die subjektive Erfahrung in objektiven Prozessen des Göttlichen zu verorten – und dabei den Menschen nach seinem innersten Wesen zu vergöttlichen.

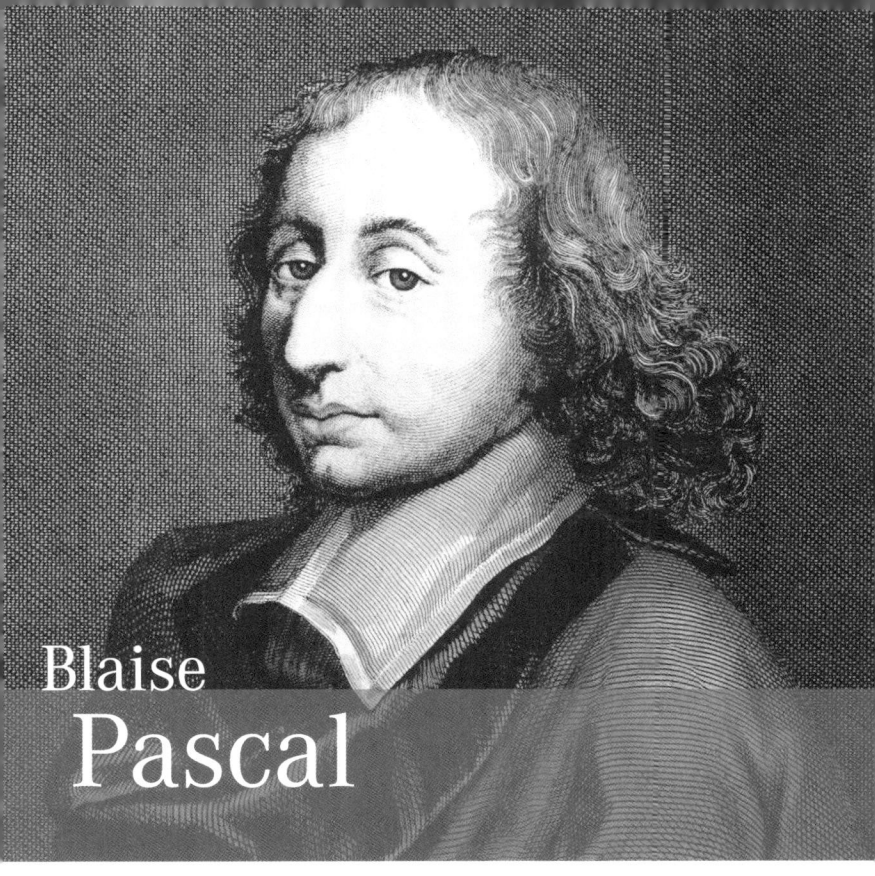

Blaise
Pascal

Bereits im Kleinkindalter hatte Blaise Pascal (1623–1662)[207] die Mutter verloren. Immerhin zog der wohlhabende, dem französischen Amtsadel entstammende Vater das kränkelnde Kind fürsorglich auf. Den Sohn führte er wegen dessen hervortretender mathematischer Begabung schon mit zwölf Jahren in Pariser Gelehrten- und Literatenzirkel ein. In diesen Kreisen beeindruckte Blaise dann als 16-Jähriger mit einer Arbeit über Kegelschnitte. Wenige Jahre später fiel er durch den Bau einer Rechenmaschine auf. Tatsächlich sollte er ein berühmter Mathematiker werden.

Als er 23 Jahre alt war, bekehrte er sich mit seinem Vater und den beiden Schwestern zu einer intensiven Frömmigkeit im Sinne der Lehren des holländischen Reformbischofs Cornelius Jansen. Fünf Jahre später starb sein Vater; von da an führte er ein selbstständiges Leben in kulturell hochstehenden, zum Teil freidenkerischen Kreisen. Diskussionen über die Gewinnchancen im Glücksspiel – einem typisch adeligen Zeitvertreib – führten ihn 1653 dazu, sich der Wahrscheinlichkeitsrechnung zuzuwenden, die er immer erfolgreicher vorantrieb.

Am 23. November 1654 hatte er um Mitternacht ein mystisches Erweckungserlebnis, das er unmittelbar danach auf einem Blatt Papier als sogenanntes „Mémorial" festzuhalten versuchte. Man fand es nach seinem Tod in seinem Rock eingenäht. Darin heißt es unter der Überschrift „Feuer": „Gott Abrahams, Gott Isaaks, Gott Jakobs, nicht der Philosophen und Gelehrten. Gewissheit, Gewissheit, Empfinden: Freude, Friede. Gott Jesu Christi... Vergessen der Welt und von allem außer Gott. Einzig auf den Wegen, die das Evangelium lehrt, ist er zu finden." Der mystische Text preist die „Größe der menschlichen Seele" und zeugt von „Freude, Freude, Freude und Tränen der Freude". Er zitiert aus dem Johannesevangelium: „Gerechter Vater, die Welt kennt dich nicht; ich aber kenne dich" (17,25). Und Jesus Christus beschwörend fährt er fort: „Ich habe mich von ihm getrennt, ich habe ihn geflohen, mich losgesagt von ihm, ihn gekreuzigt. Möge ich nie von ihm geschieden sein! Nur auf den Wegen, die das Evangelium lehrt, kann man ihn bewahren..."

Seit jener Nacht zog sich Blaise Pascal aus der Pariser Gesellschaft zurück, um völlig seiner Frömmigkeit zu leben. Einzig mit ein paar jansenistischen Theologen verkehrte er, die sich im Umkreis des Klosters Port-Royal des Champs niedergelassen hatten. Gelegentlich trieb er weiter Mathematik, widmete sich aber auch den Auseinandersetzungen zwischen Jesuiten und den rigoroseren Janseniten. Nach mancherlei mit großem Erfolg verfassten Schriften begann er im Alter von 33 Jahren eine umfangreiche Verteidigungsschrift für die christliche Religion zu erarbeiten. Doch immer öfter belasteten Krankheitsphasen sein Leben, und die geplante Schrift konnte nicht mehr vollendet werden. Im August 1662 erkrankte er besonders schwer und ließ seinen ansehnlichen Hausstand zugunsten mildtätiger Zwecke verkaufen. Bald darauf starb er – noch keine vierzig Jahre alt. Seine Totenmaske zeigt ein Lächeln, das darauf hindeutet, dass er von einem Frieden wusste, dem Krankheit und Tod nichts anhaben können.

1670 gaben jansenistische Freunde seine auf rund tausend gebündelten Zetteln festgehaltenen Notizen und Fragmente unter dem Titel „Gedanken über die Religion und andere Themen" heraus. Diese „Pensées"[208] sollten nach dem Willen ihres Autors zweigeteilt sein und zunächst das „Elend des Menschen ohne Gott" und dann die „Glückseligkeit des Menschen mit Gott" beleuchten. Spätere Forschung konnte die einzelnen Kapitel immer besser rekonstruierten: Sie zeichnen zunächst unter den Überschriften wie „Eitelkeit", „Elend", „Langeweile", „Gegensätze" oder „Zerstreuung" ein sehr kritisches Bild der menschlichen Lage; dann wenden sie sich den Philosophien auf der Suche nach dem „höchsten Gut" zu, um schließlich die Auflösung der brillant analysierten Schwierigkeiten der menschlichen Existenz im Christentum zu finden.

Viele philosophische und theologische Beobachtungen des großen Mathematikers und stillen Mystikers am Beginn der Neuzeit muten bis heute höchst modern an. Das gilt beispielsweise für seine These: „Da die Menschen kein Heilmittel gegen den Tod, das Elend, die Unwissenheit finden konnten, sind sie, um sich glücklich zu machen, darauf verfallen, nicht daran zu denken" (Pensées, Nr. 176). Dass der Tod in der abendländischen

Gesellschaft nach wie vor verdrängt bzw. tabuisiert wird, haben Soziologen, Philosophen und Theologen stets untermauert. Zerstreuung – ist das nicht in immer noch zunehmendem Maße ein Hauptprogramm unserer Gesellschaft?[209] Mystische Besinnung könnte hier wirksam gegensteuern.

Schließlich ist es – so Pascal – „für das ganze Leben von Bedeutung zu wissen, ob die Seele sterblich oder unsterblich ist" (Nr. 114). Ließe sich in dieser elementaren Frage nicht sogar an so etwas wie eine Wette denken? Der Wahrscheinlichkeitstheoretiker hat tatsächlich einen berühmt gewordenen Gedankengang hierzu entwickelt: „Angenommen, es sei sicher, dass es Gott gibt oder ihn nicht gibt, und dass es keinen Mittelweg gibt. Für welche Seite werden wir uns entscheiden?" Er überlegt: „Lassen Sie uns ein Spiel spielen, bei dem es zu einer Entscheidung für ‚Kopf oder Zahl' kommt. Mit Vernunft können wir weder das eine noch das andere versichern; mit Vernunft können wir weder das eine noch das andere ausschließen. Verfallen Sie also nicht dem Irrtum, dass hierbei eine richtige Wahl getroffen werden könnte, denn Sie wissen nicht, ob Sie falsch liegen oder schlecht gewählt haben... Sowohl wer sich für ‚Kopf' entscheidet, als auch wer sich für ‚Zahl' entscheidet, beide liegen falsch: Die Wahrheit kann nicht durch eine Wette entschieden werden, aber es muss gewettet werden. Es gibt keine Freiwilligkeit, Sie müssen sich darauf einlassen. Wenn Sie nicht wetten, dass es Gott gibt, müssen Sie wetten, dass es ihn nicht gibt. Wofür entscheiden Sie sich?" Dann die Schlussfolgerung: „Wägen wir den Verlust dafür ab, dass Sie sich dafür entschieden haben, dass es Gott gibt: Wenn Sie gewinnen, gewinnen Sie alles, wenn Sie verlieren, verlieren Sie nichts. Setzen Sie also ohne zu zögern darauf, dass es ihn gibt" (Nr. 233). Umgekehrt: Die möglichen Gewinner einer Wette auf Gottes Nichtexistenz würden nie von ihrem Gewinn erfahren geschweige denn ernsthaft profitieren.

Pascal ist klug genug, auch das Gegenargument in Rechnung zu stellen, dass im negativen Fall der Atheist wenigstens sein Leben entsprechend genossen habe. Ihm gibt er zu bedenken: Der Einsatz eines bloß endlichen Lebens ist doch allemal lohnend angesichts der möglichen Gewinns eines unendlichen Lebens voller Glück bei Gott. Und was verlöre der Gottesleugner denn tatsächlich? „Sie werden dann treu, ehrlich, demütig, dankbar, wohltätig sein, ein aufrichtiger und wahrer Freund. Wirklich: Sie werden sich nicht in den verpesteten Vergnügungen, in der Ruhmsucht, in Genüssen aufhalten; aber sollten Ihnen dafür keine anderen vergönnt sein? Ich sage Ihnen, Sie werden schon in diesem Leben besser fahren und bei jedem Schritt auf diesem Weg so viel Gewissheit an Gewinn finden und solch ein Nichts in dem, was Sie daran wagen, dass Sie endlich einsehen und zugeben müssen, um etwas Sicheres, Unendliches gewettet zu haben, wofür Sie nichts hergaben."

Der wohl tiefgreifendste Einwand gegen Pascals Wette ist der, dass hier ein rationales Kalkül vorliegt und gerade nicht das, was Gott vom Menschen bekanntlich will: Glauben im Sinne von Vertrauen, das seine Liebe erwidert. Ob solch quasi mathematisches Spekulieren wirklich mit Gottes Belohnung rechnen dürfte? Doch hier wird Pascal in seiner Eigenschaft als Mystiker unterschätzt. Der Text der Wette in seinen *Pensées* endet nämlich mit folgenden Worten: Die Überlegungen stammen „von einem Mann, der zuvor und nachher in die Knie gesunken ist, um diesen Unendlichen und Ungeteilten, dem er sein ganzes Sein unterwirft, zu bitten, er möge sich auch das Ihre unterwerfen, zu Ihrem eigenen Besten und zu seiner Verherrlichung, damit die Macht mit dieser Nichtigkeit in Einklang kommt."

In Einklang sein mit Gott selbst – das ist das Ziel des christlichen Mystikers, der hier durchaus Farben einer personalen Du-Beziehung zum Göttlichen erkennen lässt. Ein rein rational geartetes Kalkül würde auch nicht mit folgender Aussage Pascals übereinstimmen: „Der letzte Schritt der Vernunft ist die Erkenntnis, daß es eine Unendlichkeit von Dingen gibt, die sie übersteigen. Sie ist nur schwach, wenn sie nicht bis zu dieser Erkenntnis vordringt. Wenn die natürlichen Dinge sie übersteigen – was soll man erst von den übernatürlichen sagen?" (Nr. 55).

Ganz modern mutet nicht zuletzt die Perspektive an, unter der Pascal den Menschen im Weltall verortet. Ein kurzes Leben auf kleinem Raum zu bestimmter Zeit, doch unter einem Sternenhimmel, der sich in unendliche, völlig unbekannte Weiten erstreckt – das erschreckt ihn. Die sichtbare Welt beschreibt er – nicht viel anders als drei Jahrhunderte später Albert Einstein – als eine unendliche Kugel, deren Mittelpunkt überall und deren Peripherie nirgends ist. Und er steht wohl auch noch nahe bei Einstein, wenn er hinzufügt: „Letzten Endes ist sie das größte sinnlich erfassbare Zeichen der Allmacht Gottes." Erkennbar Mystiker aber ist er, wenn er fortfährt: „Unsere Einbildungskraft möge sich in diesen Gedanken verlieren."[210] Die Annahme, dass solche Gedanken hin zu Gott führen dürften, entspricht Pascals Überzeugung, dass das Herz von Natur aus jenes allmächtige Wesen liebt – mag es auch die Möglichkeit haben, sich ihm gegenüber zu verhärten. Dabei ist es „für den Menschen ebenso gefährlich, Gott zu erkennen, ohne sein Elend einzusehen, wie sein Elend einzusehen, ohne Gott zu erkennen."

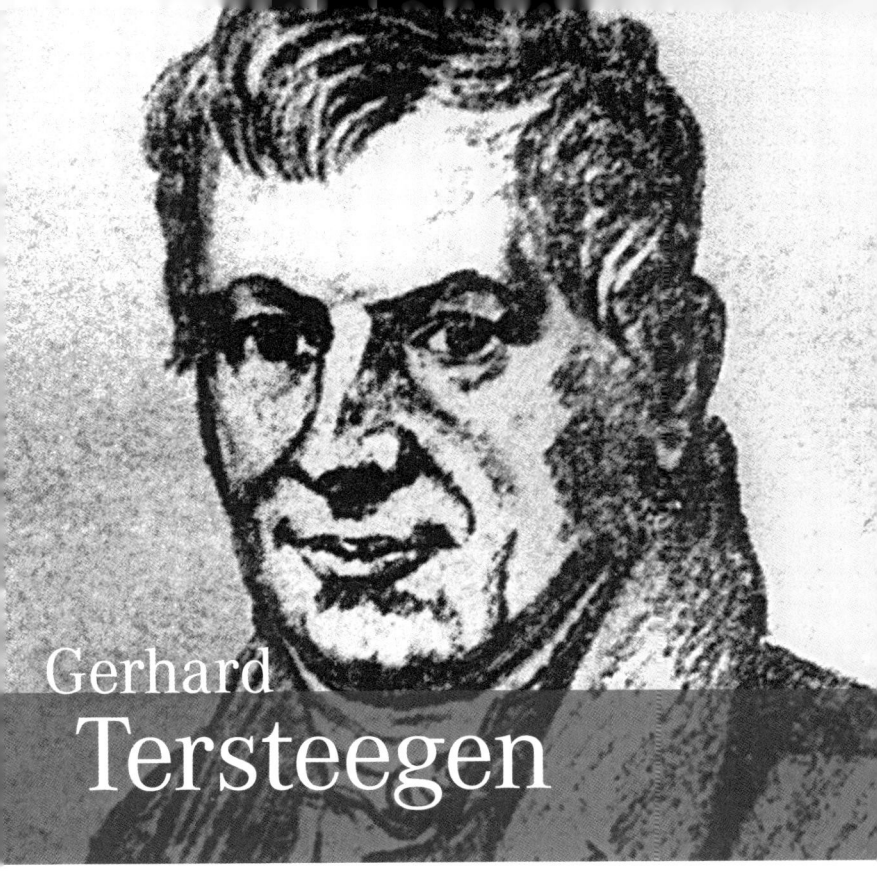

Gerhard
Tersteegen

Ohne Zweifel war Gerhard Tersteegen (1697–1769)[211] einer der bedeutendsten Mystiker, die der Protestantismus hervorgebracht hat. Geboren wurde er als siebtes von acht Kindern in einem von reformierter Frömmigkeit geprägten Elternhaus in Moers. Als der Knabe sechs Jahre alt war, starb sein Vater. Gerhard besuchte die Lateinschule und erwies sich als sehr begabt. Aber ein Studium kam später aus finanziellen Gründen für ihn nicht in Betracht. Der Sechzehnjährige ging daher nach Mülheim zu seinem erfolgreichen Schwager in die Kaufmannslehre, und schließlich versuchte er zwei Jahre lang, ein eigenes Geschäft zu betreiben. Damals machte er die Bekanntschaft Erweckter, die ihm mystische Schriften nahebrachten. Von denen war er so beeindruckt, dass er das Gelesene ins Deutsche übersetzte. Von früh bis spät war er am Werk.

1719 stieg er aus dem ungeliebten Beruf als Kaufmann aus und wurde Seidenbandweber. Das war allerdings eine Tätigkeit, die viel Arbeit bei wenig Lohn bedeutete und in gekrümmter Haltung vor dem Webstuhl zu machen war. Tersteegen lebte zurückgezogen und ärmlich, hatte aber endlich mehr Zeit, sich mit seinen Büchern zu befassen (was allerdings die Lektüre von Werken Jakob Böhmes betraf, so brach er sie entschieden wieder ab). Abends machte er sich oft auf den Weg, Kranke, Arme und Leidende zu besuchen, um mit ihnen das Wenige zu teilen, das er besaß.

Nach Jahren intensiver geistiger Suche machte der Laientheologe am Gründonnerstag 1724 eine pietistische Bekehrungserfahrung. Mit seinem Blut hielt er daraufhin seine „Verschreibung" fest: „Meinem Jesus! Ich verschreibe mich dir, meinem einzigen Heiland…zu deinem völligen und ewigen Eigentum. Ich entsage von Herzen allem Recht und aller Macht über mich selbst. Von diesem Abend an sei dir mein Herz und meine ganze Liebe auf ewig zum schuldigen Dank ergeben und aufgeopfert… Befehle, herrsche und regiere in mir!"[212]

Vier Jahre später gab Tersteegen seinen Beruf ganz auf und lebte bescheiden in einer einfachen Hütte. Bewusst blieb er ehelos. Ihm war klar: „Alle äußeren Dinge kommen mit dem Wesen unserer Seele nicht überein. Man muß wie Pilger wandeln, frei, bloß und wahrlich leer. Viel Sammeln, Halten, Handeln macht unsern Gang nur schwer."[213] Der Autodidakt wirkte als pietistischer Prediger in der protestantischen Erweckungsbewegung: In Scheunen und Schuppen legte er die Bibel aus – oft vor mehreren Hundert Menschen.

Pastoren der evangelischen Landeskirche beschwerten sich schließlich bei der Kirchenleitung über den merkwürdigen Wanderprediger, doch das Konsistorium hatte an seiner Lehre nichts auszusetzen. Immerhin hatte er die Ansicht vertreten, dass die Reformation aufs Jämmerlichste verfallen sei. Als erster Protestant gründete er eine geistliche Bruderschaft – allerdings in dem Bewusstsein: „Die Mystiker machen keine besondere Sekte aus."[214] Reformierte Pastoren waren wegen des Zulaufs zu seinen Erbauungsstunden verstimmt und konnten schließlich bei der Obrigkeit ein Redeverbot für ihn erwirken, das zehn Jahre lang hielt.

Tersteegen verfasste Biografien großer – und zwar katholischer – Christen. In seinem „Kurzen Bericht von der Mystik" (1768) heißt es: „Gesichte, Offenbarungen, Einsprachen, Weissagungen und manche andere außerordentlichen Dinge können zwar einem Mystiker auch ungesucht begegnen, gehören aber so gar nicht zum Wesentlichen der Mystik…"[215] Und weiter: Mystiker „reden wenig, sie tun und sie leiden vieles, sie verleugnen alles, sie beten ohne Unterlass, der geheime Umgang mit Gott ist ihr ganzes Geheimnis." Im engeren Sinn wird Mystik von Tersteegen sodann definiert als „die Erleuchtung, welche der Apostel den Gläubigen noch erbittet (weit unterschieden von der anfänglichen Erleuchtung)."

Für ihn sind Heilig- und Seligsein dasselbe, „nur dass in diesem Leben die Sache stufenweise unter Kreuz und Proben fortgesetzt, in jenem Leben aber in völligem und unwandelbarem Genuss und Glanz erscheinen wird."[216] Beim Begriff der „Heiligung" denkt er an nichts anderes als an die Gleichförmigkeit mit Jesus Christus. Wenn Mystik Ganzheitlichkeit bedeutet, dann hier: „Gott locket mich; nun länger nicht verweilet! / Gott will mich ganz; nun länger nicht geteilet! / Fleisch, Welt, Vernunft, sag immer, was du willt, / meins Gottes Stimm mir mehr als deine gilt."[217] Diese Einstellung bedeutete für ihn allerdings keineswegs Trübsinn oder Griesgrämigkeit; vielmehr betonte er, das menschliche Herz sei von Gott zu nichts anderem geschaffen als zur Freude. Die Glaubensvereinigung mit Christus hat nach seiner Überzeugung ein aufgeräumtes, munteres Gemüt und eine harmonische, friedsame Lebensart zur Folge.

In der Schrift „Weg der Wahrheit" (1750) bietet er seine mystische Glaubenserfahrung im Sinne von „Liebesmystik" anderen Christen als Lebenshilfe an. Dass diese mystische Erfahrung gefühlsbetont war, geht beispielsweise hervor aus dem Liedtext „Ich bete an die Macht der Liebe", in dem es heißt: „Ich fühl's, Du bist's, Dich muß ich haben, / Ich fühl's, ich muß für Dich nur sein; / Nicht im Geschöpf, nicht in den Gaben, / Mein Ruhplatz ist in Dir allein. / Hier ist die Ruh, hier ist Vergnügen; / Drum folg ich Deinen selgen Zügen."

Mit seinen Predigten gelang es Tersteegen, viele Menschen innerlich aufzubauen und aufzurichten. Die Zahl seiner oft seelsorgerlichen Briefe ging in die Tausende. 1746 erwarb er in Mülheim ein Wohnhaus, das heute als Tersteegen-Haus in der Treinerstraße ein Heimatmuseum beherbergt. Er wirkte in ganzheitlichem Sinne auch als Laienarzt und verteilte an Bedürftige kostenlos Heilmittel, die er eigens mixte. Bereits 1729 hatte er unter dem Titel „Geistliches Blumengärtlein inniger Seelen" Abhandlungen und Sinnsprüche veröffentlicht, aber auch Lieder, die zum Teil noch heute Gemeingut in evangelischen Gemeinden sind. Insgesamt sind über hundert Lieder aus seiner Feder überliefert. Immer wieder kommt in ihnen seine mystische Spiritualität zum Ausdruck, etwa wenn er formuliert: „O Geist, o Strom, der uns vom Sohne / eröffnet und kristallenrein / aus Gottes und des Lammes Throne / nun quillt in stille Herzen ein: / Ich öffne meinen Mund und sinke / hin zu der Quelle, dass ich

trinke!"[218] Bis ins Alter lebte Tersteegen seinen Glauben mit In-
brunst, aber immer mehr zurückgezogen.

Seine Schriften fanden schon zu Lebzeiten, aber auch nach
seinem Tod weite Verbreitung. So fragten russische Soldaten
1812 am Niederrhein nach Tersteegens Grab; sein Gedicht „Ich
bete an die Macht der Liebe" hatte durch die Vertonung eines
russischen Komponisten die Menschen dort ergriffen – schon
bevor Friedrich Wilhelm III. es zum Abendgebet des preu-
ßischen Heeres machte und es schließlich Bestandteil des Großen Zapfenstreichs deutscher Soldaten wurde.

Das Evangelische Gesangbuch enthält heute acht seiner
Lieder, darunter „Gott ist gegenwärtig" (Nr. 165), in dem sich tiefe mystische Empfindung kundtut: „Luft, die alles füllet, drin
wir immer schweben, / aller Dinge Grund und Leben / Meer
ohn' Grund und Ende, Wunder aller Wunder, / ich senk mich in
dich hinunter." Und: „Du durchdringest alles; lass dein schöns-
tes Lichte, / Herr, berühren mein Gesichte! / Wie die zarten Blumen willig sich entfalten / und der Sonne stille halten, / lass
mich so still und froh / deine Strahlen fassen / und dich wirken
lassen!"

Im katholischen „Gotteslob" findet sich das Lied „Jauchzet,
ihr Himmel" (Nr. 144). Mit diesem ökumenischen Erbe bestätigt
sich Tersteegens Überzeugung, dass christliche Mystik ihre Le-
benswelt in allen Konfessionen hat.

Friedrich
Schleiermacher

Geprägt vom Zeitgeist der Romantik, ließ der junge protestantische Theologe und Philosoph Friedrich Daniel Ernst Schleiermacher (1768–1834)[219] bereits in den berühmten Reden „Über die Religion" seine mystische Ader erkennen. Unter „Religion" verstand der Sohn eines reformierten Feldpredigers die spirituelle Anschauung des Unendlichen im Endlichen. Durch Religion wird demnach die Subjekt-Objekt-Spaltung zwischen Wahrnehmendem und Wahrgenommenem überwunden. Zugleich betrachtete Schleiermacher sie als „ein ins Unendliche fortgehendes Werk des Weltgeistes".[220] Diesen „Weltgeist zu lieben und freudig seinem Wirken zuzuschauen, das ist das Ziel unserer Religion…"[221]

Als auch dank seines Einsatzes 1810 die Friedrich-Wilhelms-Universität zu Berlin gegründet wurde, wirkte er dort bis zu seinem Lebensende als ordentlicher Professor. Mit seiner „Glaubenslehre" wurde er gewissermaßen zu einem „Kirchenvater" der modernen protestantischen Theologie. Seine Philosophie und Theologie formte er in bewusstem und konsequentem Anschluss an Kant.[222] Dessen Vernunftkritik an spekulativen, metaphysisch-religiösen Aussagen ließ er gelten, indem er für die Religion das Gefühl reklamierte und ihr damit ein selbstständiges Recht neben dem Denken zuerkannte. So war seine Mystik charakterisiert durch jene gefühlsmäßige Verbindung mit der Unendlichkeit des Göttlichen, wie sie später Emil Brunner in der Schleiermacher-Studie „Die Mystik und das Wort"[223] kritisch unter die Lupe genommen hat.

Unter „Mystik" ist bei Schleiermacher die Erfahrung[224] der Erlösung zu verstehen – und zwar im Sinne jenes „schlechthinnigen Abhängigkeitsgefühls", in dem sich die Zugehörigkeit des menschlichen Geistes zum Geist des absoluten Einen zeigt.[225] Hier schimmert deutlich das bekannte Schema eines monistischen Spiritualismus durch: „Alle Verschiedenheiten des Geistes sind vielmehr zu denken als bloße Abstufungen in der Erscheinung desselben einheitlichen Prinzips ‚Geist'."[226] Welches Geistverständnis aber ist bei Schleiermacher leitend? Gewiss nicht nur ein individualistisches! Für ihn als Theologen war der Ansatz im „christlichen Selbstbewusstsein" kennzeichnend, also keineswegs im frommen Bewusstsein eines Einzelnen für sich, sondern in dem des unendlichen Geistes. Im Einzelmenschen sah er es immer bloß so weit rein zum Ausdruck kommen, als der selber eins wird mit dem „Gemeingeist der

Kirche". Diesen aber verstand er als den göttlichen, den Heiligen Geist, der nicht nur im Einzelnen und im Gesamtorganismus der Kirche, sondern im ganzen Kosmos wirkt. Frömmigkeit erscheint als die subjektive Seite des unendlichen Geistes, dessen objektive Seite in der philosophierenden Vernunft zum Ausdruck kommt.

Der Theologe und Mystiker Schleiermacher unterscheidet ein sinnliches Selbstbewusstsein vom höheren bzw. höchsten Selbstbewusstsein, das immer zugleich mit jenem gegeben ist. Nennt man das höhere Selbstbewusstsein im Unterschied zum sinnlichen das „übersinnliche", dann bedeutet dies bei Schleiermacher das Selbstbewusstsein außerhalb der Sinneskategorien von Raum und Zeit. Tatsächlich kann er von der Art und Möglichkeit des höheren Selbstbewusstseins reden, zeitlich zu werden und zur Erscheinung zu kommen. Im „Übersinnlichen" ist das Bewusstsein vollendet. Dies höhere Selbstbewusstsein ist Schleiermacher zufolge der sinnlichen Anschauung entzogen – und eben deshalb nur im Gefühl zugänglich. Von daher versteht er unter Frömmigkeit weder ein Wissen noch ein Tun, sondern „eine Neigung und Bestimmtheit des Gefühls".[227]

Im Horizont dieses Geistverständnisses siedelt sich auch Schleiermachers Lehre von Christus an. Ist der absolute Geist das Prinzip sowohl der Kirche als auch des Kosmos, so erstaunt es wenig, dass die Menschwerdung des Gottessohnes in solch monistischer Perspektive als etwas Natürliches erscheint. Schleiermacher erklärt: „Das heißt zuerst, in der menschlichen Natur muß, so gewiß als Christus ein Mensch war, die Möglichkeit liegen das Göttliche, so wie es in Christo gedacht wird, in sich aufzunehmen. Denn alles Wirkliche muß möglich sein. Der Gedanke, die Offenbarung in Christo auch in dieser Hinsicht als etwas schlechthin übernatürliches anzusehn, scheint in keiner Hinsicht nothwendig…"[228] Schleiermacher lehnt die Annahme ab, es sei auf göttliche Willkür zurückzuführen, dass das Göttliche gerade in Jesus und in keinem anderen in vollkommener Weise erschienen ist. Das Offenbarungsgeschehen sei vielmehr als ein natürlicher Fortschritt zu verstehen: Christi Erscheinen ist „eine Wirkung der in der menschlichen Natur liegenden Entwiklungskraft, welche nach uns verborgenen aber göttlich geordneten Gesezen in einzelnen Menschen an einzelnen Punkten hervortritt, um durch sie die übrigen weiter zu fördern."[229] Gleichzeitig steht für Schleiermacher die Fähigkeit der menschlichen Natur fest, das heilende, wiederherstellende Göttliche in sich aufzunehmen. Diese Möglichkeit wiederum setzt für ihn voraus, dass ihre mystische Realisierung ein göttlicher, ewiger Akt sein muss.

Und so hat nach Schleiermacher die „wahre Kirche" bereits im Heidentum und im Judentum ihre Anteile gehabt.[230] Die Erlösung ist als solche nicht von Gott „geordnet". Vielmehr bedeutet „die Erscheinung Christi nichts anders als die vollendete Schöpfung der menschlichen Natur."[231] Göttlicher Impuls und natürliche Höchstentwicklung fallen Schleiermachers mystischer Gesamtperspektive zufolge in Christus letztlich in eins.

Adolf Schlatter hat treffend erklärt, Christus wirke bei Schleiermacher als „Glaubensmotiv", nicht aber als „Glaubensobjekt".[232] Der göttliche Geist bringe das Bild des Erlösers zu allen Zeiten in den Menschen immer wieder neu hervor, so Schleiermacher.[233] Zwar spricht er gern von der „Gemeinschaft mit Christus"; doch das darf nicht darüber hinwegtäuschen, dass damit keine personale Liebesmystik gemeint ist, sondern die Vereinigung mit einem spirituellen Impuls. Dementsprechend kann Schleiermacher mit der göttlichen Person Christi im Sinne des *logos* als zweiter Person der Gottheit im Grunde nichts anfangen. Was sie betrifft, so verweist er auf die Trinitätslehre;[234] die aber folgt erst ganz am Schluss seiner Dogmatik und steht – wiederum dank

Kants Einfluss – unter dem Vorbehalt, nicht den gleichen Wert wie die übrigen Glaubenslehren zu haben.[235]

Seither zieht sich von Schleiermacher herkommend ein Strom mystisch gespeister Theologie durch das moderne Christentum, der ähnlich viel von neuplatonischer und kantianischer Denkweise wie von Paulus und der Reformation in sich aufgenommen und all dies zu einer neuartigen Perspektive vereint hat. Tatsächlich kann man mit Schlatter zugespitzt formulieren: „Schleiermacher verkündet kantisches Christentum oder christlichen Kantianismus."[236] Und mit Karl Barth lässt sich sagen, dass Schleiermacher mit seinem Konzept „die entscheidende Voraussetzung aller christlichen Theologie in Frage stellte in einer Weise, wie es seit den Tagen der alten Gnosis vielleicht nicht wieder geschehen war…"[237] So bestätigt Schleiermacher die These, dass Mystik nicht gleich Mystik ist und in dieser Hinsicht bereits auf dem Boden des Christentums selbst grundlegende Unterscheidungen unerlässlich sind.

Sören
Kierkegaard

D er protestantische Theologe und Philosoph Sören Aabye Kierkegaard (1813–1855)[238] war der Sohn eines wohlhabenden
und strengreligiösen Wollwarenhändlers in Dänemark. Der
Nachlass des früh verstorbenen Vaters sicherte ihm seine wirt-
schaftliche Existenz. Just als das Erbe aufgezehrt war, endete
auch sein Leben – mit erst 42 Jahren. Noch auf dem Sterbebett
aber war ihm etwas von der Glaubensfreude abzuspüren, die ihn
selbst angesichts des Todes einen Anflug von Humor beweisen
ließ. Er äußerte das Gefühl, ein Engel zu werden und Flügel zu

bekommen; dann sagte er, bald werde er „rittlings sitzen auf der Wolke" und „Halleluja, Halleluja, Halleluja" singen. Hatte er da nicht etwas von Hans im Glück an sich – er, der wenige Wochen zuvor auf dem Weg zum Abheben seines allerletzten Guthabens von der Bank zusammengebrochen und ins Krankenhaus gekommen war? Bei seiner Beerdigung freilich konnte der Kopenhagener Dom die Menge der Menschen nicht fassen, die dem großen „Narren in Christus" noch einmal die ihm oft so schmerzhaft vorenthaltene Ehre erweisen wollten: Zum Entsetzen der reichen Bürgerschaft hatten die einfachen Leute in Kierkegaard einen der Ihren erkannt und gaben ihm letztes Geleit.

Im Tiefsten seiner Seele hatte sich Kierkegaard nach vollkommener Freude gesehnt. Und er hatte geahnt, dass sie hier auf Erden nur auf mystischem Wege empfunden werden kann. Mit all seinen Kräften begab er sich darum auf einen entsprechenden Weg, an dessen Beginn er notierte: „Wenn nun eines Menschen Sorge auf das Himmlische gerichtet wäre, wenn das, wonach er strebte, Vergleich und Frieden mit Gott wäre,…und Gott nun, indem dieser Mensch die Verbindung mit der Gemeinschaft suchte, die von einer Vergebung der Sünden zeugt, ihm das Zeugnis des Geistes gäbe auch von der Vergebung seiner Sünden: müsste dann nicht ein neues Leben ihn durchströmen, müsste dann nicht die Freude Wohnung in ihm nehmen, so daß er in all seiner Sorge doch sagen müsste: Ich…besitze doch eine Freude, die ebenso hoch über aller Sorge ist, die wie der Himmel über der Erde ist, und wenn auch die Erde sich auftäte, um mich zu verschlingen, so sehe ich doch den Himmel offen, um mich zu empfangen."[239]

Kierkegaard beschreibt hier die vollkommene christliche Freude in dem Bewusstsein, dass sie bereits in diesem Leben „in uns" sein kann. Und er hält fest, dass viele Menschen in ihrer Eitelkeit bloß die irdische Freude wählen, während sie die christliche Freude nicht heiligen und pflegen – schließlich verschwindet die

Möglichkeit zu letzterer aus ihrem geistigen Horizont. Vermutlich hing indessen bereits Kierkegaards Weg der Entsagung, den er hinsichtlich des irdischen Glücks mit seiner Verlobten ging, indem er die Verlobung wieder löste,[240] mit seinem Streben nach Heiligung, nach vollkommener Freude zusammen.

Das Hereinragen dieser mystischen Freude in die irdische Existenz kann – so ist dem Theologen Kierkegaard klar – nur dort zum gefühlten Ereignis werden, wo das irdische Ich von oben her gleichsam getötet und zum ewigen Leben erweckt worden ist. Das aber ist nichts, was der Mensch von Natur aus erstreben oder gar erzwingen kann. Im Gegenteil! In einer Predigt formuliert Kierkegaard: „Solange er vermag, flüchtet der Sünder, entzieht sich – solange er vermag – diesem Gang in den Tod, dieser Begegnung mit dem Licht, erfinderisch in listig entweichender Entschuldigung und Ausflucht und Täuschung und Beschönigung."[241] Wo hingegen die Entscheidung positiv, also für den Glauben ausfällt, dort liegt bereits ein Glaubensakt vor: Ihn verdankt das Selbstbewusstsein jener göttlichen Macht, von welcher es sich ursprünglich gesetzt weiß.

Was aber ist christlicher Glaube für Kierkegaard anderes als „Einübung" ins Glauben, was Christsein anderes als „Christwerden"? Denn weder als Glaubender noch als Mystiker ist ja der Mensch, ist sein Selbstbewusstsein himmlischer Vollendung teilhaftig, vielmehr außerstande, sich selbst zu einem Ewigen umzubilden. Diese Entfremdung hält lebenslänglich an. Und gerade das unvollkommene Verhältnis von Selbst und Gott im Glaubenden bleibt für Kierkegaard das Bedrückende: „Leiden ist eben der Ausdruck für das Gottesverhältnis, das religiöse Leiden nämlich, das das Kennzeichen des Gottesverhältnisses ist und Kennzeichen dessen, dass er nicht dadurch glückselig gemacht worden ist, dass er von dem Verhältnis zu einem absoluten Ziel entbunden wurde."[242] Solches Noch-nicht-am-Ziel-Sein des Glaubens hindert das Durchhalten vollkommener Freude. Bereits in seiner Dissertation über den Begriff der Ironie hatte Kierkegaard davor gewarnt, „das Vollkommene schon vor der Zeit haben zu wollen."[243] Später indes begreift er, dass des Menschen „höchste Vollkommenheit" weder das Erklimmen einer ethischen Stufenleiter noch das einer mystischen Stufenleiter voraussetzt, sondern einfach darin besteht, Gott zu brauchen.[244] Heiliger Schmerz über das irdisch unvollkommen Bleibende ist wesentlicher Ausdruck für das Gottesverhältnis – freilich Ausdruck einer mystischen Beziehung! Darum schließen solcher Schmerz und vollkommene Freude einander keineswegs aus. Theologisch formuliert: Sünden- oder Entfremdungsbewusstsein und Gerechtfertigtsein vor Gott sind dank Jesus Christus kein Widerspruch mehr.

Das zeigt sich bei Kierkegaard etwa dort, wo er gegenüber dem „ewigen Erinnern der Schuld" des anfänglich religiösen Menschen in der schon zitierten Predigt das „unendliche Vergessen" dank der christlichen Sündenvergebung zur Sprache bringt: „Wenn die Strafgerechtigkeit auf Erden hier oder dorten im Gericht die Stätte sucht, da ich Sünder stehe mit aller meiner Schuld, mit meinen vielen Sünden – dann trifft sie nicht auf mich; ich stehe nicht mehr an dieser Stätte; ich habe sie verlassen; ein anderer steht an meiner Statt, ein anderer, der ganz sich setzt an meine Statt... Dank sei dir dafür, Herr Jesus Christ!"[245] Solcher Dank und Lobpreis aber ist der Quellgrund christlicher Freude und christlicher Mystik in einem, nämlich der „Freude, die gesiegt hat über die Welt."[246]

Wenige Tage vor seinem Zusammenbruch hatte Kierkegaard in seinem Tagebuch einen tief mystischen Gedanken festgehalten: Nur Menschen, die noch dann, wenn bitteres Schicksal sie zum höchsten Grad von Lebensüberdruss geführt hat, „durch den Beistand der Gnade festhalten können, daß...Gott Liebe sei: nur diese sind reif für die Ewigkeit."[247] Nur solche Reifen, könnte man hinzufügen, sind mögliche Zeugen jener vollkommenen Freude, die sich von Erdenleid nicht mehr verdrängen lässt. Wie anders sollte auch eine Freude vollkommen sein, als wenn sie sich dem Glauben an den Vollkommenen, an den Gott der Liebe verdankt!

Das aber macht die Differenz zwischen der praktisch-mystischen Existenz eines Christenmenschen und anderen Menschen aus: „Christlich ist ein jeder Mensch (der Einzelne), unbedingt ein jeder Mensch, noch einmal, unbedingt ein jeder Mensch Gott gleich nahe; und wieso nahe und gleich nahe? Geliebt von ihm … Der Unterschied ist: der eine bedenkt, dass er geliebt ist, vielleicht tagaus, vielleicht siebzig Jahre lang tagaus tagein, vielleicht mit einer einzigen Sehnsucht, nach der Ewigkeit, um recht anfangen und fortfahren zu können, er ergeht sich in dem seligen Geschäft, dass er bedenkt, er sei – ach, und nicht um seiner Tugend willen! – er sei geliebt; der andere denkt vielleicht nicht daran, dass er geliebt ist, vielleicht vergeht Jahr um Jahr und Tag für Tag, und er denkt nicht daran, dass er geliebt ist …"[248]

Wie deutlich gehen doch bei Kierkegaard tiefe Erkenntnis und tiefes Empfinden Hand in Hand! Wenn der Dogmatiker Werner Elert 1912 gemeint hat, die Mystik Kierkegaards komme nicht aus „frommem Gefühl", sondern aus „abstrahierender Spinnenarbeit",[249] so hat er den großen Dänen gründlich verkannt. Dabei hat Kierkegaard das Phänomen „Mystik" durchaus kritisch sehen können: In seinem Werk „Entweder – Oder" geißelte er die „Weichheit und Schwäche" des Mystikers, ferner dessen Neigung zum Rückzug von der Welt, ja sogar eine gewisse „Zudringlichkeit" im Verhältnis zu Gott.[250] Der Fehler des Mystikers liege vor allem darin, sich selbst nur abstrakt, nur in seiner Beziehung zum Ewigen zu verstehen. Aber Kierkegaard formulierte solche Kritik nicht, ohne zugleich das mystische Anliegen grundsätzlich zu würdigen. Es war ihm wahrhaftig nicht fremd.

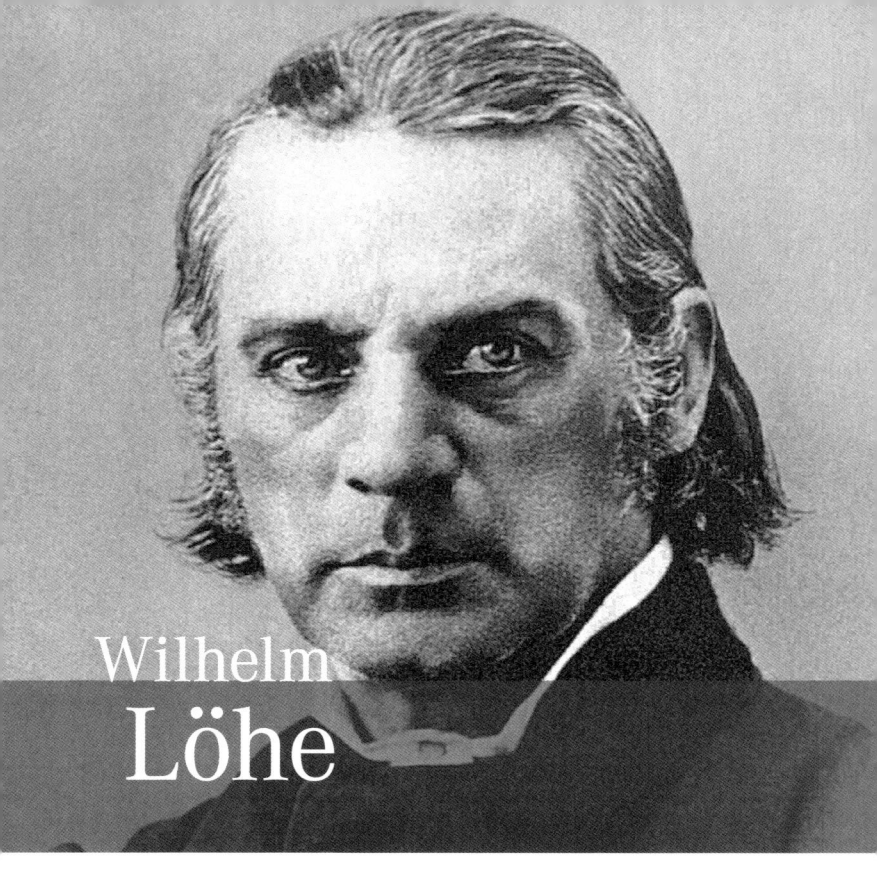

Wilhelm Löhe

Gewiss war Wilhelm Löhe (1808–1872)[251] kein Mystiker im engeren Sinn des Begriffs. Man pflegt den fränkischen Geistlichen – wenn überhaupt – zu kennen als Gründervater der Neuendettelsauer Diakonie und der Gesellschaft für Innere und Äußere Mission. Dass aber dieser eindrucksvolle praktische Theologe ein mystisches Gemüt besaß, dessen fromme Innerlichkeit ohne Zweifel die Kraftquelle für sein extrovertiertes Engagement bildete, hat sich bislang wenig herumgesprochen; in keiner Geschichte der Mystik ist von Löhe die Rede. Dabei konnte sich der protestantische Dorfpfarrer selber einen „elenden Mystiker"[252] nennen! Und auch manche Zeitgenossen wussten um einen mystischen Zug schon des jungen Mannes; allerdings waren die Wenigsten hiervon etwa positiv angetan. Als er bei Schleiermacher in Berlin Theologie studierte, habe – so wird erzählt – den berühmten Professor der durchdringende Blick des fränkischen Studenten ganz irre gemacht. Wenige Jahre später hat dem Berufsanfänger sein entsprechender Ruf, ein „Mystiker" zu sein,[253] frühzeitig Ärger eingetragen – und ist wohl auch dauerhaft mit schuld daran gewesen, dass eine äußerlich glanzvolle Karriere des begabten Theologen nicht zustande kam.

Schon als Knabe hatte Wilhelm Löhe paranormale, von mystischer Tiefe zeugende „Ahnungen"[254] gehabt. So fühlte er von ferne die Sterbestunde seiner Schwester Anna.[255] Den Tod seines damals noch gesunden Vaters sagte er beim Jahreswechsel unter Tränen voraus. Und noch als Vater erwachsener Kinder erfuhr er im Traum von tatsächlichen Krankheitsanfällen der Tochter im Ausland.[256] Doch seine Hellsicht war nicht etwa auf Okkultes ausgerichtet, sondern wie schon bei den Kirchenvätern auf die glückselige Gottesschau: „Zu Deinem Anschaun schreit mein Geist in mir." Ruhe und Frieden strahlte der Dorfpfarrer aus, heilende Kräfte wurden ihm nachgesagt, so dass man sogar Besessene zu ihm brachte.

Seiner Natur nach empfand Löhe sich selbst als „mönchisch". Ganz „weltentrückt"[257] konnte er mitunter dreinblicken. Ihm war bewusst: „Es ist ein Schrei nach Vollendung in mir." Von daher hatte seine Theologie eine deutliche Ausrichtung auf die Ewigkeit hin.[258] Das gilt nicht zuletzt für seine an Luther geschulte Rechtfertigungslehre: Nicht auf enthusiastische Gefühle baute sie, sondern auf die frohe Gewissheit, beim Herrn ewig angenommen zu sein.[259] Dabei war ihm klar: Ein Allein-Sein mit Gott kann nicht im Interesse dessen liegen der aus

Liebe selber Mensch geworden ist. Christliche Spiritualität lässt sich angemessen und tiefgründig nur im Rahmen kirchlicher Gemeinschaft leben.[260] Dabei sah Löhe gerade auch die Kirche betont unter dem Blickwinkel des Ewigen an.[261] Er wusste sich mit seiner Gemeinde eingebettet in die ganze, auch im Himmel präsente Kirche Jesu Christi. So schrieb er 1843, ein halbes Jahr vor dem Tod seiner jungen Frau, in einem Brief: „Ich freue mich der Ewigkeit, ich betrachte alle Lehre der Heiligen Schrift mehr nach ihrem ewigen Inhalt, die Zeit erscheint mir gering, der Tod ist mir ein kurzer, seliger Gang zur Stadt Gottes, zu den Scharen der Engel, zu meinem Jesu, zu den Scharen der vollendeten Gerechten und zu meinen Seligen, die mein jenseits nicht vergessen, wie ich ihrer diesseits nicht vergesse."[262] Für ihn wohnte namentlich aller gottesdienstlichen Liturgie diese mystische Dimension inne, gipfelnd im heiligen Abendmahl, wie folgende Strophe aus seiner Feder deutlich macht:

„Zwar wird im Sacramente nicht geschaut
Der Hort, der uns vom Himmel wird vertraut;
Allein es wird von Menschenmund empfangen,
Was aller sel'gen Augen Trost,
Das ewige Lied der Engel, ihre Lust.
Ihr Geistesaug' und unser Leibesmund,
Sie stehn durch unseres HErren Leib im Bund."[263]

Zur Ehe hat sich Wilhelm Löhe auf der Linie weltbejahender Schöpfungsfrömmigkeit entschlossen.[264] Gleichwohl entsprach es seiner mystischen Natur, nach dem Tod seiner jungen Frau Helene (1819–1843) keine Ehe mehr einzugehen. Auch der Umstand, dass dem Witwer vier kleine Kinder geblieben waren, konnte dieser Entscheidung keinen Abbruch tun. Vielmehr lässt sich sagen: Seine Gattin war seit der Verlobung geradezu lebendiger Bestandteil seiner mystischen Spiritualität, und sie blieb es über ihren frühen Tod hinaus bis zum Ende seines Lebens.

Soviel die Quellen hergeben, lässt sich auch Helene in ihrem lauteren, einfältigen, ebenso tief empfindenden wie fröhlichen Wesen als eine „kleine Mystikerin" bezeichnen. Die frommen Eheleute befruchteten einander in ihrer gelebten Spiritualität kongenial. Dazu trug sicherlich der Umstand bei, dass die beiden geistlich auch insofern eine besondere „Einheit" bilden konnten, als Helene durch Wilhelm Konfirmandenunterricht erhalten hatte und konfirmiert worden war. Als er Jahre später brieflich um ihre Hand anhielt, schrieb sie ihm: „Ich habe mir solche Gedanken nie erlaubt und hätte nie glauben können, daß Ihre Wahl unter so vielen Jungfrauen auf mich, die unwertheste, fallen würde."[265] Schon äußerlich war die demütige junge Frau allerdings keineswegs „unwert": Sie stammte aus dem Geschlecht der namhaften Familie Andreä und war mit ihren braunen Augen, den edlen Gesichtszügen, ihren schwarzen, lockigen Haaren, der schlanken Gestalt und einer sehr schönen Singstimme eine durchaus „liebliche Erscheinung". Vor allem ihrer Seele nach muss sie von entzückendem Wesen gewesen sein, wie die von ihrem Mann lange nach ihrem Tod im Anhang der Schrift „Lebenslauf einer heiligen Magd Gottes aus dem Pfarrstande" veröffentlichten Brautbriefe eindrücklich zeigen. „Der dreieinige Gott vereinige sich immer mehr und inniger mit uns, daß wir beide Gottes Tempel seien, wo Seine Ehre wohnt", heißt es im oben zitierten Verlobungsbrief weiter. Die Ehe wurde in der Tat zu einer so mystisch-frommen Gemeinschaft, wie dieser Satz es verheißen hatte. Der glückliche Gatte erläuterte: „Wir lernen es alle Tage, daß das Leben in der Ehe schöner als der Brautstand sei, daß aber beide, Brautstand und Ehe, ein kleines Stänglein Gerstenzucker sind, das bald abgezullt ist, wenn nicht eine Liebe, die nicht von dieser Welt, die Ehe verklärt und zur heiligen Ehe macht."[266]

Diese heilige Ehe war im doppelten Sinn eine glückliche; es herrschte viel Freude im Hause Löhe. Nicht nur Wilhelms gelegentlich anklingender Humor trug dazu bei, sondern insbesondere auch Helenes frommer Vorsatz, im Geist der göttlichen Liebe Freude auszustrahlen – gemäß der von ihr für die Hochzeitsfeier bestellten Liedstrophe: „Der ewig reiche Gott / Woll uns bei unserm Leben / Ein immer fröhlich Herz / Und edlen Frieden geben…" Wilhelm berichtete rückblickend: „Mein zu schwerem Ernst gestimmtes Herz wurde durch Helene zu einer Heiterkeit erhoben, die mich selbst oft in Verwunderung setzte."[267] Schon als Braut hatte Helene ihm geschrieben, was dann ihr Eheleben nur bestätigen konnte: „Meine größte Freude ist, daß wir beide nur ein Herz haben, und dies eine nur allein an Christus hängt." Die Sanftmut, Demut und Güte dieser tapferen Frau hat Wilhelm Löhe außerordentlich bereichert.

Umso größer der Fall, den ihr Tod nach sechsjährigem Eheglück mit sich brachte! Von bangen Ahnungen erfüllt, hatte Löhe das Jahr 1843 durchlebt, als gegen Ende des Kirchenjahres nach seiner Genesung von einer schweren Grippe Helene von der Krankheit ergriffen wurde und schließlich seufzte: „Laß lieber mich sterben, an mir ist wenig gelegen!" Erst kurz zuvor hatte sie noch am Klavier gesessen und mit ihrer hellen Stimme die Vergänglichkeit besungen: „Der Wind darüber gehet, so sind wir nimmer da…" Ihr Immunsystem war bereits geschwächt gewesen infolge des Todes ihrer besten Freundin sowie ihrer Mutter im selben Jahr. Am Ewigkeitssonntag wurde sie zu Grabe getragen. An ihrem vierten Todestag richtete der Witwer das Wort in Form eines hier in Auszügen zitierten Gedichtes an seine Helene:

„Ich will Dich suchen gehen,
Die ich so lang vermißt.

Ich kann nicht stille stehen,
Seitdem Du gangen bist.

... Ich werde baldig kommen,
Dann klopf' ich bei Dir an;
Dann thu mir auf die Pforte,
Wie Du mir sonst getan.

Führ mich mit holder Liebe
Zu Deinem König hin
Und dann auch zu den Hütten,
Wo ich so selig bin.

... Indessen trag ich innen
Die Wunde blutig roth.
Ich werd vergeblich sinnen
Auf Heilung bis zum Tod."[268]

Man spürt diesem ergreifenden Gedicht ab, dass für Löhe Jesus und Helene die beiden liebsten Namen waren. Was sich hier verwirklicht hat, war Liebesmystik in einer selten gelebten Fülle. An ihrer indirekten Ausstrahlung wärmen sich noch heute viele Menschen in den von Löhe gegründeten Werken.

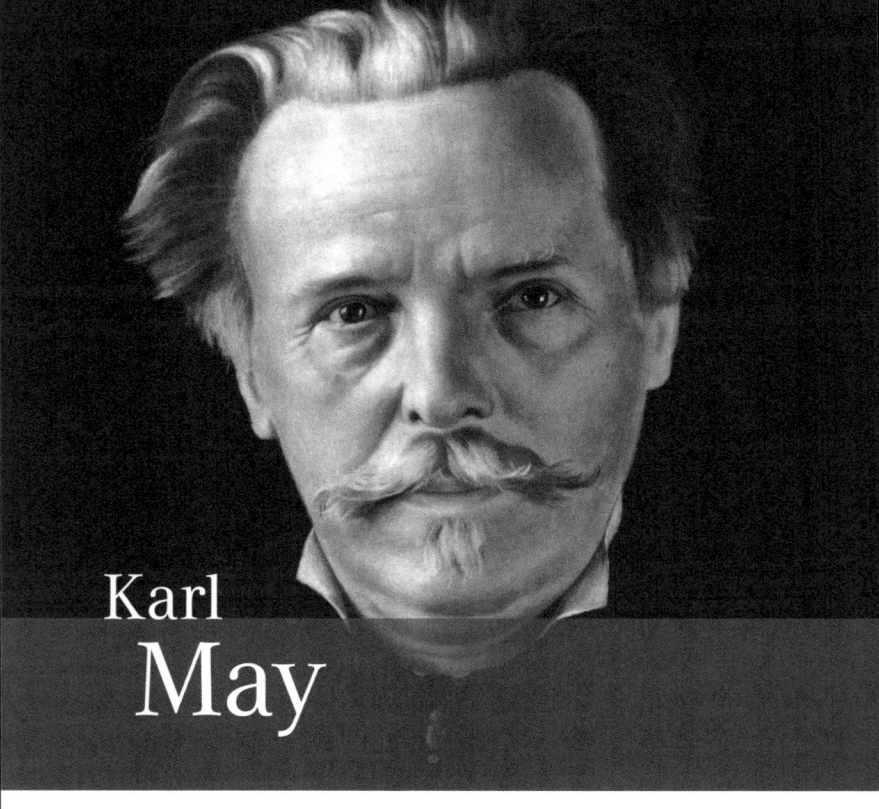

Karl
May

Der auch nach hundert Jahren immer noch meistgelesene deutsche Schriftsteller Karl May (1842–1912)[269] mit einer Gesamtauflage von inzwischen über 100 Millionen Exemplaren allein hierzulande ist allgemein als Verfasser fantastischer Abenteuer- und Reiseerzählungen bekannt. Als „Old Shatterhand" will er den Apachen-Häuptling Winnetou zum Blutsbruder gewonnen haben, als „Kara Ben Nemsi" mit Hadschi Halef Omar durch die Schluchten des Balkan geritten sein. Nur eine Minderheit hat indessen das mystisch inspirierte Alterswerk zur Kenntnis genommen, das einen vergeistigten, der Symbolik zugewandten Schriftsteller von hohem Format zeigt. Der namhafte deutsche Schriftsteller Arno Schmidt hat Karl May mit Blick hierauf in einem Radio-Essay von 1957 als einen der letzten „Großmystiker" bezeichnet.

Die Wandlung vom jungen Kolportage-Schriftsteller, der bereits eine dramatische Biografie von der Erblindung und Heilung im Kindesalter bis hin zum mehrjährigen Gefängnisaufenthalt nach unglücklichem Scheitern des Berufsanfängers hinter sich hatte, zum erfolgreichsten Romanautor deutscher Sprache stellte an sich schon eine höchst bemerkenswerte Karriere dar. Noch eindrucksvoller aber war die Wandlung vom gefeierten Erfolgsschriftsteller zum Mystiker[270] im Zuge seiner ersten großen Reise in den Orient um die Jahrhundertwende: Dort begegnete ihm die ernüchternde Realität seiner Romanschauplätze, und dort holte ihn gleichzeitig die Realität seiner Vergangenheit in Gestalt der Aufdeckung seiner Nichtidentität mit Old Shatterhand alias Kara Ben Nemsi im fernen Deutschland ein. Seine Ehe ging zu Bruch, und zahlreiche Prozesse mit ihn verleumdenden und bekämpfenden Gegnern überschatteten sein letztes Lebensjahrzehnt, das er mit seiner zweiten Ehefrau über weite Strecken zurückgezogen verbrachte. Als der Siebzigjährige schließlich zu einem Vortrag nach Wien eingeladen wurde, erlebte er – kaum zwei Wochen vor seinem Tod – dort vor dreitausend Zuhörerinnen und Zuhörern den größten öffentlichen Triumph seines Lebens. Im begeisterten Publikum lauschte unter anderem die Friedensnobelpreisträgerin Berta von Suttner seinen Ausführungen unter dem Titel „Empor ins Reich der Edelmenschen!".

Schon die frühen „Geographischen Predigten" zeigen ein geistliches Interesse Mays. Auch erste Gedichte zeugen davon – etwa wenn es in einem langen Weihnachtslied, das dann auch in dem Roman „Weihnacht" eine Rolle spielen wird, heißt:

„Selig, wer aus Herzensgrunde / nach der Lebensquelle strebt / und noch in der letzten Stunde / seinen Blick zum Himmel hebt!"[271] Seine späteren Romangestalten folgen keineswegs, wie oft unterstellt wird, einem schlichten Gut-Böse-Schema, sondern können mitunter durchaus Wandlungen im Charakter zeigen. Durchgängig erkennbar ist hingegen ein herzenswarmer Humor, der sich mit einer Haltung der Feindesliebe, der Barmherzigkeit und der Geringschätzung von Gewaltanwendung verbindet. So heißt es bereits in der frühen Erzählung „Im ,Wilden Westen' Nordamerikas" (1883): „Ein jeder Mensch ist ein Ebenbild Gottes, der die Liebe ist; alle Gesetze menschlicher Entwicklung sollen sich auf das eine, große Gesetz der Liebe gründen, damit das Ebenbild des großen göttlichen Meisters nicht beleidigt, beschimpft oder entweiht werde."[272] In dem südamerikanischen Reiseroman „El Sendador" (1890, später in Buchform unter den Titeln „Am Rio de la Plata" und „In den Kordilleren" erschienen), bringt sich May an nur zwei Stellen mit seinem nordamerikanischen Kunstnamen ins Gespräch; beide Male muss er sich seine gütige Einstellung vorwerfen lassen: „Wieder die berühmte Menschlichkeit Old Shatterhands."[273] Besagter „Sendador", der zentrale Übeltäter des Werkes, bekehrt sich schließlich in seiner Sterbestunde zum Gottesglauben. Derlei Linien weisen auf die mystische Innerlichkeit des Spätwerks voraus.

Der Roman „Am Jenseits" (1899), der bereits zum symbolreichen Alterswerk überleitet, zeigt die transzendente Ausrichtung im Denken Mays deutlich. Der geplante Fortsetzungsband „Im Jenseits" wurde bezeichnenderweise nie geschrieben, die himmlische Wirklichkeit also mystisch offengelassen. „So ergeht es uns mit dem Jenseits. Die Bilder, welche wir uns von ihm machen, sind falsch, aber es existiert."[274] Dabei war dem Autor klar, dass – wie er bei anderer Gelegenheit notierte – „vor, hinter und rund um uns die Ewigkeit liegt, von welcher unsere Zeit nicht einmal ein ganzes kleines Tröpflein ist"![275]

Der Roman „Und Friede auf Erden" (1901/1904) zitiert sogar im Titel die Weihnachtsgeschichte der Bibel. Die innere Verwandtschaft der Religionen wird hier betont – allerdings von der Warte des christlichen Glaubens aus:

„Tragt euer Evangelium hinaus,
doch ohne Kampf sei es der Welt beschieden!
Und seht ihr irgendwo ein Gotteshaus,
so stehe es für euch im Völkerfrieden.
Gebt, was ihr bringt, doch bringt nur Liebe mit,
das andre alles sei daheim geblieben!
Grad weil sie einst für euch den Tod erlitt,
will sie durch euch nun ewig weiter lieben."[276]

Jenseits pseudomystischer Einheitsthesen weiß Karl May durchaus: Die angebliche Gleichheit der Religionen „ist nicht etwa das Ergebnis eines eingehenden Studiums oder einer Vergleichung der betreffenden Dogmen, sondern das Produkt einer religiösen Gleichgültigkeit..."[277]

Den vorletzten Roman „Ardistan und Dschinnistan" (1907) bezeichnet der katholische Theologe Hermann Wohlgschaft – für den May „auf seine Art" ein Mystiker war – als „mystische Prophetie, als christozentrische Dichtung".[278] Begeisterung riefen die späten Werke freilich wenig hervor. Insbesondere mit seinem Bühnendrama „Babel und Bibel" und mit seinen Gedichten und Aphorismen, unter dem Titel „Himmelsgedanken" (1900) erschienen, hatte May keinen rechten Erfolg. In einem mit „Schweigen" überschriebenen Gedicht ruft er im Grunde sich selber zu:

„Steig weiter nur, bergan, bergan,
Wie deine ernste Pflicht es will,
Und da man dir nicht folgen kann,
wird's ganz von selbst da unten still." [279]

Gleichwohl spiegelt sich gerade in vielen dieser Gedichte die mystische Innerlichkeit und Lauterkeit des weise Gewordenen. „Ich bin nur ein bescheiden Gras, / doch eine Ähre trag auch ich", [280] dichtet er auf seiner Orientreise – unter vielen Tränen, wie auf dem Manuskriptblatt hinten vermerkt ist.

In allem Schmerz hält ihn sein christlicher Glaube aufrecht: „Ich bin in Gottes Hand, wo ich auch geh und steh; / Seit meinem ersten Tag bin ich geborgen. / Er kennt mein Herz mit allem seinem Weh, / Mit seinen großen, seinen kleinen Sorgen." [281] May wusste: „Der Himmel klopft öfter bei uns an als wir bei ihm." [282] Auf Gottes Gnade kommt es an: „Irdische Kronen lassen sich erobern, die himmlische nicht." Und er konnte in mystischer Weisheit raten: „Du machst täglich einen Spaziergang, um die Gesundheit deines Leibes durch frische Luft zu stärken. Wie oft verlässest du wohl den Ort der irdischen Sorgen, um deine Seele Himmelsluft athmen zu lassen?"

Karl May war freilich kein Theologe; um die Jahrhundertwende machten sich – wie schon vorübergehend in jungen Jahren – ein wenig theosophische Einflüsse bei ihm bemerkbar. Jedenfalls unterstrich er: „Ich suche nach dem Geiste und nach der Seele, nicht nur auf psychologischem Gebiete, sondern auch in der Beziehung auf den Glauben." [283] In einem Brief an Prinzessin Wiltrud von Bayern schrieb der Greis 1909: „Ich möchte der Menschheit meinen Glauben geben, meine Liebe, meine Zuversicht, mein Licht, meine Wärme, meinen – Gott!" [284] Ein Gedicht aus der weithin unterschätzten und unverstandenen Sammlung „Himmelsgedanken" (1900) fragt eindringlich:

„Hast du geglaubt? Oh, wolle mir doch sagen,
wie viele wohl von deinen Erdentagen
den wahren, echten Sonnenschein gekannt!
Der Glaube gibt Unendlichkeit des Schauens
im klaren, warmen Lichte des Vertrauens
und zeigt dir strahlend hell das Ursprungsland." [285]

May war ein Mensch, dessen mystische Ader erst im Laufe seines Lebens zunehmend hervortrat. „Hast du schon bemerkt, dass die Hoffnung auf die Ewigkeit sich nach zwei Richtungen bewegt? Je höher sie steigt, umso tiefer senkt sie sich auch endlich hinein." [286] Im Tagebuch seiner Orientreise notierte er: „Wie dies All sich nach außen dehnt, erweitert und verherrlicht, so vertieft und vervollständigt sich auch das All im Innern des Menschen." [287] Sein Programm beschrieb er mit den Worten: „Ich zeige meinen Lesern den Menschengeist und auch die Menschenseele."

Reiche Fantasie korrespondierte mit einer wachsenden Spiritualität. In einem Brief an Baronin Sophie von Boyneburg bekannte er: „Ja, es ist wahr: ich lebe in einer eigenen Welt. Sie ist so licht, so sonnig, und Engelsflügel schweben auf und nieder. Aber ich wohne da in großer Einsamkeit… Aus dieser meiner Welt heraus sind meine Bücher geschrieben worden. Darum ist es nicht so leicht, ihren Inhalt zu begreifen." [288] Ein Leser bescheinigte ihm einmal stellvertretend für ungezählte, er habe kraft seiner Persönlichkeit gewirkt, „deren inneres Licht die Dunkelheit des Erdenlebens erleuchtet und deren inneres Feuer die Herzen der Menschen erwärmt hat". [289] Möglich wurde dem Schriftsteller aus Sachsen dies nur auf der Basis der mystischen Überzeugung: „Das Menschenherz ist ruhende Knospe, bis die Liebe es für den Himmel schwellt und öffnet." [290]

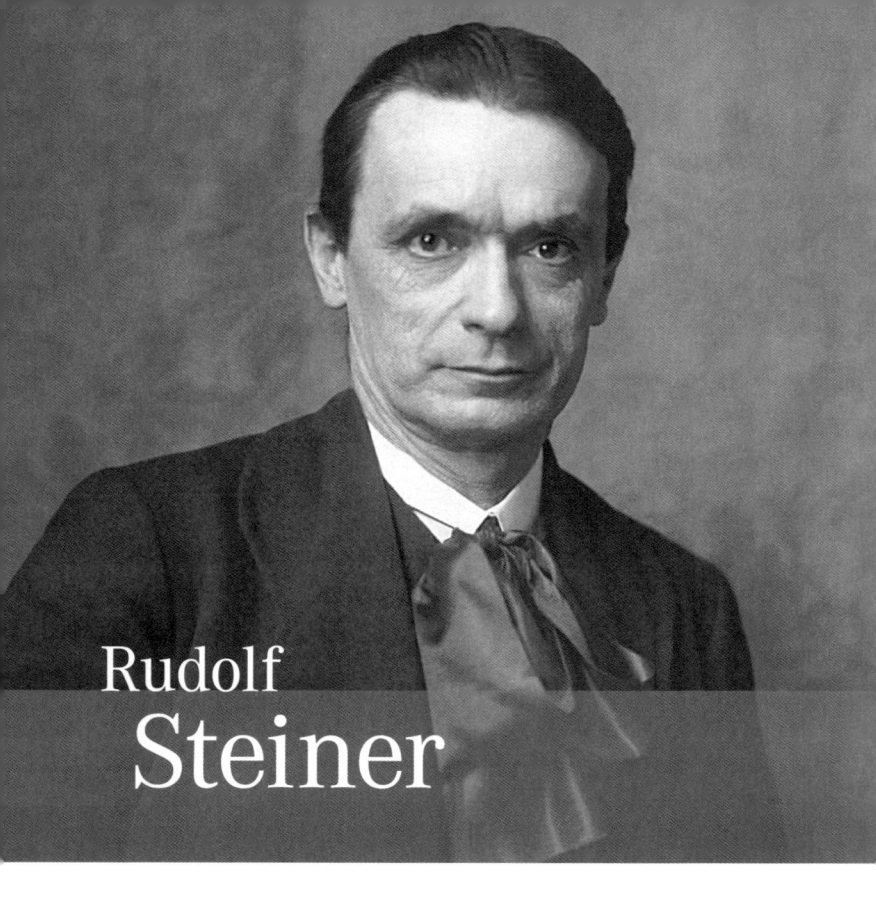

Rudolf
Steiner

Fasst man den Begriff „Christentum" nicht zu eng auf, dann lässt sich auch Rudolf Steiner (1861–1925)[291] als ein hier aufführbarer Mystiker verstehen. Von Jugend an zeigte sich bei dem in Österreich aufgewachsenen, katholisch getauften Philosophen und Theosophen eine mystische Ader. Bereits als Knabe wurde er von der Spiritualität der römisch-katholischen Liturgie ebenso angesprochen wie von okkulten Erlebnissen. Gleichzeitig förderte ihn der freigeistige Vater, technische Interessen zu entwickeln. All dies floss in dem jungen Mann zusammen zu einem intensiven Fragen nach der erforschbaren Einheit von sinnlicher und übersinnlicher Wirklichkeit.

Dass ihm hier nicht etwa der Aufklärer Immanuel Kant mit seinem Dualismus von „Ding an sich" und „Erscheinung" weiterhelfen konnte, sondern viel eher der entschieden über Kant hinausschreitende Philosoph Johann Gottlieb Fichte mit seinem monistischen Ansatz, realisierte bereits der Achtzehnjährige. Gerade als studierter Naturwissenschaftler schwor der junge Mann der materialistischen Weltbetrachtung ab und suchte sich als „Geisteswissenschaftler" zu verstehen.

Prägend war in dieser Hinsicht nicht zuletzt der Kontakt des etwa 20-Jährigen mit dem Kräutersammler Felix Koguzki, den er auf einer Bahnreise kennengelernt hatte. Von diesem und einem weiteren namentlich nicht genannten „Meister" in die Geheimnisse einer ihm nun durchsichtiger werdenden Natur eingeweiht, arbeitete Steiner weiter an seiner Erkenntnistheorie. Auf diesem Weg fand er zu Goethe, dessen ausgesprochen pantheistisches Naturverständnis ihn faszinierte. In den Jahren darauf zählte er zu den ersten Käufern jener Literatur, die von der 1875 in New York gegründeten Theosophischen Gesellschaft herausgebracht wurde. Solch esoterischer Lesestoff erschien ihm im Umgang mit der geistigen Welt nicht exakt genug, weckte aber doch den Wunsch nach „Einweihung" in ihm. Auch sein Christus-Bild verformte sich von da an: Eine Auseinanderdifferenzierung von Jesus und Christus begann sich abzuzeichnen, wie sie in der Theosophischen Gesellschaft systematisch entwickelt worden war.[292]

Der 25-Jährige veröffentlichte von daher ein Manuskript über Goethes Weltanschauung, in dem sein monistisches Denken schon deutliche Konturen zeigte: „Der Weltengrund hat sich in die Welt vollständig ausgegossen; er hat sich nicht von der Welt zurückgezogen, um sie von außen zu lenken, er treibt sie von innen; er hat sich ihr nicht vorenthalten. Die höchste Form, in der er innerhalb der Wirklichkeit des gewöhnlichen Lebens auftritt, ist das Denken und mit demselben die menschliche Persönlichkeit. Hat somit der Weltengrund Ziele, so sind sie identisch mit den Zielen, die sich der Mensch setzt…"[293] Dass diese Überlegungen ihn später zu Nietzsches Gedankenwelt hinführen sollten, war konsequent.[294] Hatten Ideen aus der Theosophischen Gesellschaft bereits christentumskritisch bei ihm gewirkt, so entwickelte er sich im Jahrzehnt vor der Jahrhundertwende zunächst zum ausgesprochenen Christentumsgegner.

Als er nach dem Tod Nietzsches 1900 mehrere Gedenkreden auf den Philosophen gehalten hatte, wurde er gebeten, seinen Vortrag in einer theosophischen Gruppe in Berlin zu wiederholen. Dessen Inhalt und Art empfand man als so anregend, dass daraus eine regelmäßige Vortragsreihe wurde. Gleich in seinem ersten Vortragszyklus sprach Steiner über die neuzeitliche Mystik im Abendland. Dabei ließen die 1901 publizierten Vorträge noch nichts spezifisch Christliches erkennen.[295]

Wie also kam es, dass dann der zweite Zyklus, 1902 unter dem Titel „Das Christentum als mystische Thatsache" veröffentlicht, einen weiterhin dem Mystischen, nun aber plötzlich auch Christus und dem Kreuz von Golgatha zugewandten Steiner präsentierte? Auf diese Frage versucht Steiner selbst in seinem Lebensrückblick so zu antworten, dass er zwar eine Übergangszeit der „Prüfung" einräumte, die bis zur Abfassung des „Christentum"-Buches gewährt haben soll, sich im Übrigen aber um den Eindruck einer inneren Kontinuität bemühte. In der Tat hielt sich bei ihm bezüglich des christlichen Glaubens die Ablehnung einer Religiosität durch, die auf einen personal anzusprechenden Gott gerichtet und „in den christlichen Bekenntnissen"[296] vorherrschend war. Auch seine schon anderthalb Jahrzehnte zuvor angebahnte, hier nun zementierte Unterscheidung von „Christus" und Jesus bedeutete ein Stück Kontinuität.

Was aber führte konkret zur Wiederbelebung seiner theosophisch gefärbten Auffassung vom Christentum? Die Erklärung, er sei nun auf Menschen getroffen, die ihrerseits esoterisch über Christus redeten, dürfte kaum genügen. Vielmehr fällt auf, dass zu dem Zeitpunkt, als Steiner seinen zweiten Vortragszyklus zu konzipieren begann, die „First Lady" der Theosophischen Gesellschaft, Annie Besant (1847–1933), ihr neuestes Buch „Esoteric Christianity" (1901) publiziert hatte. Dass Steiner sich von den Gedanken der theosophischen Führerin für seinen kommenden Zyklus inspirieren ließ, liegt auf der Hand – zumal damals sein eigener Aufstieg innerhalb der Theosophischen Gesellschaft begann.

Als nämlich deren deutsche Sektion im Herbst 1902 in Anwesenheit Annie Besants gegründet wurde, wählte man Steiner zum Generalsekretär. Kurz darauf wurde er in die von Besant geleitete „Esoterische Schule" aufgenommen, einen inneren Zirkel dieser Gesellschaft. Die Aufnahme war mit einem Eid auf Besant als Chefin dieser Schule verbunden. Ihr wusste sich Steiner lange verpflichtet, und so suchte er über Jahre hinweg Wege zu beschreiten, die seine eigenen Gedanken und Pläne weitgehend in Einheit mit denen der Weltzentrale erscheinen ließen. Seine Loyalität wurde von Besant erwartet und erwidert. Freilich war auch sie, die 1907 zur Präsidentin der Theosophischen Gesellschaft gewählt wurde, auf die Dauer nicht blind gegenüber den ganz eigenen Interessen Steiners. Betonte er doch zunehmend statt morgenländischer Grundlinien abendländisch-christliche Elemente – in freilich esoterischer Umdeutung!

Damit vertrat er eine Form von Mystik, die sich mit wachsender Klarheit innerhalb der modernen Theosophie absetzte von nichtchristlichen, morgenländisch inspirierten Mystik-Auffassungen. So konnte er formulieren: „Der christliche Mystiker will in sich selbst die Gottheit schauen, aber er muß zu dem geschichtlichen Christus hinblicken wie das physische Auge zur Sonne…"[297] Solche Betonung des geschichtlichen Christus musste im Kontext der modernen Theosophie Anstoß erregen. Den „mystischen Christus" zu thematisieren, das hatte schon Annie Besant unternommen: Sie hatte ihn mit dem „kosmischen Christus" in Verbindung gebracht, und zwar auf dem Hintergrund eines dem Neuplatonismus nahestehenden Denkens, wonach der kosmische Christus als der „Logos" eine göttliche Emanation des absoluten Einen sei; der geschichtliche Jesus aber wurde in der Folge solch esoterisch-metaphysischer Deutungswillkür preisgegeben.[298] Davon ist auch bei Steiner noch etwas zu spüren, insbesondere in seinem okkulten Konstrukt zweier Jesus-Knaben und in seiner These, eigentlich sei nicht Jesus selbst, sondern ein Phantom am Kreuz gestorben.[299] Aber das Gewicht des Geschichtlichen blieb bei ihm jedenfalls höher als bei Besant. Er konnte sogar formulieren: „Zuerst war der historische Christus da, dann haben durch das Werk des historischen Christus sich solche Wirkungen auf die menschliche Seele herausgebildet, daß ein mystischer Christus innerhalb der Menschheit möglich geworden ist."[300] Gewiss – so ruft Steiner allen theosophischen Mystikern zu – ist der Christus „als mystischer Christus auch im Innern zu finden. Daß er es ist, das ist die Tat des Christus selbst auf der Erde." Von daher erhielt bei Steiner auch das „Mysterium von Golgatha" einen gewissermaßen heilsgeschichtlichen Sinn. Doch dessen esoterische Ausdeutung auf dem Hintergrund der Seelenwanderungslehre und des mit ihr zusammenhängenden Karma-Prinzips[301] führte notgedrungen zu einer Verwässerung des christlichen Gnadenprinzips wie überhaupt zu einer Entfernung vom christlichen Menschenbild.

Mit der Zeit betonte Steiner die abendländische Akzentuierung immer entschiedener: „Die absterbenden Rassen im Osten brauchen noch die orientalische Schulung. Die westliche Schulung ist die für die Rassen der Zukunft."[302] 1911 benannte er seine Sache öfter als „Anthroposophie", welche er nie als „Religion", sondern stets als Geisteswissenschaft verstanden wissen wollte. Ende 1912 ließ er verlauten, dass Menschen erst durch Anthroposophie „zur Empfindung dessen kommen können, was Theosophie dem Menschen sein kann. ... Diese Anthroposophie wird uns zu Göttlichem und zu Göttern führen."[303]

Anfang 1913 war der Bruch mit der östlich gestimmten Theosophischen Gesellschaft offenkundig. Konkreter Anlass dafür war der Umstand, dass Besant auf der Basis ihrer östlich-zyklischen Christus-Deutung eine neue Inkarnation des „kosmischen Christus" angekündigt hatte. Bald fand die konstituierende Generalversammlung der neuen Anthroposophischen Gesellschaft statt, in die die meisten Mitglieder der deutschen Sektion der Theosophischen Gesellschaft übertraten.

Der von Golgatha und Pfingsten ausgehende „Christus-Impuls" lenkt laut Steiner die in Gang gekommene Wiedervergeistigung des Materiellen in die Richtung einer Integration in eine letztlich „geistig" gedachte Natur: Der Kosmos werde schließlich ganz „durchchristet" sein. Daher befürwortet die Anthroposophie weltanschaulich eine „durchchristete Kosmologie", wie sie der Auffassung des Christus als des „Weltenarztes", ja als des nächtlichen Seelenführers durch die Astralwelt entspricht.

Solch esoterische Variante christlicher Mystik besticht durch ihr vorgebliches Sonderwissen. Steiner versicherte: „Was im ‚Christentum als mystische Tatsache' an Geist-Erkenntnis gewonnen ist, das ist aus der Geistwelt selbst unmittelbar herausgeholt."[304] Die Behauptung des okkult-mystischen Denkers, er habe methodisch Zugang zu höheren Welten gefunden, verdient allerdings kritische Beleuchtung – nicht zuletzt durch den doch oft genug möglichen Aufweis seiner irdischen Quellen.[305]

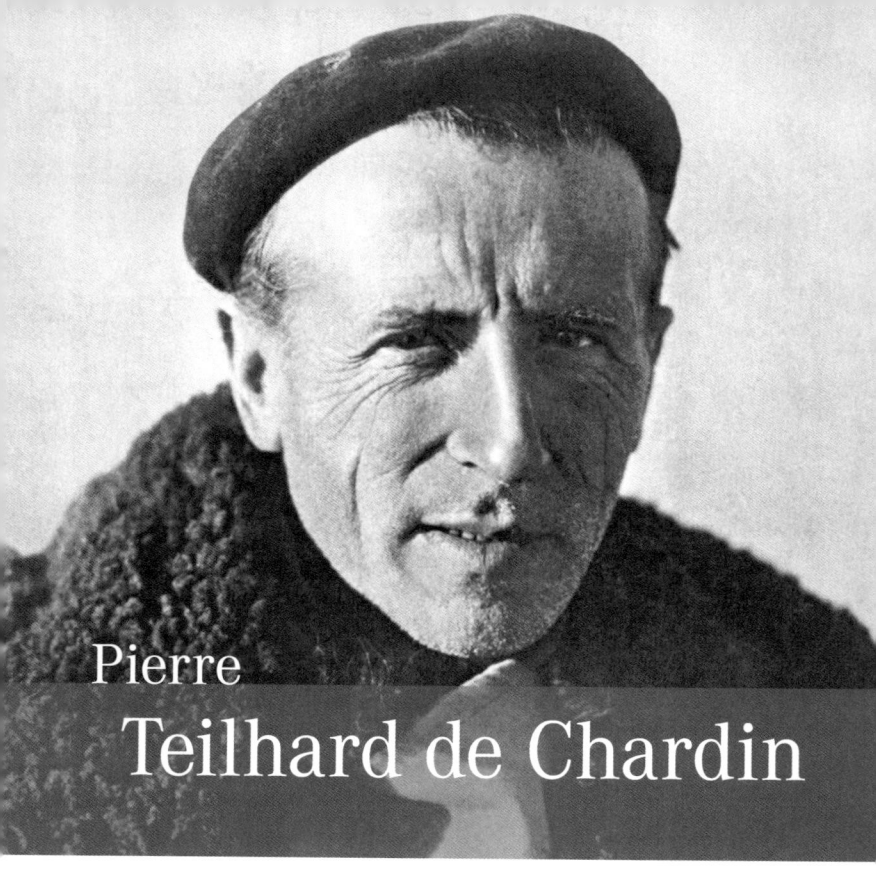

Pierre
Teilhard de Chardin

S ein Leben hat er der Person und dem Wirken des „kosmischen
Christus" geweiht: der französische Theologe, Priester und
Paläontologe Marie-Joseph Pierre Teilhard de Chardin (1881–
1955).[306] Sein engagiertes Bestreben, die moderne Evolutions-
theorie mit dem christlichen Glauben in Einklang zu bringen,
hat ihn berühmt gemacht, aber auch gedanklich auf mystische
Wege geführt, die von der katholischen Kirchenleitung offen als
Abwege bezeichnet worden sind.

Als der Jesuit am 10. April 1955 in New York starb, war sein theologisch-philosophisches Lebenswerk aufgrund seiner Ordensdisziplin noch weitestgehend unveröffentlicht. Erst als sich bald nach seinem Tod ein wissenschaftliches Komitee und ein Ehrenkomitee bildeten, die sich gemeinsam vornahmen, den schriftlichen Nachlass Teilhards auch ohne kirchliche Druckerlaubnis zu publizieren, wurden seine zahlreichen Schriften international bekannt. Schätzungsweise 1500 Veröffentlichungen von oder über Teilhard sind allein im ersten Jahrzehnt nach seinem Tod der Öffentlichkeit übergeben worden.

Nach seiner naturwissenschaftlichen und philosophischen Ausbildung hatte der junge Mann von 1908 bis über seine Priesterweihe 1911 hinaus in England theologische Studien betrieben. Aufgrund seines doppelten Bildungsgangs und einiger kosmisch ausgreifenden Visionen[307] gewann er ein tiefes Gespür für die religiös-weltanschauliche Herausforderung der Evolutionslehre. 1922 wurde er Professor am *Institut Catholique* in Paris und unternahm später mehrere Forschungsreisen nach China, wo er auch an der Ausgrabung des Pekingmenschen beteiligt war. Seit 1952 arbeitete er für die *Wenner Gren Foundation for Anthropological Research* in New York.

Dass der Schlüssel zur „Weltfrömmigkeit des Mystikers" (Günther Schiwy) in der spirituellen Durchdringung der wissenschaftlichen Evolutionstheorie bestand, zeigen fast alle seine Schriften. Er beschrieb die Evolution als zielgerichteter Prozess, in dem die Materie-Energie des Universums kontinuierlich an Komplexität zunimmt. Nach seiner Überzeugung hat mit dem Erscheinen des Menschen die biologische Entwicklung eine neue Dimension erreicht. Aus der „Biosphäre", nämlich der Schicht von Lebewesen, die die Erde bevölkern, geht die „Noosphäre" hervor, eine geistige Sphäre, die in Korrelation zum menschlichen Bewusstsein steht. Geist und Materie fließen schlussendlich in einem göttlichen Zentrum, dem „Punkt Omega", zusammen, den Christus selbst in seiner Vollendung darstellt.

Von der mythisch-mystischen Figur des „kosmischen Christus" sprach Teilhard so pointiert und gehäuft wie niemand vor ihm. Er erklärte: „Der mystische Christus hat seinen vollen Wuchs noch nicht erreicht – so denn auch nicht der kosmische Christus. Der eine wie der andere, in einem, sie sind und sie werden… Christus ist das Endziel selbst der natürlichen Evolution der Wesen…"[308] Zweierlei fällt an diesen Sätzen auf: zum einen, dass hier bereits jene Thesen aufscheinen, die Teilhard später berühmt werden lassen; zum andern die Identifizierung von mystischem und kosmischem Christus, zumal sie ebenso wie die mit ihr verknüpfte, spiritualistische Evolutionsvorstellung bereits in der modernen Theosophie begegnete.

Zweifellos ist die Überzeugung von der „kosmischen" Bedeutung Christi so alt wie das Christentum (1. Kor 8,6; Joh 1,1–4; Kol 1,15–17; Hebr 1,2f). Diesen Zusammenhang unter modernen Bedingungen zu ergründen, trieb es ihn lebenslang. Von daher verwundert nicht, dass der Begriff des „kosmischen Christus" 1916 bereits in der allerersten kleinen Schrift des damals 35-Jährigen auftauchte. Christus habe einen „kosmischen Leib", der sich über das ganze Universum erstrecke – das ist für Teilhard von Anfang an das „Evangelium vom kosmischen Christus".[309]

Fertiggestellt hatte Teilhard seine erste Schrift im März 1916. In jenen Tagen notierte er auch erstmals den Begriff des „kosmischen Christus" in sein Tagebuch. Es handelt sich zunächst um einen Eintrag vom 13. März, in dem er „Sich dem kosmischen Christus überlassen" als Gewährleistung unsterblichen Lebens interpretiert. An demselben Tag erwähnt er den „Kosmischen Christus" noch einmal – nämlich als Leitbegriff einer geplanten Schrift. Zwei Tage später schreibt er: „So finde ich bruchlos, getragen von der natürlichen und notwendigen Abstufung des

Materiellen, des Lebenden, des Menschlichen, des Sozialen am Zielpunkt meines Verlangens den ‚*kosmischen Christus*' (wenn ich so sagen darf) wieder, Ihn, der im bewussten Zentrum seiner Person und seines Herzens alle Bewegungen der Atome, der Zellen, der Seelen verknüpft…"[310]

Sucht man nach biografischen Wurzeln dieses intensiven mystischen Empfindens und Denkens, so entdeckt man in seiner Kindheit bereits den Keim dessen, was er später mit immer neuen Worten als Sinn für die Fülle, Sinn für die Dauer, als „kosmischen Sinn" oder als „christlichen Sinn" bezeichnet. Er nennt als frühe Phase seiner sich ausbildenden Mentalität ausdrücklich eine „instinktive Vorliebe für das Konsistente und das Eine". Diese intuitive Vorliebe sieht er später sich mit der religiösen Offenbarung verbinden in Richtung „auf das kosmische Christentum". Schließlich aber sind es gerade die Weltkriegserfahrungen des jungen Korporals, Bahrenträgers und Geistlichen, die ihn nach überindividueller Zukunft Ausschau halten und die Welt leidenschaftlich lieben lehren.

Sein kosmisch-mystischer Begriff vom „Leib Christi" ist dabei durchtränkt von den priesterlichen Kommunionserfahrungen. Deren Element der Darbringung von menschlicher Seite her lässt den Katholiken den Aspekt der Kooperation zwischen Mensch und Gott im Zuge des evolutiven Voranschreitens betonen. Er will „als das reine Werkzeug Gottes wirken, um so das Werk der Schöpfung, die Erarbeitung der Materie…weiter voranzutreiben", und gerade dadurch immer mehr den „Urheber und das alleinige Ziel des kosmischen Lebens: Gott durch Jesus Christus" entdecken.[311]

Im Oktober 1916 fällt der Begriff des „kosmischen Christus" im Tagebuch erneut. Teilhard sinniert im Zuge von Überlegungen für eine von mystischen Farben geprägte Novelle: „Ein Maler des kosmischen Christus: seine Gewänder aus Äther, sein

Leib Kern allen Lebens…"[312] Später spricht er vom „kosmischen‛ Geist" – und vom „kosmischen Bewusstsein" als einer psychologischen Tatsache: „Mein Ehrgeiz wäre, zu zeigen, wie ich es fühle, daß es im Christentum seine *legitime* und volle Entfaltung findet."[313] Unverkennbar drohte allerdings auf diesen Denkpfaden die Gefahr des Pantheismus, also einer Wirklichkeitssicht, für die Gott und die Welt bereits jetzt und nicht erst in der Erlösungszukunft erfüllter Ewigkeit eine Einheit bilden. Dass Teilhard als katholischer Theologe, Priester und Jesuit keinen platten Pantheismus vertreten konnte, war klar: Das I. Vatikanum hatte diese Weltanschauung 1870 ausdrücklich verurteilt. Frühzeitig grenzte er sich denn auch von einem „heidnischen" bzw. „hinduistischen Pantheismus" ab. Gleichwohl suchte er so etwas wie einen *christlichen* Pantheismus auszuformulieren.

Die Unterscheidung des Schöpfers von der Welt stand für Teilhard nie ernsthaft zur Disposition. Er betonte vielmehr: „Der vom kosmischen Bewußtsein beseelte Christ muß vor allen Dingen daran festhalten, daß Gott, der allein Absolute, wesensmäßig von der Schöpfung verschieden ist."[314] Dennoch konnte er gleichzeitig in neuplatonischer Diktion von der göttlichen „Emanation", also vom Ausfließen des Einen reden. Dem biblischen Denkrahmen entsprach er damit nicht. Zweifellos war er stets darum bemüht, den schwierigen Spagat zwischen pantheistischem Denken und christlicher Theologie zu bewältigen. Die Frage ist, ob er dabei hinreichend berücksichtigt hat, dass die von allen großen christlichen Kirchen bejahten Christus-Dogmen gerade darin gipfeln, dass sie eine eigene, in ihrer Spannung unübertreffliche Antwort auf die Frage des Verhältnisses von Gott und Welt geben. Indem sie sowohl dualistische wie monistische Lösungen als unangemessene Verkürzungen abwehren, stehen sie zu ihnen in direkter weltanschaulich-religiöser Konkurrenz. Verschiedenste Versuche, hier Synthesen zu schaffen, also die genannte Spannung aufzulösen, sind stets in die Nähe zur Häresie geraten. Gleichwohl konnte Teilhard ganz zentral und mystisch betonen: „Der lebendige und fleischgewordene Gott ist nicht weit von uns."[315]

Angesichts der unvorstellbaren Größe des Weltalls hat Teilhard gegen Ende seines Lebens tiefer über die Möglichkeit nachgedacht, es könnten menschenähnliche Wesen auf anderen Planeten existieren. Ungeachtet der Einsicht, dass angesichts der riesigen Entfernungen im Universum mit keinen Kontaktmöglichkeiten auf natürlicher Ebene zu rechnen sei, fragte er sich, ob der „kosmische Christus" vielleicht auch in anderen Welten Fleisch geworden sei. Doch derartigen Spekulationen setzte er den tiefen Gedanken gegenüber: Das „Universum ist so vollkommen eins, daß ein einziges Eintauchen des Sohnes Gottes in seinen Schoß es ganz überflutet und durchdringt mit seiner Gnade der Sohnschaft."[316]

Teilhard de Chardin starb überraschend am Ostersonntag des Jahres 1955. Nur wenige Menschen folgten seinem Sarg. Noch Jahre später setzte das „Heilige Officium" theologische Texte von ihm auf den Index verbotener Bücher.

Dag
Hammarskjöld

Der schwedische Politiker Dag Hammarskjöld (1905–1961)[317] war ein praktizierender Mystiker protestantischer Abkunft – und niemand wusste es, obwohl er als Generalsekretär der Vereinten Nationen seit 1953 im Licht der Weltöffentlichkeit stand. Dass Mystik eine Frömmigkeit betonter Innerlichkeit darstellt, zeigt sich hier überdeutlich. Bis zu seinem Tod durch einen Flugzeugabsturz, dessen Umstände bis heute nicht ganz aufgeklärt sind und wohl doch auf einen politisch motivierten Anschlag hindeuten, ist allenfalls sein sozialethisch akzentuiertes Wir-

ken aufgefallen: Man legte dem Abkömmling einer alten Adels-
familie noch posthum den Friedensnobelpreis auf den Sarg.

In der Hinterlassenschaft des UN-Generalsekretärs fand sich
ein Manuskript mit tagebuchartigen Aufzeichnungen, dazu ein
undatierter Brief an einen einflussreichen Freund in Schweden,
in dem diesem freigestellt war, es zu veröffentlichen. Als der
Band 1963 in Stockholm erschien, hatte er einen sensationellen
Erfolg; in alle Weltsprachen wurde er übersetzt. Man war ver-
blüfft, nun in dem kühlen, verschlossenen Politiker einem zutiefst religiösen Denker, einem Mann der Kontemplation und des
Gebets, einem „christlichen Staatsmann" und Dichter zu begegnen. Dag Hammarskjöld hatte seine Aufzeichnungen in dem erwähnten Brief als „eine Art Weißbuch meiner Verhandlungen
mit mir selbst – und mit Gott" bezeichnet. Mit dem Tagebuch,
auf Deutsch unter dem Titel „Zeichen am Weg" erschienen, hat er
ein bewegendes Zeugnis seines intensiven mystischen Ringens
hinterlassen.

Er war der jüngste von vier Söhnen des schwedischen Premi-
erministers Hjalmar Hammarskjöld gewesen. Nach einer glän-
zend hinter sich gebrachten Schulzeit studierte er Rechtswissen-
schaft, Philosophie und Wirtschaftswissenschaften und wurde
an den Universitäten Uppsala und Stockholm habilitiert. Von
1936 bis 1945 war er Staatssekretär im schwedischen Finanzmi-
nisterium, von 1941 bis 1948 Präsident des schwedischen Reichs-
bankdirektoriums. 1949 wurde er Unterstaatssekretär im Au-
ßenministerium; ab 1951 war er Minister ohne Portefeuille und
stellvertretender Außenminister, bevor er 1953 nach New York
wechselte.

Aus dem Tagebuch ist zu erfahren, dass Dag Hammarskjöld
von Kindheit an einsam war und unter dieser Einsamkeit lebenslang litt, aber auch, wie er sie mystisch füllte. „Sollte der
Ekel über die Leere das einzige im Leben sein, womit du die

Leere füllst?" (51). Ein liberaler schwedischer Publizist, der ihn lange Zeit bekämpft hatte, schrieb in einem Nachruf: „Trotz aller Geschicklichkeit und allem Konventionalismus erschien er mir als ein Mensch von seltener Reinheit. Er erschien mir so frei vom Simplen und Niedrigen, wie man es nur werden kann; das Leben hatte ihn nicht beschmutzt, er war frisch, keusch in des Wortes psychischer und physischer Bedeutung."[318] Man konnte dem großen Mann offenkundig abspüren, dass er Halt zu finden suchte „im Erlebnis des höchsten Mysteriums des Lebens: dem Wissen, um das anvertraute Pfund, das du bist" (22).

Als Hammarskjöld am 7. April 1953 zum Generalsekretär der Vereinten Nationen ernannt wurde, freute er sich sehr, notierte aber auch: „Nicht ich, sondern Gott in mir" (10). Skeptische Stimmen ihm gegenüber verstummten, als er 1957 von der Generalversammlung einstimmig für eine zweite Amtszeit eingesetzt wurde. Seine Frieden stiftenden Bemühungen waren von eindrucksvollen Erfolgen gekrönt. Wie ein Mensch ein Leben aktiven gesellschaftlichen Dienens in vollkommener Übereinstimmung mit seiner Innerlichkeit führen könne und solle, das hatten ihn die Schriften der großen mittelalterlichen Mystiker gelehrt: Selbsthingabe als Weg zur Selbstverwirklichung.

Biografisch war für ihn ein inneres Ja zu Gott und von Gott her bedeutsam, das er nach einem langen spirituellen Anmarschweg als entscheidende Kehre in seinem Leben empfand. Der Zeitpunkt lag am Beginn des Jahres 1953, also einige Monate vor dem Antritt seines großen Amtes in New York. Das erfahrene innere *Ja* hat seitdem seine Identität als Mystiker geprägt. „Von dieser Stunde her rührt die Gewissheit, dass das Dasein sinnvoll ist und dass darum mein Leben, in Unterwerfung, ein Ziel hat", erinnert er sich am letzten Pfingstfest seines Lebens (107). Von da an ist es immer klarer das göttliche „Du", auf das er mystisch ausgerichtet ist. Insofern war es eindeutig Liebesmystik, die ihn prägte: „Ich bin das Gefäß. Gottes ist das Getränk. Und Gott der Dürstende" (54). Er sprach von Selbstaufgabe ohne Selbstauslöschung.

Was er unter der Überschrift „Das ‚mystische Erlebnis'" notierte, bestätigt das nur: „Das Mysterium ist ständig Wirklichkeit bei dem, der inmitten der Welt frei von sich selber ist: Wirklichkeit in ruhiger Reife unter des Bejahens hinnenmender Aufmerksamkeit." (68) Mit der Liebe Gottes wollte er „das Leben und die Menschen lieben – um der unendlichen Möglichkeit willen, / warten wie er, / beurteilen wie er, / ohne zu verurteilen, / dem Befehl gehorchen, wenn er ergeht, / und niemals zurückschaun – / dann kann er dich brauchen – dann, *vielleicht*, braucht er dich. / Und wenn er dich nicht braucht: In seiner Hand hat jede Stunde einen Sinn, hat Hoheit und Glanz, Ruhe und Zusammenhang." (70)

Hammarskjöld lebte und wirkte aus der Stille heraus, in persönlicher Arkandisziplin. „‚Glaube ist Gottes Vereinigung mit der Seele' – ja, aber darin auch die Gewißheit von Gottes Allmacht durch die Seele: für Gott ist alles möglich, denn der Glaube kann Berge versetzen." (73) 1956 vermerkte er: ‚Wir handeln im Glauben – und es geschehen Wunder." (80) Glaube als Vertrauen, als mystische Liebesbeziehung war für ihn getränkt mit Erfahrung, aber nicht aus auf Erfahrbarkeit. Am Ende seines Tagebuchs heißt es: „Ich wohnte am innersten See / und folgte dem Strom / zu den Quellen." (115)

Der intensive Blick auf Jesus Christus hat ihm entscheidend geholfen, den mystischen Weg zu gehen. Den Gottmenschen hat er weniger unter „metaphysischen" Aspekten betrachtet als vielmehr unter existenziellen – und zwar so, wie die Evangelien ihn schildern: als zum Kreuztragen bereit, zur Passion unterwegs, entschlossen zum bedingungslosen Selbstopfer. In der Karfreitagsbesinnung von 1956 denkt der UN-Generalsekretär von daher an die „Menschheit, in welcher Jesus jeden Augenblick stirbt in irgendeinem, der dem Weg der inneren Zeichen folgte bis zum Ende." (70) In diesem Sinn wollte der Schwede christusförmig werden: „Suche nicht die Vernichtung. Die wird dich finden. Suche den Weg, der zur Vollendung führt." (87)

Lebenslang hat Hammarskjöld seine Existenz „umzingelt" gesehen von der Todesfrage – zweifellos eine Bedingung für tiefes mystisches Empfinden. Schon die ersten Einträge im Tagebuch (1925!) klingen, als hätte er hier seinen eigenen Nachruf verfasst: „Ein Mann, der wurde, was er konnte, / und der war, was er war – / bereit, im einfachen Opfer / alles zu fassen." Und zuvor: „Immer ein Fragender, / werde ich dort sein, / wo das Leben verklingt – / ein klar schlichter Ton / im Schweigen. …/ Morgen treffen wir uns, / der Tod und ich –. / Er wird den Degen stoßen in einen wachen Mann." (17) Am letzten Weihnachtsabend seines Lebens erkannte er, für den Vorausblickenden sei „das Kreuz schon in Bethlehem errichtet" (105). Aus den letzten Lebensmonaten stammt der ahnungsvolle Eintrag: „Gefragt, ob ich den Mut habe, / meinen Weg zu Ende zu gehen, / gebe ich Antwort ohne / Unterlass. / Öffnen seh' ich geblendet / das Tor zur Arena / und geh' hinaus, um nackt / den Tod zu treffen. … Jetzt bin ich der Erwählte, / fest gespannt auf den Block, / Opfer zu werden." (108) Wenig später gibt der Mystiker zu erkennen, dass er in personaler Religiosität die düstere Zukunft annahm: „Du, / den ich nicht verstehe, / der dennoch mich weihte / meinem Geschick. / Du –." (112)

Kurz vor dem letzten Flug sprach Hammarskjöld mit seinem schwedischen Mitarbeiter über den Liebesbegriff in der mittelalterlichen Mystik. Bei dem Toten bzw. Getöteten fand man ein Exemplar der „Nachfolge Christi" des Thomas von Kempen. Schon zehn, zwölf Jahre vor seinem Tod hatte er notiert, die Einsamkeit im Leben werde „erst durch den Tod überwunden". (53)

„– und dann, was ist alles Glück hier angesichts der Verheißung: ‚Auf daß ihr seid, wo Ich bin‘“! (29) In einer Traumvision war er am Tag der Christusgeburt 1955 „mit Gott durch die Wesenstiefe" gegangen: „Wände wichen zurück, geöffnete Tore, Saal nach Saal voll Schweigen und Dunkel und Kühle – von der Seelen Vertrautheit und Licht und Wärme – bis um mich Grenzenlosigkeit war, worin wir alle zusammenfluteten und weiterlebten wie Ringe nach fallenden Tropfen auf weite, ruhige, dunkle Wasser." (66)

Dorothee Sölle

„Wir glauben, das Haus zu umkreisen, aber in Wirklichkeit kreist das Haus um uns und wir sind schon lange in ihm." [319] So mystisch und poetisch äußerte sich die Theologin, Germanistin und Dichterin Dorothee Sölle (1929–2003). [320] Sie war und ist für nicht wenige Christen und Theologen ein „rotes Tuch", weil sie – mit einem frühen Buchtitel formuliert – „atheistisch an Gott glauben" lehrte. Doch dieselbe Frau hat auch viel an Zustimmung, ja Begeisterung hervorgerufen; manche verdanken einer Autorin wie ihr den Mut zum Theologiestudium. Sie war studierte, promovierte und habilitierte Germanistin – und von daher eine ungewöhnlich sprachbegabte, tatsächlich auch poetische Theologin. Ihre Formulierungskunst trug zweifellos mit dazu bei, dass sie zur wohl meistgelesenen theologischen Schriftstellerin in Deutschland wurde. Dabei war sie eine ungewöhnlich engagierte Theologin, die sich zu keiner Zeit mit ihren Theorien im „Elfenbeinturm" verkroch.

Namentlich durch ihr politisches Engagement gegen Unterdrückung, Gewalt und die Ungerechtigkeiten kapitalistischer Wirtschaftssysteme wurde sie weltweit bekannt. Es sei an der Zeit, etwas für Gott zu tun, erklärte sie provozierend. Bereits 1968 begründete sie das *Politische Nachtgebet* beim Katholikentag in Essen; sie stand zudem der feministischen Theologie sehr nahe. 1969 heiratete sie in zweiter Ehe den Benediktinermönch Fulbert Steffensky, der sich laisieren ließ und ihr zuliebe protestantisch wurde.

1975 las sie alte deutsche Mystiker, vor allem Meister Eckhart. Selbstverständlich deutete sie deren Sichtweise nicht weltflüchtig, sondern im Gegenteil zugunsten einer verstärkten Hinwendung zur Welt: Diese werde von der mit Gott vereinten Seele sozusagen „mit Gottes Augen" angesehen. Die mystische Regression sei notwendige Basis für eine Progression, für heilende Aktivität und von Hingabe getragene Solidarität, erklärte sie in ihrem Buch „Die Hinreise" (1975). Für Sölle ist es gerade die Gewissheit, unendlich geliebt zu sein, die in den politischen Raum hineintreibt. In Gott zu leben, hieß nach ihrer Überzeugung, ihm zu helfen, seine Welt zu heilen, als Mensch Mitschöpfer zu werden. Das „mystische Auge" sehe in befreienden Bewegungen Gott selbst am Werk. „Mystik und Widerstand" lautete denn auch der Titel des ihr so wichtigen Buches von 1997, das mit den Worten beginnt: „Die mystische Erfahrung und das mystische Bewusstsein haben mich seit vielen

Jahren angezogen und getragen." Auch der Schlusssatz dieses Buches sei zitiert: „Es gibt Menschen, die das ‚stille Geschrei', das Gott ist, nicht nur hören, sondern es auch hörbar machen als die Musik der Welt, die den Kosmos und die Seele auch heute erfüllt."

Einen Lehrstuhl gab es für die engagierte Theologin in Deutschland nicht. Mehr als zehn Jahre pendelte sie in die USA, wo sie als Dozentin am *Union Theological Seminary* in New York lehrte. Dort lernte sie eine andere, für vermischende Tendenzen mitunter viel offenere Religiosität kennen. Erst 1994 wurde sie in Deutschland zur „Ehrenprofessorin" ernannt – an der Hamburger Universität. Sie starb am Morgen des 27. April 2003 nach einer Lesung in der Akademie Bad Boll. Ihr Buch „Mystik des Todes" wurde noch im selben Jahr als Fragment herausgegeben.

Von früh an hatte sich Dorothee Sölle an einem Gott gerieben, „der da oben in aller Herrlichkeit thronen soll und solche Dinge in Auschwitz mitveranstaltet" habe. Mit ihrer so begründeten Ablehnung eines „theistischen" Gottesverständnisses verkannte sie allerdings, dass das Neue Testament eine derart naive Theologie gar nicht vertritt: Jesus hat Gottes kommende, nicht platt-romantisch seine gegenwärtige Herrschaft verkündigt; und Paulus hat den „Gott dieser Welt" als den Satan entlarven können (2. Kor 4,4). Insofern hätte Sölle keineswegs bei einer a-theistischen Sichtweise Zuflucht suchen müssen.[321] Sie tat es aber im Gefolge moderner Philosophen (insbesondere Nietzsches, Sartres und Heideggers), indem sie eine „Gott-ist-tot-Theologie" entwickelte, die mit manchen Grundthesen liberaler Theologie konform ging. In Anlehnung an Rudolf Bultmanns Programm der „Entmythologisierung" suchte sie auf ihre Weise an Jesus festzuhalten – ohne metaphysischen Trost, doch nicht ohne mystische Tiefe.

Das einst von Willi Marxsen geprägte Motto „Die Sache Jesu geht weiter" war und ist das pseudoösterliche Glaubensbekenntnis all jener, die den Menschen Jesus in „aufgeklärter" Weise für tot, aber seinen spirituellen Impuls für lebendig halten. In diesem Sinn dachte und argumentierte Sölle. Nachdem freilich das neutestamentliche Auferstehungszeugnis grundlegend war für die Heilsbotschaft vom rechtfertigenden Kreuzestod Jesu und für seine von Gott bestätigte Gottessohnschaft, kassiert solch liberale Theologie die tragenden Elemente des kirchlichen Christusbekenntnisses aller Zeiten. Sölle machte aus ihrer entsprechenden Einstellung noch als 73-Jährige keinen Hehl: In ihrem letzten Interview erklärte sie, zwar sei sie durch Jesus „in die Religion hineingeraten", jedoch längst „nicht mehr so christozentrisch, wie man das heute gerne nennt".[322]

Was ihrem mystischen Gottesverständnis dementsprechend fehlte, war das Vertrauen auf die Vollmacht des „ohnmächtigen" Gottes, sein Schöpfungswerk zu vollenden. Solches Vertrauen setzte sie allenfalls auf den mystisch bewegten Menschen selbst – um ihn damit freilich restlos zu überfordern. Stets sah sie Gott in einem theologischen Kurzschluss als „abhängig vom Gegenüber" des Menschen an.[323] Schon ihr Buch „Atheistisch an Gott glauben" (1968) schloss bezeichnenderweise mit den Worten: „Die Toten sind unversöhnt, sie sind für nichts und niemanden gestorben..., niemand hilft ihnen. Auch Gott kann ihnen nicht helfen, solange wir nichts für sie tun." Diese Auffassung lässt sich nicht mehr als authentischer christlicher Glaube verstehen, auch nicht als Ausdruck christlicher Hoffnung. „Ach fragt nicht nach der auferstehung / ein märchen aus uralten zeiten / das kommt dir schnell aus dem sinn", heißt es provokant in ihrem Gedicht „über auferstehung". Der Ausblick auf eine universale Auferweckung, ja überhaupt auf ein Leben nach dem Tod, klingt für Sölle nach bloßer Vertröstung für die im

Diesseits zu kurz Gekommenen. Auferstehungs- und Unsterblichkeitshoffnung verneint sie auch noch in ihrem letzten Buch „Mystik des Todes": „Die Annahme der Endlichkeit des Lebens und der Vergänglichkeit des Ich verbindet uns mit allen anderen Lebewesen...".[324] Nicht im personalen Sinn, jedoch in einem ganz mystischen gehe es nach dem Tod weiter – gleichsam als ein Tropfen im Meer. Solch konturenlose, eher ans buddhistische Nirvana erinnernde Hoffnung war selbst Sölles Ehemann, dem Theologieprofessor Fulbert Steffensky, zu wenig: Er widersprach ihr noch in dem erwähnten letzten, gemeinsamen Interview. In einem späten Gedicht hatte sie immerhin eingeräumt, „heute" wisse sie „ein bißchen mehr / über die auferstehung / noch nicht genug".[325]

Der modernen Mystikerin war daran gelegen, die „mystische Empfindlichkeit, die in uns allen steckt", wieder zuzulassen, Mystik in diesem Sinn zu „demokratisieren". Dieses Bemühen ging allerdings auf Kosten einer spezifisch christlichen Mystik. Es hatte Sölle schon immer an „der" Mystik gefallen, dass sie dazu neigte, nicht nur die Ich-Grenzen, sondern die Grenzen eines kirchlich orientierten Christentums zu sprengen. Dabei übersah sie jedoch, dass auch und gerade das „kirchliche" Christentum in seinem Zentrum mystisch war und ist – und zwar in einem radikaleren Sinn, als sie wähnte. Denn es geht einer christlichen Mystik, die ihren Namen verdient, um mehr als um existenzielle Momente wie „loslassen" oder „zur Ruhe Kommen", nämlich um ein letztes Angenommensein bei Gott, ein Beheimatetsein bei dem, der unbedingtes Vertrauen verdient, gerade weil er dem erlösten Geschöpf ewige Heimat in seinem Reich verheißt. Indem Sölle das „individuelle Weiterleben nach dem Tod" bezweifelt und rät, den „Kreislauf der Erde", den „Rhythmus des Lebens" mit dessen Vergänglichkeit zu akzeptieren,[326] verkleinert sie die Fülle der biblischen Verheißung. Das aber ganz überflüssigerweise! Denn wenn schon dem modernen Menschen überhaupt „Mystisches" zugemutet wird, dann kommt es auf ein gutes, tiefes Mehr davon doch auch nicht an. Die von Sölle geforderte „Mystik der offenen Augen" bleibt insofern leider blind gegenüber dem Reichtum und der Reichweite christlicher Mystik.

Willigis
Jäger

„Der mystische Weg ist kein Weg der Selbsterlösung. Er ist ein Weg in die Einheit der Liebe."[327] Das unterstreicht der 1925 in Hösbach bei Aschaffenburg geborene Benediktinerpater und Zen-Meister Willigis Jäger. Er leitete ab 1981 für rund zwei Jahrzehnte das Haus „St. Benedikt – Zentrum für spirituelle Wege" in Würzburg. 2001 gründete er die „Würzburger Schule der Kontemplation" – und 2009 eine westliche Zen-Linie mit eigener Gemeinschaft. In seinem Buch „Westöstliche Weisheit – Visionen einer integralen Spiritualität"[328] heißt es über ihn:

„Willigis Jäger ist einer der großen spirituellen Lehrer unserer Zeit" und „als Benediktiner und Zen-Meister sowohl von der westlich-christlichen Mystik als auch dem östlichen Zen inspiriert" (125). Weit gehe er über die traditionellen Vorstellungen der Religionen hinaus.

Hierzu ist zunächst zu sagen, dass des Paters mystisches Denken weltanschaulich traditionelle Vorstellungen keineswegs pauschal hinter sich lässt, sondern strukturell offenkundig in einem bestimmten Strang tief verwurzelt ist – nämlich im Schema neuplatonischer Metaphysik. Deren absolutes *Eines* kehrt bei ihm wieder als nicht personal zu denkendes und rational unbegreifliches absolutes Bewusstsein oder einfach als Letztwirklichkeit der *Leere*. Das Bekenntnis zum spirituellen Monismus ist klar und deutlich: Es sei erfahrbar, „dass alles eins ist": „Diese ewige Weisheit bedeutet ein Einschwingen in das kosmische Gesetz" (16 f). Von daher sei mystische Erfahrung ein Wesensmerkmal menschlichen Seins überhaupt.

Hier bestätigt sich in aller Deutlichkeit, dass Mystik dort, wo sie sich im Konzeptrahmen monistischer (bzw. nicht-dualistischer) Einheitslehre bewegt, stets auch die Göttlichkeit des Menschen nach seinem innersten Kern meint. „Unser Innerstes ist ungeboren und unzerstörbar", denn es kommt aus dem „zeitlosen Urgrund", lehrt Jäger (32). Mystisches Ahnen interpretiert er als „Erinnerung an die Einheit, aus der wir kommen." Demgemäß sei unser personales Ich „nur das Instrument, auf dem das Eine spielt" (33), nur eine Illusion, die unser wahres Wesen verschleiere. Anders als das christliche Menschenbild, aber in Entsprechung zum buddhistischen, sieht Jäger das Ich als bloßes System zur Informationsverarbeitung an, als vergängliche Rolle, durch die unser „wahres Wesen" hindurchtönt – nämlich das der „Leere und Einheit" (34). Jeder Mensch ist dieser Mystikschule zufolge eine Manifestation der göttlichen „Urwirklichkeit", die Gegenwart Gottes in seinem irdischen, individuellen Leib, ja eine „Erscheinungsform Gottes" (44), eine Offenbarung des „Einen, als das Leben, das sich in uns inkarniert hat". (37)

Solcher Adel erhebt, zumal er jedem und jeder erlaubt, sich als „so etwas wie der Mittelpunkt" des Kosmos fühlen, weil ja – monistischer Logik zufolge – „das Ganze ohne uns letztlich nicht existiert" (39). Dabei verwischt Jäger immer wieder rhetorisch leichtsinnig die Differenz zwischen uns als vergänglichen Individuen und als unvergänglicher „Geist, der wir sind" (113): „Wir sind dieser göttliche Hintergrund, der ständig Neues schafft" (49). Hier begegnet eine Form von Mystik, die in der Tat „über einen Glauben an Gott weit hinausgeht" (35). In gleichartiger Weise hatten sich übrigens schon Gnostiker im spätantiken Christentum über Kirchen-Christen erhaben gefühlt. Nach Jäger wird es „Zeit, dass wir ein neues Verständnis von Gott, Mensch und Welt zulassen" (48). Richtiger hätte er wohl sagen müssen: „dass wir strukturell zu dem alten Verständnis von Gott, Mensch und Welt in Gnosis und Theosophie zurückkehren."

Zu den gravierenden Problemen solch monistischer Mystik zählt die Schwierigkeit, das Böse in der Welt und im Menschen mit der postulierten „Einheit" auf einen religiösen Nenner zu bringen. Waren etwa Hitler und Stalin auch eine Offenbarung des „Einen, das sich in uns inkarniert hat"? Nach Jäger handelte es sich bei ihnen einfach um egozentrische Menschen, die nicht zur Selbsttranszendenz bereit waren. Aber war dann diese bösartige Haltung nichts anderes als eben auch ein Ton in der kosmischen Symphonie und Harmonie des „Einen"? Ein „Tanzschritt des Tänzers Gott"? (105) Eine „Figur des unendlichen Spielers auf diesem Schachbrett Evolution"? (107) Individueller „Ausdruck des universalen Bewusstseins"? (109)

Das Ziel des göttlich-kosmischen Gesamtprozesses ist laut Jäger die Selbstverwirklichung des Einen in der Vielzahl individueller Formen. Wie wäre aber von daher all das Übel in der Vielheit des Kosmischen zu deuten? Jäger meint hierzu, unvollkommen erscheine das Leid nur uns Menschen; in Wahrheit gebe es Gut und Böse gar nicht (56). Die Kinder und Enkel vergaster Juden, die Eltern ermordeter Kinder und die Geschwister hingerichteter Märtyrer dürften solches freilich als puren Zynismus empfinden.

Auch die Auskunft, unsere Vernunft sei außerstande, die „wirkliche Wirklichkeit" zu erfassen, bleibt diesbezüglich unbefriedigend. Denn dazu passt nicht, dass Jäger die angebliche Irrationalität jener Andersdenkenden geißelt, die etwas glauben, was sie womöglich nicht verstehen (70). Schließlich versucht er sogar, das Problem doch noch rational zu lösen, also entgegen der Beteuerung, es gebe im Blick auf das Eine keine Theodizee (111), eine solche doch zu formulieren. Und zwar erklärt er in der Logik des monistischen Konzepts, das Böse gehöre zur „Urwirklichkeit" Gottes und zum „Vollzug des göttlichen Lebens" (56 f). Eine derartige Lehre ist ungefähr deckungsgleich mit dem Gottesverständnis des Philosophen Friedrich Nietzsche[329], aber unerträglich im Blick auf jenen Gott, von dem Jesus sagte, keiner sei *gut* außer er (Mark 10,18). Der Gott des Christentums steht keineswegs „jenseits von Gut und Böse", wie ein Buchtitel Nietzsches lautet. Jäger aber nennt Nietzsche mehrfach als einen Denker, den seine Suche hingeführt habe zu jenem „Ursprung, den uns die Mystik bewusst machen kann" (77). Dagegen sei die christliche Theologie „weitgehend auf ihren archaischen Vorstellungen sitzen geblieben" (80).

Zu diesen von Jäger als „archaisch" diffamierten Vorstellungen zählt die christliche Lehre von der Schöpfung aus dem Nichts. Denn nach seinem eigenen Dogma gilt: „Alle Dinge und alle Lebewesen bestehen aus dem reinen, ursprünglichen, göttlichen *Einen*" (112). Grotesk ist für den Zen-Meister zudem die

Lehre, Jesus sei als der Gekreuzigte der göttliche Versöhner und Erlöser (68 f). Ohne näher auf tiefe Elemente der Kreuzestheologie eines Paulus oder vielleicht auch eines Martin Luther einzugehen, karikiert Willigis Jäger damit eine zentrale Aussage des christlichen Heilsglaubens, die ja doch auch für viele christliche Mystiker von größtem Gewicht ist. In der Tat kann das Wort vom Kreuz unter monistischem Vorzeichen nur als „Ärgernis" und „Torheit" (1. Kor 1,24) aufgefasst werden – doch für Christen ist in dieser Botschaft Gottes Weisheit erkennbar. Das zeigt, dass es neben Jägers „westöstlicher Weisheit" noch eine ganz andere göttliche Weisheit gibt.

Dabei behauptet Jäger, es würden alle Religionen – also auch das Christentum – auf dem gleichen Gipfel enden. Ja, er meint sogar, „dass die spirituellen Wege aller Religionen der gleichen Grundstruktur folgen" (95). Wenn man das Absolute mit *Leere* identifiziert, wie er das tut, kann man freilich leicht zu der These gelangen, es sei gleich-gültig, wie man das Göttlich-Unbegreifliche benenne – ob Brahman, Gott, kosmisches Bewusstsein oder noch anders. Konsequent erklärt er, seine Geistesschule und Übungswege seien „transkonfessionell" und führten „über alle Dogmen und Bekenntnisse hinaus" (15). Genauer müsste es freilich heißen: *aus* ihnen hinaus. Jägers eigene Konfession ist besagter Monismus. Ebenso konsequent hat denn auch der Vatikan ihm Anfang 2002 ein Schweigegebot auferlegt. Bereits nach wenigen Monaten hat er sich daran nicht mehr gehalten, sondern erklärt, er gedenke weiterhin die Wege der „christlichen Mystik" zu lehren. Auf evangelischer Seite hat sich Landesbischöfin Margot Käßmann (Hannover) von Willigis Jäger und seiner „Wohlfühl-Spiritualität" mit einem Gemisch aus fernöstlichen Religionen und Christentum abgegrenzt.[330]

Was an Jägers Mystik überhaupt noch spezifisch *christlich* sein soll, ist allerdings fraglich. Beispielsweise verflacht er den

Begriff des „Sohnes Gottes" zu einer Bezeichnung für alle Menschen und alle Wesen, und er lehnt die biblische Trennung zwischen Gott und Welt ab. Der Konzeptrahmen, innerhalb dessen er christliche Stoffe angeht und für den er sie zurechtbürstet, entstammt eher östlich-asiatischer Religiosität. Dort hat Jäger sein Standbein, während „christliche Mystik" bei näherer Betrachtung lediglich als Gebiet seines Spielbeins wirkt.

Kein Wunder, dass der von ihm spirituell geleitete „Benediktushof" in Holzkirchen bei Marktheidenfeld mit seinem esoterisch anmutenden Flair ausdrücklich „nicht religiös-konfessionell" gebunden ist – ja nicht einmal religiös im engeren Sinn! Denn der von Jäger gelehrte Weg ist „auch für all jene, die sich keiner Religion zuzählen" (16) – er eröffnet sogar eine rein „säkulare Mystik" (102).

Die mystisch zu erfassende Urwirklichkeit ist laut Jäger immer ganz in jedem Teil, „so wie der Ozean immer ganz in jeder Welle ist" (36). „Die Welle ist das Meer" heißt denn auch ein anderes Taschenbuch von Willigis Jäger.[331] Aber die Welle ist eben nicht das Meer, sowenig ein Hügel das Gebirge ist, sondern ein winzig kleiner Bestandteil davon. Die Aussage des Paters will die These veranschaulichen, der Mensch sei zuinnerst göttlicher Natur. Auf die Frage, ob wir selber Gott seien, kann er mit einem klaren Ja antworten (49). Wir alle seien „eine Epiphanie Gottes" (71). Von daher kritisiert er am Protestantismus, dieser sei vonder Vorstellung geleitet, dass das Ich vor Gott gerechtfertigt werden müsse: „Aber das muss es gar nicht" (58)! Doch der Mensch ist nach christlicher Lehre eben nicht im Kern selber Gott oder göttlich, sondern ein Sünder, der der gnädigen Annahme vonseiten Gottes bedürftig ist. Und nachdem es gerade in dieser Frage auf dem weiten Feld der Religionen recht unterschiedliche Antworten gibt, ist es – das muss Jäger entgegengehalten werden – keineswegs egal, ob Gott „nun Parusha, Brahma, Jahwe oder Allah heißt"! (33)

Insofern hilft es wenig, vollmundig zu prognostizieren, unser 21. Jahrhundert werde „ein Jahrhundert der Mystik und der Metaphysik werden" (77). Wenn es überhaupt so kommen sollte, dann liegt viel daran, welcher Metaphysik und welcher Mystik die Zukunft gehören wird. Wer hier geistige Unterschiede einzuebnen versucht, weiß im Grunde sehr genau, dass es diese Unterschiede gibt und dass sie weltanschauliches Ringen bedeuten. Schon das zu leugnen wäre nichts anderes als Ausdruck entsprechenden Ringens. Willigis Jäger lässt sich in diesem Sinne als Kämpfer für eine ganz bestimmte Art von Mystik verstehen, die dem Geist kirchlich tradierten Christentums wenig entspricht und in ihm allenfalls dort Anhalt findet, wo sich heidnischer Neuplatonismus einnisten konnte. Nicht umsonst drängt Jäger über konfessionelles Christentum hinaus. Sein Gott ist kaum mehr der Dreieine, sondern der All-Eine. Und der ist im Grunde *all-ein*: Alle Vielfalt der Welt ist nur die andere Seite seiner Einheit mit sich selbst. Alle Fülle ist hier letztlich Leere – und umgekehrt, was aber wiederum auf Leere hinausläuft. Hier wird das Gegenüber von Schöpfer und Schöpfung in einem letzten Sinn bestritten, das doch Voraussetzung ist für eine wirkliche Liebesmystik. Tatsächlich meint Jäger: „Nicht auf die Zweiheit der Liebenden, nicht auf ihren Dialog kommt es an. Das Wesentliche ist der Liebesakt selbst" (147). Damit der mystische „Liebesakt" zustande kommt, ist aber „Zweiheit", ist Dualität Bedingung. Das kommt in solch monistischer Mystik entschieden zu kurz. Und darüber darf ihre bestechende „Einfaltigkeit" nicht hinwegtäuschen.

David
Steindl-Rast

Der Benediktinermönch David Steindl-Rast, geboren 1926 in Wien, ist ausgebildeter Künstler und promovierter Philosoph. Bekannt geworden ist er als Brückenbauer zwischen westlichen und östlichen Traditionen. Sein Orden hatte ihm erlaubt, Zen mit buddhistischen Meistern zu praktizieren. Buddhismus und Christentum hält er für vollkommen vereinbar miteinander.[332] Seit Jahrzehnten bereist er alle fünf Kontinente, um über die großen spirituellen Herausforderungen des Christentums in unserer Zeit zu sprechen.

1989 gründete er gemeinsam mit einem Zen-Mönch das „Haus der Stille" im österreichischen Dienten am Hochkönig. Bekannt wurde er insbesondere durch das zusammen mit Fritjof Capra verfasste Buch „Wendezeit im Christentum. Perspektiven für eine aufgeklärte Theologie" (1991).[333] Mittels dieses „Wendezeit"-Titels verortete er sich selbst im Umfeld der esoterisch durchsetzten „New Age"-Spiritualität.[334] Kein Wunder, dass „Mystik" ein zentrales Thema für ihn war und blieb – aber in welchem Sinne?

„Wir sind alle Mystiker", lautet die Botschaft in David Steindl-Rasts Buch „Fülle und Nichts" (1999). Mystik definiert er hier und in anderen seiner Schriften als Erfahrung unserer letztlichen Zugehörigkeit. In der mystischen Erfahrung des „Zugehörens" erblickt er die gemeinsame Grundlage aller Religionen der Welt. In einer „großartigen kosmischen Einheit gehören wir alle zusammen", meint er in „Wendezeit im Christentum", um dabei ausdrücklich „Gott" als den Bezugspunkt solcher Zugehörigkeit zu benennen.

Der Ausdruck „Gott" müsse freilich richtig verstanden werden – nämlich als „die eine Wirklichkeit, der wir letztlich angehören und die daher auf innerlichste Weise uns gehört" (31). Das klingt unverkennbar nach einem monistischen Ansatz: Die eine Urwirklichkeit ist Prinzip und Motor aller Wirklichkeit; das traditionelle Gegenüber von Schöpfer und Schöpfung wird als „altes" Denken verabschiedet zugunsten jenes programmatischen „neuen Denkens", das Einheit und Vielfalt des Göttlichen in dieser unserer Welt wiederfindet.

Hierbei greift offenkundig die Erfahrung des „kosmischen Bewusstseins". Die Bedeutsamkeit mystischer Erfahrungen im Sinne von „Gipfel-Erfahrungen" betont Steindl-Rast besonders. Im Hier und Jetzt seien mitunter Wirklichkeiten erfahrbar, die eigentlich jenseits der Zeit liegen. In Augenblicken solcher Er-

fahrungen „besitze ich mein ganzes Leben auf einmal" (128).
Insbesondere mit dem Tod als dem Endpunkt der irdischen
Zeit komme es zur wahren Ganzheit, erklärt Steindl-Rast weiter: „Wenn meine Zeit jedoch abgelaufen ist, dann bleibt alles
das bestehen, was jenseits der Zeit ist. Das ist keinem Wandel
unterworfen." Diesem Ganzheitsverständnis liegt die von ihm
geteilte – freilich gar nicht „neue", sondern altbekannte gnostische – Überzeugung zugrunde: „Unser wahres Selbst ist das
göttliche Selbst." (131)

Von daher sieht Steindl-Rast es als Aufgabe eines jeden
Menschen an, sein Leben aus „der" Mystik heraus zu erneuern.
Gott selbst sei in „jedem, der das Leben eines Mystikers führt,
absolut greifbar" (97). Überhaupt: „Gott und das gesamte Universum schenken sich uns ständig" (47). Dies zu realisieren,
sei ein Erkenntnisprozess der Seele, der identisch mit dem Prozess der Erlösung, Befreiung und Erleuchtung sei. Gnostisie-
rend unterstreicht der Mystiker: „Da Gott unser eigenes Selbst
ist, wird die Wahrheit immer durch unser tieferes Selbst offenbart." (49)

Selbstgewiss, mitunter sogar arrogant im Tonfall wird im
„Wendezeit"-Buch ein „neues Zeitalter" auch für christliche Theologie und Spiritualität angesagt. Das monistische Konzept des
„neuen Denkens" auf dem Hintergrund eines „kosmischen Bewusstseins" lässt freilich eher an das Göttliche als an den Gott
der Bibel denken. Tatsächlich gibt es mancherlei Anzeichen für
solch ein neues, teilweise esoterischem Denken geschuldetes
Orientierungsmuster in Gesellschaft und Kirche. Eine verbreitete Begeisterung für feministische Theologie gehört mit in diesen
kulturellen Prozess. Steindl-Rast vertritt insgesamt eine plura-
listische Religionstheologie, wonach Jesus Christus nicht beanspruchen kann, den Weg zu Gott als der einzig wahre Heilsmitt-
ler zu weisen.

Von daher urteilt er, es würde „heute in der theologischen Gemeinschaft weltweit jeder als rückständig gelten, der sich nicht zumindest in die Richtung dessen bewegt, was wir hier das neue Paradigma nennen" (80). Eine „aufgeklärte Theologie" wäre demnach eine Wissenschaft, die monistischem Denken nahesteht. Doch das ist in Wahrheit keine „aufgeklärte", sondern eine bestimmte weltanschauliche Position, der gegenüber es durchaus gewichtige Vorbehalte gibt. Ihre Logik folgt sozusagen einer anderen Grammatik als die der kirchlichen Grundbekenntnisse, die bis heute in der Ökumene in Geltung stehen. Wo Schöpfer und Schöpfung nicht mehr deutlich unterschieden werden, dort verändert sich auch die Lehre von Jesus Christus als dem Geschöpf gewordenen Gottessohn. So ist es zum Beispiel auch kein Wunder, dass Steindl-Rast mit den biblischen Zeugnissen vom leeren Grab Jesu nichts anzufangen weiß. Der Botschaft des Neuen Testaments wird man nicht gerecht mit der Aussage: „Durch sein Leben und durch seine Lehre übermittelte Jesus vielen anderen Menschen seine mystische Nähe zu Gott." (85)

Überdies ist das Verständnis des Heiligen Geistes im Konzept Steindl-Rasts ein anderes: Für ihn bedeutet dieser Geist, dass „wir die göttliche Wirklichkeit durch Gottes eigenes Selbsterkennen erfahren, an dem wir teilhaben" (94). Demgegenüber wird Gottes Geist im neutestamentlichen Sinn erfahren als rettende, heilmachende Wirklichkeit, die Gemeinschaft mit Christus selbst und Anteil an der verheißenen Vollendung der Schöpfung schenkt. Diese Vollendung, wie sie biblisch ersehnt und in der Rede vom universal herbeikommenden „Reich Gottes" in Aussicht gestellt ist, muss Steindl-Rast aufgrund der mangelnden Unterscheidung von Schöpfer und Schöpfung umdeuten in bereits gegenwärtige kosmische Harmonie: Für ihn bedeutet das Gottesreich schlicht „unser Zugehören zu dieser großartigen kosmischen Wirklichkeit" (88) im Hier und Heute.

So können die religiösen oder theologischen Begriffe in verwirrender Weise durchaus dieselben sein, während ihr jeweiliger Sinn davon abhängt, mit welcher Art von Mystik man es zu tun hat bzw. – mit Steindl-Rasts Worten ausgedrückt – worauf sich besagte mystische „Zugehörigkeit" näherhin inhaltlich bezieht. Es bleibt dabei: Mystik ist nicht gleich Mystik – auch nicht innerhalb des Christentums.

Schlussgedanken
Mit dem Ende anfangen

Nach all den angeführten Beispielen will ich abschließend skizzieren, was ich selbst als christlicher Theologe für sinnvoll halte, um mystischem Appetit Genüge zu leisten. Kurz gesagt, empfehle ich, mit dem Ende anzufangen. Damit meine ich zum einen, bewusst vom Ende des eigenen Lebens her zu existieren, also immer wieder zu bedenken, wohin mein Dasein schließlich münden wird – um von daher die Gegenwart zu deuten und zu füllen. Zum andern meine ich die grundsätzliche, konzentrierte Ausschau nach dem, was insgesamt von unserer Wirklichkeit

Bestand haben wird. Mystik fordert und ermöglicht den Blick sowohl auf das eigene Ende als auch auf das Ziel aller Dinge. Mit beidem geht es für christliches Hoffen um die Vollendung der Schöpfung, um das Sein Gottes als „alles in allem" (1. Kor 15,28), wie es in unserer jetzigen, von Gott entfremdeten Welt noch nicht der Fall, aber doch zuversichtlich anzuvisieren ist. Bisheriger Sinn und Unsinn werden darin „aufgehoben" sein.

Wie jene künftige Wirklichkeit aussehen wird, lässt sich freilich nicht näher sagen. Sie wird ja zum Teil nicht mehr nach den uns bekannten physikalischen Gesetzen ausgerichtet, sondern aller chaotischen und vergänglichen Gehalte ledig sein. Paulus betont demgemäß die Entzogenheit des Verheißenen: „Denn wie kann man erhoffen, was man schon sieht?" (Römer 8,24). Auch Johannes weiß: „Noch ist nicht erschienen, was wir sein werden" (1. Joh 3,2). Doch christliche Hoffnung – das zeigt die Fortsetzung dieses Bibelwortes – verharrt nicht bei der Frage nach dem, was *wir* sein werden. Sondern sie mündet im Hinblick auf Jesus Christus als den vom Tod auferweckten Erlöser in die Zuversicht: „Wir werden *ihn* sehen, wie er ist."

Sehnsucht vergegenwärtigt sich bereits das Ersehnte. Sie holt die Zukunft ins Jetzt, das durch sie bereits ein Stück weit geprägt wird. Glaube, Hoffnung und Liebe – diese drei leisten solche Vergegenwärtigung künftiger Vollendung. Sie holen den Geist des verheißenen Gottesreiches schon mitten hinein in die entfremdete Wirklichkeit. Oder besser: Sie lassen den verborgen anwesenden Herrn der Zukunft zur Voraus-Wirkung kommen. Sie erfahren dadurch spirituell so etwas wie Ganzheitlichkeit inmitten fragmentarischer Existenz. Sie fangen vom Ende her zu denken an. Damit bringen sie einen Sinn in die vielfach von Sinnlosigkeit geprägte Welt hinein, der nicht von der Welt ist. Sie nehmen im Kleinen ein Stück weit vorweg, was Gott nach dem Ende dieser Weltzeit universal sichtbar machen und ins Werk setzen wird.

Christliche Mystik ist dabei mehr als bloß verinnerlichte Ver-gegenwärtigung von Erhofftem. Sie meint ein reales Erspüren der künftigen Wirklichkeit. Möglich ist das, weil Jesus den Tod hinter sich gelassen hat. In diesem Menschen ist Gott selbst in diese Welt hineingekommen, hat ihre Vergänglichkeits- und Cha-osstrukturen auf sich genommen und sie ein- für allemal durch-brochen. Der Gottmensch lebt für immer – für uns. Er kann und will kontaktiert werden. Er ist die Brücke zur Ewigkeit für jeden Menschen. Christsein heißt im Grunde nichts anderes als dies: Jesus Christus als Sohn Gottes erkennen und durch ihn in eine endgültige, heile Beziehung zu Gott gelangen; das bedeutet, das ewige Leben zu haben (Joh 17,3).[335] Damit hat mitten in unserem vergänglichen Dasein Unsterblichkeit begonnen – nicht als etwas natürlich Gegebenes, sondern als Geschenk der Liebe Gottes, die dem Glaubenden als untrügliche Wirklichkeit gewiss wird.

Christliche Mystik lebt von der Erkenntnis, dass weder Tod noch Leben, weder Gegenwärtiges noch Zukünftiges von Got-tes Liebe trennen können. Gewissheit dieser Art aber ist nur möglich, wo in der geistigen Verbindung mit Christus sogar jene allerletzte Linie überschritten ist, die noch Gefahr bedeu-ten könnte: das Endgericht, das im Umbruch zur neuen Wirk-lichkeit des universalen Gottesreiches unumgänglich kommen muss. Hier gilt Jesu Zusage: „Wer mein Wort hört und glaubt dem, der mich gesandt hat, der hat das ewige Leben und kommt nicht in das Gericht, sondern ist vom Tod zum Leben hindurch-gedrungen" (Joh 5,24). In diesem Sinn hier und jetzt schon ewi-ges Leben haben: das heißt vom Ende, vom guten Ende aller Din-ge her leben. Wird christliche Mystik so verstanden, dann greift sie entscheidend weiter aus als jede andere Form von Mystik, Religion oder Philosophie.

Dass der Mensch als die einzige Spezies, die sich ihrer Ster-blichkeit voll und ganz bewusst ist, im Ansatz kaum anders kann, als vom Ende her zu leben, hat besonders der Philosoph Martin Heidegger aufgezeigt. Seiner Analyse zufolge ist unser Leben ein „Sein zum Ende".[336] Statt diese unbequeme Wahrheit wie üblich zu verdrängen, solle der Mensch sich mutig der Angst vor dem Tod stellen, damit sich in der inneren Vorwegnahme des Todes die Ganzheit der Existenz konstituieren könne. Noch radikaler hat der französische Philosoph Jean-Paul Sartre diesen Gedanken gefasst: Der Tod bringe das Leben nicht zur „Ganzheit", sondern mache es im Gegenteil absurd. Dem Menschen bleibe nur, sich selbsttätig ins Offene zu entwerfen. Solcher Existenzialismus wirkt heroisch: Sinn-Leere wird zum Freiheitsraum menschlicher Selbstbestimmung.

Es gibt Mystiker, denen eine solche Sichtweise gefällt.[337] Meist jedoch geht Mystik nicht nur mit der Aufforderung einher, vom Ende her zu denken, sondern auch mit der Annahme, dass der Tod kein absolutes Ende darstellt. Und an dieser Stelle – das hat der Durchgang durch die Geschichte der Mystik im Christentum anschaulich bestätigt – tun sich typologisch vor allem folgende alternative Orientierungsmöglichkeiten auf: die einer radikalen *Regression*[338] und die einer radikalen *Progression*. Beide Begriffe sind hier zum geringeren Teil im tiefenpsychologischen Sinn gemeint, in dem sie sich ohnehin überlappen oder gegenseitig bedingen. Zum gewichtigeren Teil handelt es sich um eine Alternative im weltanschaulichen Sinn. Psychologisch gesprochen, fällt *regressive* Mystik zurück in die Anfänge des eigenen Daseins: in das chaotisch-süße Einssein mit dem Allumfassenden, wie es der Embryo oder das Baby in der symbiotischen Einheit mit der Mutter vor aller Fähigkeit zu unterscheidendem Denken und zum Sprechen erlebt hat. Nicht zufällig weisen entsprechend monistische Konzepte stets eine mehr oder weniger deutliche Nähe zum Ur-Weiblichen, zum Feministischen auf. Weltanschaulich geht regressive Mystik davon aus, dass alles Sein, die eigene Seele eingeschlossen, zumindest dem innersten Seinsanteil nach aus Gott selbst ausgeflossen oder „geboren" ist – und dementsprechend wieder in Gott *zurück* muss. So begründet die Mystik der „Versenkung", des „Grundes", der wohligen „Leere" eine Theorie substanzieller Göttlichkeit des eigenen Seelenkerns.

Progressive Mystik greift hingegen nach vorne aus. Wenn sie das radikal tut, nämlich wie beschrieben bis über das Endgericht hinaus, handelt es sich um christliche Mystik im besten Sinn. Denn hier ereignet sich Verankerung weniger in einer vergangenen Erfahrung des Getragen- und Geborgenseins, die ja doch der Gefahr des Überholtwerdens ausgesetzt bleibt. Vielmehr geschieht hier vor allem Verankerung in der letztgültigen Zukunft. Sie ist deswegen unüberbietbar, weil sie unüberholbar ist. Der Glaube an die entsprechende Zusage im Namen Jesu Christi hat von daher mystische Tiefe. Er verbindet sich mit dankbarem Schöpfungsbewusstsein: Als von Gott gewolltes Gegenüber seiner Liebe lässt sich der Mensch – durch Jesus Christus vom Bewusstsein des Abgetrenntseins von dem heiligen Gott befreit – froh auf eine abgrundtiefe Vertrauensbeziehung zum Ewigen ein, die ihm selbst ewige Zukunft bringt.

Vertreter des Konzepts einer regressiven Mystik, das sich im Christentum wie in anderen Religionen gleichermaßen ansiedeln konnte, aber nicht eigentlich christlich ist, könnten gegen das christlich-progressive Mystik-Modell einwenden: „Es geht bei alledem gar nicht um die Kategorie der Unüberholbarkeit, weil wahre Mystik ohnehin ins Zeitlose führt!" Das Ausgespanntsein auf Zukunft hin spiele daher keine Rolle. Doch dieses Argument hat seine Überzeugungskraft lediglich innerhalb des monistischen Konzepts selbst. Denn dass Mystik ins schlechthin „Zeitlose" führe, gilt vor allem für dessen Schema der Leere. Das Konzept einer progressiven Mystik hingegen nimmt die Gegebenheit ernst, dass dieser Welt als von Gott geschaffener eine

Grundstruktur von Zeitlichkeit unabdingbar anhaftet. Mehr noch: Indem Gott mit der Kreatur Zeit geschaffen und sich ins Verhältnis zu ihr gesetzt hat, ist auch für ihn selbst eine uns verborgene Art von Zeit wesentlich. Christliche Theologie weiß darum, dass Gott Ewigkeit in sich trägt, dass er sich aber auch auf Zeit eingelassen hat.[339]

Gerade so ist die Perspektive einer progressiven Mystik positiv nach vorn gerichtet: Sie erwartet im Letzten nicht regressiv eine Art „Nirvana", sondern vollendete Schöpfung. Das Symbol der „Auferstehung der Toten" besagt demgemäß: Am Ende werden Gott und seine Schöpfung liebesmystisch eins sein. Welt wird sein – in unvorstellbarer Weise leidfrei, herrlich, voll ungetrübten Glücks. Ewigkeit wird nicht Auflösung ins Vergessen bedeuten oder göttliche Rückschau auf gewesenes Zeitliches, sondern ewiges *Leben*: Lebendigkeit in erneuerten, von Gottes Geist heilvoll veränderten Materie- und Raum-Zeit-Strukturen.

In diesem Sinn ist christliche Hoffnung nicht weltlos, sondern voller Vorfreude auf vollendetes Dasein in der unendlichen Gegenwart Gottes. Mehr noch: Christen können sich mystisch darauf besinnen, dass Gott selbst nicht nur unsere vergängliche Welt, vielmehr immer auch schon die vollendete Welt, auf die unsere vorläufige Schöpfung zielt, gegenwärtig hat: „So gesehen – nämlich aus der Perspektive Gottes, nicht aus unserer eigenen – gibt es uns für den allgegenwärtigen Schöpfer gewissermaßen doppelt: als leidende, sterbliche und als unsterbliche, auferstandene Kreaturen... Zumal Gottes Geist das innerste Geheimnis unseres eigenen Geistes bildet, der ohne jenen Geist gar nicht bestehen könnte, ist dieses Geheimnis unserer künftig-ewigen Identität im Reich Gottes auch in uns schon zuinnerst gegenwärtig. Das ahnen die Mystiker aller Zeiten."[340]

Dies ist freilich nicht der Ausblick regressiver Mystik, die Versenkung in Letztgrößen wie Leere, Dunkel oder Schweigen

anpeilt. Progressive Mystik ist darauf aus, das erste und letzt-
gültige *Wort* zu hören, das die Welt hervorgerufen hat, trägt und
vollenden wird. Sie ist Liebe zu Jesus Christus, und sie kennt seine Stimme: „Ich bin der gute Hirte und kenne die Meinen, und
die Meinen kennen mich" (Joh 10,4.14). Sie ist Mystik des Lichts
– und zwar eines Lichts, das nicht Ich-Auflösung will, vielmehr
ein Sich-Einlassen auf das Ich dessen, der von sich sagt: „Ich bin
das Licht der Welt" (Joh 8,12). Mit dem Ende anzufangen, läuft
nicht etwa auf eine „transpersonale" Ich-Überwindung hinaus,
die vor allem auf dem Wege bewusstseinsverändernder Versenkungsübungen anzupeilen wäre. Im Gegenteil: Hier geht es um
Selbstfindung in der Selbstvergessenheit gelebter, unvergänglicher Liebe.

Der Weg dorthin ist einfach der Glaube daran, dass ich als
konkretes Individuum von Gott geliebt und auf immer angenommen bin. Noch einmal: ich mit all meinen Unvollkommenheiten,
meiner Schuld und Hinfälligkeit! Gewiss, mein Ich ist ein Stück
weit eine Konstruktion, zeit- und umweltbedingt, gezeichnet
von Entfremdung und Vergänglichkeit. Aber es ist doch mehr
als das: Es ist Personzentrum des je einmaligen Geschöpfs, das
ich bin und vor Gott bleibe. Gerade weil das Ich immer auch eine
Widerspiegelung seiner Außenbezüge darstellt, kommt es für
jede menschliche Identität auf den entscheidendsten Außen- und
Innenbezug an: auf die Beziehung zu Gott. Darum hat jede Person ihr innerstes Zentrum nach christlichem Verständnis in Jesus Christus. Denn in der Christus-Beziehung wird das eigene
Selbst geheilt, mit Gott in eine endgültige, harmonische Beziehung gebracht.

Christlicher Mystik geht es somit nicht um eine Gelassenheit, die aus der Versenkung in eine trans- oder apersonale Leere resultiert. Freilich kann man das versuchen: sich tranceartig
oder hypnotisch in jenen Zustand zurückversetzen, in dem man

noch vor jeder konkreten Welterfahrung und Ich-Ausbildung in der Schwerelosigkeit wohliger Leere im Mutterbauch existierte – und sich dabei völlig „gelassen", ja „kosmisch" fühlen. Doch wer garantiert, dass solch ein Bewusstseinzustand, der durch gewisse manipulierende Meditationstechniken erreichbar sein mag, wirklich den Kontakt mit Gott bedeutet? Könnte es sich bei derartigen Versenkungsübungen nicht sogar um verkappte Fluchtversuche vor dem eigenen Ich-Sein und seiner Verantwortlichkeit vor Gott, also überhaupt um eine Flucht vor Gott handeln? Die Mystik der Leere wäre dann eine bedenkliche Illusion.

Aus christlicher Perspektive ist Gott nicht das Eine, sondern der Dreieine. Und darum ist er schwerlich auf dem Wege der Versenkung zu finden, sondern im Glauben an den einen Sohn Jesus Christus, in dem er sich verbindlich gezeigt hat. Damit soll nicht bestritten sein, dass der wahre Gottesgeist, der alles Sein trägt, erträgt und erlösen wird, die erahnte Projektionsfläche für mystische Versuche aller Art darstellt. Aber so zurückhaltend formulieren es viele mystische „Versuchsergebnisse" ja in der Regel eher nicht.

Christlich-progressiver Mystik geht es um eine andere Art von Gelassenheit. Sie übt sich ein in die Umwertung aller Werte, wie sie sich in der Perspektive des Gottesreiches ergibt. Sie sucht loszulassen, was an verkehrten Bindungen und Illusionen das Ich gefangen hält. Die Kraft dazu findet sie immer wieder neu im Glauben an den, dessen Geist sie liebevoll gegenwärtig weiß, und in der Hoffnung, dass die oft so harte Realität des Lebens hineingestellt ist in die Verheißung ewiger Vollendung. Solche mystische Gelassenheit bewährt sich in dem frohen Bewusstsein, jederzeit aufs Neue mit dem Ende anfangen zu dürfen.

Zu den Früchten christlicher Liebesmystik zählt bekanntlich nicht allein das Verhältnis Gott – Seele, sondern auch die Nächstenliebe, insbesondere die Liebe zu den Geschwistern in derselben Glaubenserfahrung. Darum ist christliche Mystik – recht verstanden – in einem tiefen Sinn kirchliche Mystik. Sie vereinzelt nicht, sondern bindet in Gemeinschaft ein, öffnet und weitet. Der befreiende Geist Christi ist derselbe in allen, die seinen Hauch spüren. In der Tiefe solcher Mystik ist nicht Leere, sondern die Quelle und Fülle des Lebens.

Das Stichwort „Leere", das in monistischer Mystik gern die Grund- und Zielvorstellung umschreibt, ist wie viele andere mystische Begriffe negativ. Ausgesagt wird, was „dort" nicht ist – weil es eben völlig unsagbar ist (z. B. „un-endlich", „un-sichtbar" usw.). Insofern geht es notgedrungen auf dieser negativen Schiene auch nur um eine negative Freiheit: um die Freiheit *von* etwas. Demgegenüber spricht christliche Mystik positiv von Gott, positiv von Freiheit. Ihr geht es um die Freiheit *zu* etwas, und demgemäß um eine Fülle, die doch etwas ganz anderes meint als die dialektische Einheit mit „Leere". Möglich ist ihr das, weil sie davon ausgehen darf, dass Gott sich in dem Menschen Jesus von Nazareth eindeutig gezeigt und auf unsere Seite, auf die Seite der Schöpfung gestellt hat. Daraus ergibt sich eine stabile Basis, frei zu sein für die Liebe zu Gott – eben nachdem man erkannt hat, von ihm bedingungslos geliebt zu sein. „Wenn euch nun der Sohn frei macht, so seid ihr recht frei" (Joh 8,36) – diese Freiheit gibt es nur in der Bindung an Christus. Das ist die Freiheit des Bewusstseins, auf immer und ewig Geschöpf sein zu dürfen im Licht der Liebe des Schöpfers. Jesu Wort „Ich bin die Tür" (Joh 10,9) signalisiert, dass dieses mystische Bewusstsein für die an ihn Glaubenden jederzeit offen steht. Denn er ist „gekommen, dass sie das Leben und volle Genüge haben sollen" (10,10). Er schenkt die Freiheit, auch aus dem Bewusstsein der Entfremdung heraus stets neu anzufangen mit der Erkenntnis, dass die Verbundenheit, die Einheit der Liebe mit ihm um seinetwillen nie enden wird.

Damit allerdings das menschliche Bewusstsein aus der Entfremdung, in die es wegen seines Daseins in einer gottentfremdeten Welt notgedrungen immer wieder gerät, je und je herausfinden kann, bedarf es in der Regel auch äußerer Bedingungen. Zeiten innerer Einkehr und Besinnung, Räume der Ruhe und des Schweigens helfen, sich dem Wort zu öffnen, das befreit. Solche stillen Zeiten und Räume werden in unserer Informations-, Wissens- und Spaßgesellschaft mit dem Trommelfeuer der Print- und elektronischen Medien sowie überhaupt dem allenthalben vorherrschenden Organisations- und Selbstverwirklichungsdruck zunehmend rarer. Von daher entspricht heutzutage der Ruf nach Entschleunigung[341] dem Bedürfnis nach Mystischem. Mit dem Ende anfangen zu dürfen, ist ein großes Geschenk – aber anfangen muss man! Mystisch offen zu sein, heißt deshalb auch ganz praktisch, dem Ruf des inneren und des äußeren Wortes so oft wie möglich eine Chance zu geben. Gegen alle äußeren und inneren Widerstände gilt es mit Johannes Tauler zu bedenken: Abgeschiedenheit, Alleinsein und bewusste Innerlichkeit können den Empfang des Heiligen Geistes vorbereiten helfen. Sowohl Gemeinschaft als auch Rückzug gehören zu den Regelmäßigkeiten, die sich für eine gelingende christliche Existenz empfehlen.

Christliche Mystik ist kein frommer Luxus und kaum eine Angelegenheit spiritueller Wellness. Ihr geht es um die als Geschenk erfahrene, ergreifende und verwandelnde Berührung mit dem Geist Gottes, die einen realen Vorgeschmack aufs ewige Leben bedeutet. Das muss nichts Ekstatisches sein. Für Christen handelt es sich vielmehr um das Erspüren der ganz tiefen Selbstverständlichkeit der Liebe Gottes – und um die Erkenntnis, die Martin Luther in die Worte gefasst hat: „Im Glauben selber ist Christus anwesend."[342]

Anhang

Der Anmerkungsteil kann dem interessierten Leser auch als Fundgrube für weiterführende Literatur dienen; auf ein eigenes Literaturverzeichnis wird daher verzichtet; Autor(inn)en sind bei der ersten, vollständigen Nennung eines Titels kursiv gedruckt.

Anmerkungen

1 VELKD = Vereinigte Evangelisch-Lutherische Kirche in Deutschland. Der Kirchengeschichtler *Gerhard Müller* war auch Hauptherausgeber der Theologischen Realenzyklopädie (TRE, 1976–2007).

2 Zitiert nach *G. Ruhbach/J. Sudbrack* (Hg.): Christliche Mystik. Texte aus zwei Jahrtausenden, München 1989, 314.

3 *Karl Rahner:* Frömmigkeit heute und morgen, in: Geist und Leben 1966 (39), 326–342. Vgl. auch *J. Schilling* (Hg.): Mystik, Religion der Zukunft – Zukunft der Religion?, Leipzig 2003.

4 Vgl. *Walter H. Clark*: Chemische Ekstase. Drogen und Religion, Salzburg 1971, 94.

5 *Peter Sloterdijk*: Eurotaoismus, Frankfurt/M. 1989, 344. Nächstes Zitat: *Peter Sloterdijk*: Der mystische Imperativ, in: ders. (Hg.): Mystische Zeugnisse aller Zeiten und Völker, gesammelt von M. Buber, München 1994[7], 9–43.

6 Zum Begriff vgl. *Hans Waldenfels*: Phänomen Christentum, Freiburg i. Br. 1994; *Joseph Ratzinger*: Einführung in das Christentum, München 2000; *Christian Nürnberger*: Das Christentum, Berlin 2007.

7 *Michael von Brück* im „Tübinger Dialoggespräch", in: Dialog der Religionen 1 (1991), 130–178, hier 173.

8 *Gerhard Wehr*: Christliche Mystiker, Regensburg 2008, 8. Vgl. auch *Saskia Wendel*: Christliche Mystik, Düsseldorf 2005.

9 *Michael von Brück*: Art. Mystik. 1. Zum Begriff, in: RGG[4] Bd. 5 (2002), 1651. Schon *Rudolf Otto* hatte bemerkt, dass „Mystik sich besondert", je nachdem, über welchem „Boden" sie sich wölbt (West-östliche Mystik, Gütersloh 1979, 175, 161, 190).

10 Vgl. z. B. *Robert Ornstein*: Die Psychologie des Bewusstseins, Frankfurt/M. 1976.

11 *Werner Thiede/Norbert Mette*: Spiritualität und Versenkung, in: D. Korsch/L. Charbonnier (Hg.): Der verborgene Sinn, Göttingen 2008, 249–254, hier 249 f.

12 *Bernardin Schellenberger*: Ein anderes Leben. Was ein Mönch erfährt, Freiburg u. a. 1980, 68.

13 Vgl. *Werner Thiede*: Theologie und Esoterik, Leipzig 2007.

14 *Reinhart Hummel*: Religiöser Pluralismus oder christliches Abendland?, Darmstadt 1994, 94 f.

15 *Paul Tillich*: Systematische Theologie, Bd. II, Stuttgart 1979[6], 92.

16 Der Religionspsychologe *William James* wusste: „Einbrüche von jenseits der transmarginalen Region haben eine besondere Kraft, Überzeugung zu verstärken" (Die Vielfalt religiöser Erfahrung [1902], hg. von E. Herms, Olten 1979, 442).

17 Vgl. z. B. *Klaus Thomas*: Meditation in Forschung und Erfahrung, in weltweiter Beobachtung und praktischer Anleitung, Stuttgart 1973.

18 Vgl. z. B. *Peter Heigl*: Mystik- und Drogenmystik, Düsseldorf 1980; *Stanislav Grof*: Geburt, Tod und Transzendenz, München 1984; ders. u. a.: Wir wissen mehr als unser Gehirn, Freiburg i. Br. 2003.

19 *Wolf Schneider*: Kleines Lexikon esoterischer Irrtümer, Gütersloh 2008, 96.

20 *Hoimar von Ditfurth* im Vorwort zu *Paul Davies*: Gott und die moderne Physik, München 1986, 7.

21 *Jean Guitton, Grichka* und *Igor Bogdanov*: Gott und die Wissenschaft, München 1996, 15.

22 Vgl. *Ernst Anrich*: Die Einheit der Wirklichkeit. Moderne Physik und Tiefenpsychologie, Fellbach 1980[2]; *Mathias Bröckers*: Nachrichten aus dem Untergrund des Übernatürlichen, in: E. Sens (Hg.): Am Fluß des Heraklit, Frankfurt/M. 1993, 279–297; *Colin McGinn*: Wie kommt der Geist in die Materie?, München 2003.

23 Vgl. *Carl Friedrich von Weizsäcker*: Zeit und Wissen, München/Wien 1992, 345 und 357 f. „Alles ist in Gott, Gott ist in Allem. Dem

braucht die heutige Physik nicht zu wider-
sprechen" (987).

[24] *Carl Friedrich von Weizsäcker*: Geist und
Natur, in: H.-P. Dürr/W. Ch. Zimmerli (Hg.):
Geist und Natur, Bern u. a. 1989, 17–27, hier 23.
Vgl. auch *Hoimar von Ditfurth*: Wir sind nicht
nur von dieser Welt, Hamburg 1981; *Günter
Ewald*: Die Physik und das Jenseits, Augsburg
1998.

[25] *David Bohm*: Die implizite Ordnung, München 1985; *Fritjof Capra*: Wendezeit, München
1988; *Ilya Prigogine/Isabelle Stengers*: Dialog
mit der Natur, München 1986[5]; *Pascual Jor-
dan*: Schöpfung und Geheimnis, Oldenburg/
Hamburg 1970.

[26] *Hans-Peter Dürr*: Materie ist geronnener
Geist. Interview, in: Lutherische Monatshefte
35 (1996), 8–13, hier 8; Ders. und *Marianne
Oesterreicher*: Wir erleben mehr als wir be-
greifen. Quantenphysik und Lebensfragen,
Freiburg i. Br. 2001, 129.

[27] *Hans-Peter Dürr* u.a.: Gott, der Mensch
und die Wissenschaft, Augsburg 1997, 132.
Vgl. zum Begriff *Heinz R. Schlette*: Weltseele,
Frankfurt/M. 1993. Siehe auch *H.-P. Dürr* (Hg.):
Physik und Transzendenz, Bern u. a. 1986.

[28] Vgl. *Hans-Peter Dürr*: Wissenschaft und
Wirklichkeit, in: ders./W. Ch. Zimmerli (Hg.):
Geist und Natur, Bern u. a. 1989, 28–46, bes.
35, 38 und 45.

[29] Vgl. *Hans Driesch*: Parapsychologie (1932),
Zürich 1952[3], 124 f.

[30] Vgl. *Jürgen Moltmann*: Gott in der Schöpfung, München 1985, 114 f.

[31] Guitton/Bogdanov, a. a. O. 167.

[32] Vgl. z.B. *Eugine D'Aquili/Andrew New-
berg*: The Mystical Mind, Minneapolis 1999;
deutsch: Der gedachte Gott. Wie Glaube im
Gehirn entsteht, München 2003.

[33] Vgl. *Dominik Perler*: Alter und neuer Natu-
ralismus, in: P. Neuner (Hg.): Naturalisierung
des Geistes – Sprachlosigkeit der Theologie?,
Freiburg i. Br. u. a. 2003, 15–42; *Hinderk M.
Emrich*: Neurowissenschaft und Sinnfrage,
in: P. M. Pflüger (Hg.): Die Suche nach Sinn
heute, Olten 1990, 95 ff.

[34] Vgl. *Ulrich Lüke*: Mehr Gehirn als Geist?,
in: P. Neuner (Hg.): Naturalisierung, a. a. O.
57–78; ferner *Günther Schulte*: Neuromythen,
Frankfurt/M. 2000; *Ulrich Schnabel*: Die Ver-
messung des Glaubens, München 2008.

[35] Zitiert nach: *Charles T. Tart*: Erleuchtung
und Verdunkelung, in: Stanislav Grof u.a.:
Wir wissen mehr als unser Gehirn, Freiburg
i. Br. 2003, 151–189, hier 157 ff.

[36] *Günter Ewald*: Gehirn, Seele und Compu-
ter. Der Mensch im Quantenzeitalter, Darmstadt 2006, 126.

[37] Vgl. *Klaus Berger*: Ist Gott Person? Ein
Weg zum Verstehen des christlichen Gottes-
bildes, Gütersloh 2004.

[38] Es gibt visionsfreie Empfindungen abs-
trakt-wonniger Leere oder aber reine Auditi-
onen (vgl. z.B. *Günther Massenkeil*: Wort und
Ton in der christlichen Mystik, Paderborn
2008).

[39] Tart, a. a. O. 186.

[40] Vgl. z.B. *Carl Gustav Jung*: Versuch einer
psychologischen Deutung des Trinitätsdog-
mas, in: Gesammelte Werke Bd. 11, Olten 1971,
119 ff, bes. 186 f und 212 f; ferner Willigis Jäger
(s. u.).

[41] Vgl. zum Thema eingehend *Werner Thiede*:
Der gekreuzigte Sinn. Eine trinitarische Theodizee, Gütersloh 2007.

[42] Vgl. *Werner Thiede*: Wer ist der kosmische
Christus? Karriere und Bedeutungswandel einer modernen Metapher, Göttingen 2001, 129 ff.

[43] Zitiert nach *Nils-Olaf Jacobson*: Leben
nach dem Tod?, Gütersloh 1973, 318 f. Weitere
Beispiele für „kosmisches Bewusstsein" bei
Fridolin Marxer: Die mystische Erfahrung,
Würzburg 2003, 33 ff.

[44] Dazu meine Erläuterungen in: Wer ist der
kosmische Christus?, a. a. O. 91 ff.

[45] Das gilt z.B. auch für die Rede vom „Reich
Gottes" bei dem mystisch inspirierten Pfarrer
Claus Petersen: In dem Buch „Die Botschaft Jesu
vom Reich Gottes" (Stuttgart 2005) formt er
den apokalyptisch durchsetzten neutestamentlichen Begriffsgehalt einfach pantheistisch um.

[46] *Julia Iwersen*: Lexikon der Esoterik, Düsseldorf 2001, 164.

[47] *Paul Knitter*: Eine Mystik – viele Stimmen, in: Chr. Quarch/G. Hartlieb (Hg.): Eine Mystik – viele Stimmen, Freiburg i. Br. 2004, 9–31, hier 11.

[48] Studien- und Planungsgruppe der EKD: Fremde Heimat Kirche, Hannover 1993, 13.

[49] Vgl. *Edmund Runggaldier*: Philosophie der Esoterik, Stuttgart u. a. 1996, 30. Der oft benannte Dualismus in der Gnosis ist gegenüber dem monistischen Ansatz meist sekundär (vgl. *Hans Jonas*: Gnosis und spätantiker Geist. 1. Teil, Göttingen 1988, 416 f).

[50] Marxer spricht von „monistischer Mystik" (a. a. O. 23).

[51] Vgl. *Dieter Funke*: Religion als Geborgenheit, in: Theologie der Gegenwart 32 (1989), 95–103; *Peter Geissler*: Mythos Regression, Gießen 2001.

[52] „Kosmisches Bewusstsein" kann nicht zuletzt bedeuten, mit UFOs zu rechnen, worin sich primärnarzisstische Tendenzen ausdrücken (vgl. *Susanna Lustig de Ferrer/Jaime Tomás*: Die Science-fiction-Literatur als Ausdruck der Fötalregression des Psychismus, in: A. Rascovsky [Hg.]: Die vorgeburtliche Entwicklung, München 1978, 223–233).

[53] Vgl. z. B. *Ernst Benz*: Schellings theosophische Geistesahnen, Wiesbaden 1955.

[54] S. o. (3.). Weiteres in meinem Aufsatz „Weltseele und Holismus", in: J. Audretsch/K. Nagorni (Hg.): Das Ganze und das Fragment, Karlsruhe 2004, 69–99.

[55] *Klaus-Peter Jörns*: Notwendige Abschiede, Gütersloh 2006³, 239.

[56] Vgl. *Walter Beyerlin*: Wider die Hybris des Geistes. Studien zum 131. Psalm, Stuttgart 1982.

[57] *Albert Schweitzer*: Die Weltanschauung der indischen Denker, München 1982², 8 f. Nächstes Zitat ebd.

[58] *René Bütler*: Die Mystik der Welt, München 1995, 29. Nächstes Zitat ebd. 21.

[59] Jörns, a. a. O. 354. Vgl. aber *Josef Sudbrack*: Meditative Erfahrung – Quellgrund der Religionen?, Mainz/Stuttgart 1994.

[60] Zum Begriff des Synkretismus und seinen Differenzierungen habe ich mich ausführlich geäußert in dem Buch „Esoterik – die postreligiöse Dauerwelle" (Neukirchen-Vluyn 1995, 125 ff).

[61] Nach dem Bericht von *Leo D. Lefebure*: Weltparlament der Religionen in Chicago, in: Dialog der Religionen 4 (1994), 104–110, hier 109.

[62] *Elmar R. Gruber*: Sanfte Verschwörung oder sanfte Verblödung? Kontroversen um New Age, Freiburg i. Br. 1989, 137.

[63] *Josef Sudbrack*: Mystik, Stuttgart/Mainz 1988, 27.

[64] *Carsten Colpe* unterstreicht, dass synkretistische Versuche, die Einheit der Religionen aufzuweisen, jedenfalls nicht in christlichen, sondern in hinduistischen Traditionen wurzeln (Theologie, Ideologie, Religionswissenschaft, München 1980, 225).

[65] Dazu mein Artikel „Der Drang zur Häresie", in: Deutsches Pfarrerblatt 108 (2008), 258–264.

[66] Vgl. Thiede: Der gekreuzigte Sinn, a. a. O. 235 ff.

[67] Vgl. Geissler: Regression, 48 und 318 ff. Siehe auch unten: Schlussgedanken.

[68] Vgl. auch *Hartmut Sommer*: Die großen Mystiker. Orte ihres Wirkens, Darmstadt 2008, 14; anders Marxer, a. a. O. 73. Warum daher eine „substanzrelationale Ontologie" (SRO) einem „relationsontologischen Substantialismus" (ROS) strukturell überlegen ist, habe ich in meiner Habilitationsschrift über den „kosmischen Christus" gezeigt (a. a. O. bes. 99 f).

[69] *Bernhard McGinn*: Die Mystik im Abendland, Bd. 1, Freiburg i. Br. 1994, 14.

[70] Vgl. zum Begriff *Karl Rahner*: Visionen und Prophezeiungen, Freiburg i. Br. 1989²; *Vladimir Lossky*: The Vision of God, London 1963; *Ernst Benz*: Die Vision. Erfahrungsformen und Bilderwelt, Stuttgart 1969.

[71] Vgl. bes. die je vierbändigen Werke von *Bernhard McGinn* über „Die Mystik im Abendland" und von *Kurt Ruh* über „Die Geschichte der abendländischen Mystik" sowie die Bände von Ruhbach/Sudbrack und Wehr über „Christliche Mystik(er)" (s. Anm. 2 und 8).

[72] Vgl. *Jürgen Roloff*: Jesus, München 2000; *Carsten Peter Thiede*: Der unbequeme Messias. Wer Jesus wirklich war, Gießen 2006; *Joseph Ratzinger – Benedikt XVI.*: Jesus von Nazareth. Erster Teil, Freiburg 2007; *Jens Schröter*: Jesus von Nazareth, Leipzig 2009.

[73] Vgl. meinen Beitrag „Du meine Seele…" in: P. Schulze (Hg.): Beffchen, Bibel, Butterkuchen. Expeditionen ins evangelische Leben, Frankfurt/M. 2009, 62–70.

[74] Laut *Josef Sudbrack* zeigt sich am Kreuz, also „im empirisch erlebten, völligen Scheitern und dem dennoch verbleibenden Verankertsein im jenseitigen Gott" nicht nur der mystische Lebensgrund Jesu, sondern auch sein „gottmenschliches Geheimnis" (Mystik im Dialog, Würzburg 1992, 46).

[75] Vgl. *Martin Hengel/Anna Maria Schwemer*: Der messianische Anspruch Jesu und die Anfänge der Christologie, Tübingen 2001.

[76] Vgl. z. B. *Gerd Theißen/Annette März*: Der historische Jesus, Göttingen 1996, 26 f; *Matthias Kreplin*: Das Selbstverständnis Jesu, Tübingen 2001, 344 f.

[77] Vgl. *Albert Schweitzer*: Geschichte der Leben-Jesu-Forschung (1906), Bd. 2, Tb Gütersloh 1977³, 424.

[78] *Johannes Naumann*: Die verschiedenen Auffassungen Jesu in der evangelischen Kirche, in: Zeitschrift für Religionspsychologie 3/1910, 295.

[79] Vgl. *Gottfried Schimanowski*: Weisheit und Messias, Tübingen 1985; *Karl-Josef Kuschel*: Geboren vor aller Zeit?, München/Zürich 1990.

[80] *Felix Christ*: Jesus Sophia. Die Sophia-Christologie bei den Synoptikern, Zürich 1970.

[81] Kritisch dazu *Joachim Finger*: Jesus – Essener, Guru, Esoteriker?, Mainz 1993; *Klaus Berger*: Wer war Jesus wirklich?, Stuttgart 1995.

[82] *Paul Schwarzenau*: Das Kreuz. Die Geheimlehre Jesu, Stuttgart 1990, 108 f. Dazu mein Aufsatz „Jesus als Esoteriker. Analysen zum neognostischen Entwurf Paul Schwarzenaus", in: Materialdienst der EZW 54 (1991), 65–78.

[83] Vgl. *Bernd Kollmann*: Jesus und die Christen als Wundertäter, Göttingen 1996; ferner meinen Aufsatz „Wunderheilungen heute – eine theologische Herausforderung", in: H. Wiesendanger (Hg.): Wie Jesus heilen, Schönbrunn 2005³, 135–160.

[84] *Ernst Lohmeyer*: Urchristliche Mystik, Darmstadt 1956, 23.

[85] Vgl. z. B. *Udo Schnelle*: Paulus. Leben und Denken, Berlin/New York 2003; *Carsten Peter Thiede*: Paulus. Schwert des Glaubens – Märtyrer Christi, Augsburg 2004; *Eckart Reinmuth*: Paulus. Gott neu denken, Leipzig 2009.

[86] *Albert Schweitzer*: Die Mystik des Apostels Paulus (1930), Tübingen 1981 (die folgenden Seitenangaben beziehen sich auf diese Neuausgabe); *Alfred Wikenhauser*: Die Christusmystik des Apostels Paulus, Freiburg i. Br. 1956; *Hans C. Meier*: Mystik bei Paulus, Tübingen 1998; *Eugen Biser*: Der unbekannte Paulus, Düsseldorf 2003; Wehr: Mystiker, 14 ff.

[87] Dazu *Michael Nüchtern*: Abschied vom Sühnopfer? Wider die fahrlässige Preisgabe einer Deutungskategorie für den Tod Jesu, in: Materialdienst der EZW 72 (2009), 133–137; *Werner Thiede*: Kann Gott ohne Sühneblut nicht gnädig sein? Vom Sinn des Kreuzes Jesu, in: CA I (2008), 27–31.

[88] Vgl. *Hans Freiherr von Campenhausen*: Griechische Kirchenväter, Stuttgart 1981⁶, 32–42; McGinn: Mystik, Bd. 1, a. a. O. 155–165.

[89] *Stromata* VII 10,55 (zit. nach McGinn: Mystik, Bd. 1, 159).

[90] Vgl. *Arrigo Levasti*: Clemente Alessandrino, iniziatore della Mistica cristiana, in: Rivista die Ascetica et Mistica 12 (1967), 127–147; *John Chapman*: Art. Mysticism, in: Encyklopedia of Religion and Ethics, hg. von J. Hastings, New York 1908 ff, Bd. 9, 91.

91 *Gerd Theißen*: Psychologische Aspekte paulinischer Theologie, Göttingen 1983, 349. Paulus spreche hier von einer „überwältigenden Bewußtseinserweiterung über menschliche Grenzen hinaus" (363).

92 Vgl. *Klaus Schmöhle*: Läuterung nach dem Tode und pneumatische Auferstehung bei Klemens von Alexandrien, Münster 1974.

93 Vgl. von Campenhausen: Griechische Kirchenväter, a.a.O. 43–60; *Robert Sträuli*: Origenes. Der Diamantene. Glaubensweisheit, Leben und Wirken des Origenes, Zürich 1987.

94 Vgl. *Werner Beierwaltes*: Das wahre Selbst. Studien zu Plotins Begriff des Geistes und des Einen, Frankfurt/M. 2001. Dass Wehr in seinem Buch „Christliche Mystiker" (a.a.O. 12) ein Zitat des Heiden Plotin in eine Reihe christlicher Voten einfügt, ist irreführend.

95 Vgl. *Henning Ziebritzki*: Heiliger Geist und Weltseele. Das Problem der dritten Hypostase bei Origenes, Plotin und ihren Vorläufern, Tübingen 1994.

96 Vgl. z.B. *Gerhard Wehr*: Aurelius Augustinus, Gütersloh 1979; *Hans von Campenhausen*: Lateinische Kirchenväter, Stuttgart 1983⁵, 151 ff; *Henry Chadwick*: Augustin, Göttingen 1987; *Benedikt XVI.*: Augustinus – Leidenschaft für die Wahrheit, Augsburg 2009; McGinn: Mystik, Bd. 1, 330 ff.

97 McGinn, Bd. 1, 333. Nächstes Zitat ebd. 341.

98 Vgl. *N. Fischer* u.a. (Hg.): Freiheit und Gnade in Augustins Confessiones, Paderborn 2003.

99 Augustin: *Enarrationes in Psalmos* 26, II 11.

100 Augustin: Gottesstaat IX, 15.

101 Vgl. Wehr: Mystiker, 31 ff.

102 McGinn, Bd. 1, 240.

103 Dionysius: *De divinis nominibus* IV 10, 708 AB (zit. nach McGinn, a.a.O. 247).

104 McGinn, Bd. 1, 248.

105 Vgl. McGinn, Bd. 1, 257 ff. Natürlich steht man dann auch jenseits der Unterscheidbarkeit von Irrtum und Wahrheit (260)!

106 Dies formuliert der Areopagite in seinem 2. Brief an Gaius, wo er zugleich sagt, das Gute sei Nachahmung dessen, der über alles Gute hinaus sei – und durch den wir selber gut werden.

107 Vgl. McGinn, Bd. 1, 260.

108 Vgl. *Werner Beierwaltes*: Eriugena. Grundzüge seines Denkens, Frankfurt/M. 1994.

109 *Karl-Heinz Ohlig*: Fundamentalchristologie, München 1986, 329.

110 Vgl. *Hermann Dörries*: Zur Geschichte der Mystik. Eriugena und der Neuplatonismus, Tübingen 1925.

111 Vgl. *Gangolf Schrimpf*: Das Werk des Johannes Scottus Eriugena im Rahmen des Wissenschaftsverständnisses seiner Zeit, Münster 1982.

112 *De Prädestinatione* 4,7 (zit. nach *Alfred Adam*: Lehrbuch der Dogmengeschichte, Bd. 2, Gütersloh 1972², 28).

113 Um 855 (*Adversus Joannis Scoti erroneas definitiones liber*: PL 119, 101–250), zit. nach Ohlig, a.a.O. 384.

114 Vgl. *Heinrich Schipperges*: Hildegard von Bingen, München 1995²; *Thomas Schäfer*: Visionen. Leben, Werk und Musik der Hildegard von Bingen, München 1996; Wehr: Mystiker, 65 ff.; Christian Feldmann: Hildegard von Bingen. Nonne und Genie, Freiburg i.Br. 2008.

115 *Hildegard von Bingen*: Sci Vias – Wisse die Wege, hg. von W. Storch, Augsburg 1997 (hierauf beziehen sich die folgenden Seitenangaben in Klammern).

116 Sudbrack: Mystik, a.a.O. 50.

117 *Hildegard von Bingen*: Das Buch vom Wirken Gottes. Erste vollständige Ausgabe, hg. von M. Heieck, Augsburg 1998 (hierauf beziehen sich die folgenden Seitenangaben in Klammern).

118 Vgl. *Adolf Holl*: Der letzte Christ. Franz von Assisi. Berlin/Wien 1982; *Julien Green*: Bruder Franz, Freiburg i.Br. 1984.

119 „Generell Franz von Assisi in die Reihe der Mystiker einzureihen, bedarf keiner weiteren Begründung", bemerkt *Stefan Knobloch*:

Verwurzelt im Geheimnis Gottes – Franz von Assisi als Mystiker, in: W. Simon (Hg.): Meditatio, Münster 2002, 147–159, hier 148.

[120] Der Vogelstimmen-Liebhaber *Olivier Messiaen* komponierte und textete eine 1983 uraufgeführte Oper über Franziskus ("*Saint François d'Assise*").

[121] Vgl. *Joachim Dachsel*: Der Mann aus Assisi. Franziskus und seine Welt, Berlin 1977², 18.

[122] Vgl. Green, a.a.O. 267f.

[123] So Holl, a.a.O. 224.

[124] Nach Holl, a.a.O. 264f.

[125] Nach Holl, a.a.O. 272f.

[126] Vgl. *Bernhard McGinn*: Die Mystik im Abendland, Bd. 4, Freiburg i. Br. 2008, 168ff; *Kurt Ruh*: Meister Eckhart. Theologe, Prediger, Mystiker, München 1985.

[127] Vgl. Sommer, a.a.O. 127.

[128] *Adolf Lasson*: Meister Eckhart, der Mystiker (1868), Neudruck Stuttgart o.J., 22.

[129] Vgl. *Winfried Trusen*: Der Prozess gegen Meister Eckhart, Paderborn 1988.

[130] Gegen Meister Eckharts mystische These, alle Kreaturen seien ein "reines Nichts", wendet sich *Christine Büchner*: Gottes Kreatur – "ein reines Nichts"? Innsbruck/München 2005. Büchner betont, der Schöpfer ermögliche dem Geschöpflichen neidlos ein Eigensein.

[131] Zit. nach *H. Kunisch* (Hg.): Eckhart – Tauler – Seuse. Ein Textbuch aus der altdeutschen Mystik, Hamburg 1958, 33.

[132] Zit. nach Kunisch (Hg.), a.a.O. 52 und 56.

[133] Predigt 48 in: Die deutschen Werke 2, 420.

[134] Vgl. McGinn, a.a.O. 228. Dieses theologisch problematische Denken kehrt auch in der modernen Theosophie wieder, wie ich im 2. Hauptteil meiner Habilitationsschrift ("Wer ist der kosmische Christus?") zeige.

[135] Predigt 48 (zit. nach McGinn: Mystik, Bd. 4, 228). Der Religionsphilosoph Paul Tillich, der seinerseits stark im neuplatonischen Schema denkt, spricht vom "Gott über Gott".

[136] Vgl. McGinn: Mystik, Bd. 4, 256; ferner 270ff.

[137] McGinn, a.a.O. 277.

[138] Vgl. McGinn: Mystik, Bd. 4, 231 und 253.

[139] Zit. nach Kunisch (Hg.), a.a.O. 58.

[140] Zum Begriff vgl. Geissler: Regression, 243ff. Auch die Aussage, Gott sei mit seinen Geschöpfen von Ewigkeit her "schwanger" gewesen (Die deutschen Werke, Predigt 75), mutet als regressiv inspirierte Bildrede an.

[141] Zit. nach Kunisch, a.a.O. 61.

[142] *Meister Eckhart*: Das Buch der göttlichen Tröstung (1318), in: Die deutschen Werke, Bd. 5, 8f.

[143] Vgl. McGinn, Bd. 4, 106ff.

[144] Vgl. *Matthias Binder/Peter Baumann/Robert Giersch*: Christina Ebner (1277–1356). Beiträge zum 650. Todesjahr der Engelthaler Dominikanerin und Mystikerin, Hersbruck 2007; *Leonard P. Hindsley*: The Mystics of Engelthal, New York 1998.

[145] Vgl. Binder u.a., a.a.O. 51.

[146] Vgl. *Susanne Bürkle*: Literatur im Kloster. Historische Funktion und rhetorische Legitimation frauenmystischer Texte des 14. Jahrhunderts, Tübingen/Basel 1999.

[147] Vgl. *Binder/Baumann/Giersch*: Christina Ebner, a.a.O. 29. Von der Vorläufigkeit oder Dauer der erlebten *unio* hängt es für viele Mystikerinnen ab, ob sie von einer mystischen Verlobung oder Ehe sprechen (Marxer, a.a.O. 76f). Vgl. auch *Bardo Weiß*: Ekstase und Liebe. Unio mystica bei den deutschen Mystikerinnen des 12. und 13. Jahrhunderts, München 2000.

[148] Ebd. 33 und 41f. Nächstes Zitat ebd. 42.

[149] A.a.O. 37 (in heutiges Deutsch übertragen vom Verf.).

[150] A.a.O. 38.

[151] Vgl. *Manfred Weitlauff*: Margareta Ebner, in: W. Schwaiger (Hg.): Bavaria Sancta, Bd. 3, Regensburg 1973, 231–267, hier 255.

[152] Vgl. Binder, a.a.O. 62 und 64.

153 Zitiert nach Binder, a.a.O. 67.

154 Vgl. *Udo Maria Schiffers*: Weisheit des Gehorsams bei Teresa von Avila, in: W. Baier u.a. (Hg.): Weisheit Gottes – Weisheit der Welt, Bd. 2, St. Ottilien 1987, 835–862, bes. 854.

155 Vgl. *Reinhard Flogaus*: Theosis bei Palamas und Luther, Göttingen 1996; *Kyriakos Savvidis*: Die Lehre von der Vergöttlichung des Menschen bei Maximos dem Bekenner und ihre Rezeption durch Gregor Palamas, St. Ottilien 1997.

156 Vgl. G. *Ruhbach/J. Sudbrack*: Mystik, a.a.O. 203. Unter Hesychasmus ist ein Zweig byzantinischer Mystik zu verstehen, der auf Johannes Hesychastes (gestorben 559) zurückgeht. Hesychastische Mönche wiederholen pausenlos Gebete, um mit Gott eins zu werden, und stimmen dabei die Atmung auf den Sprechrhythmus ab.

157 Zit. nach Ruhbach/Sudbrack, a.a.O. 202.

158 Zit. nach Ruhbach/Sudbrack, 204f. Nächste Zitate ebd. 205 und 207.

159 Vgl. *Louise Gnädinger*: Johannes Tauler. Lebensweisheit und mystische Lehre, München 1993; *Thomas Gandlau*: Trinität und Kreuz. Die Nachfolge Christi in der Mystagogie Johannes Taulers, Freiburg i.Br. 1993; McGinn: Mystik, Bd. 4, 412ff; Wehr: Mystiker, 107ff.

160 Vgl. Gnädinger, a.a.O. 43.

161 Zit. nach Kunisch (Hg.), a.a.O. 85. Nächstes Zitat ebd.

162 Zit. nach Kunisch (Hg.), a.a.O. 92; vgl. Gandlau, a.a.O. 339–341; McGinn, a.a.O. 465ff.

163 Predigt 52 und 64 (zit. nach McGinn, a.a.O. 465 und 483; vgl. auch 491).

164 Zit. nach Kunisch, a.a.O. 97; vgl. Gandlau, a.a.O. 340.

165 Zit. nach Kunisch, a.a.O. 97.

166 Vgl. McGinn, a.a.O. 453. McGinn betont anbei, „dass die Alternative zwischen Mystiker und Mystik-Prediger irreführend sei"; auf die Botschaft, nicht auf die sie verkündigende Person komme es an (454).

167 Zit. nach McGinn, a.a.O. 467.

168 Zit. nach Gandlau, a.a.O. 326

169 Vgl. *H.N. Janowski* (Hg.): Geert Groote, Thomas von Kempen und die Devotio moderna, Olten/Freiburg i.Br. 1978; *Gisbert Kranz*: Thomas von Kempen, Moers 1993.

170 In der Reihe „Klassiker des Christentums" erschien 2007 in Augsburg: *Thomas von Kempen*: Die Nachfolge Christi, nach der Übersetzung von J.M. Sailer [Erstausgabe 1792), neu bearbeitet von R. Hoyer, mit einem Nachwort von K. Wecker. Die folgenden Zitate stammen jedoch aus der von N. Janowski besorgten Ausgabe (siehe vorige Anm.) – mit seltenen Überarbeitungen durch den Verf.

171 Vgl. *Ulrike Bodemann-Kornhaas*: „...ein grosser, edler, thewrer schatz ligt in diesem kleinen buechlin begraben". Die einzigartige Verbreitungsgeschichte der „Nachfolge Christi" des Thomas von Kempen, Kempen 2006.

172 Vgl. *Kurt Flasch*: Nicolaus Cusanus, München 2005²; *William J. Hoye*: Die mystische Theologie des Nicolaus Cusanus, Freiburg i.Br. 2004; McGinn: Mystik, Bd. 4, 712–796.

173 Zit. nach McGinn, a.a.O. 717

174 Gespräch über das Seinkönnen, in: Schriften, a.a.O. 286.

175 *Nicolaus Cusanus*: Über die Gabe des Vaters des Lichtes, in: Philosophische und theologische Schriften, hg. von A. Scharpff, Wiesbaden 2005, 218–225, hier 225.

176 So sagt es der 4. Hauptsatz seiner Philosophie (vgl. Flasch: Cusanus, a.a.O. 77f).

177 *Nicolaus Cusanus*: Über das Sehen Gottes (1453), in: Schriften, a.a.O. 233–282, hier 278.

178 Aus dem Jahr 1456 (zit. nach McGinn, a.a.O. 727).

179 Über das Sehen Gottes, a.a.O. 265.

180 Über das Sehen Gottes, a.a.O. 240 (*De visione Dei* 5,13).

181 Vgl. ebd. 250. Vollendet legt der Cusaner seine Methode in *De beryllo* („Über die Brille", 1458) dar. B. McGinn resümiert: Diese „mystische Theologie ist wie ein schwarzes Loch, in

dem sogar das Zusammenfallen der Gegensätze verschwindet, um auf Weisen verwandelt zu werden, die nicht vorstellbar sind" (a.a.O. 768).

[182] A.a.O. 263f.

[183] A.a.O. 267 und 269. Vgl. McGinn, a.a.O. 789.

[184] A.a.O. 273.

[185] *De docta ignorantia*, zit. nach *Rudolf Haubst*: Streifzüge in die Cusanische Theologie, Münster 1991, 338.

[186] *Nicolaus Cusanus*: Gespräch über das Seinkönnen, in: Schriften, a.a.O. 283–290, hier 288.

[187] Vgl. z.B. *Walther von Loewenich*: Martin Luther. Der Mann und das Werk, Göttingen 1983; *Athina Lexutt*: Luther, Köln u.a. 2008; *Hans-Martin Barth*: Die Theologie Martin Luthers, Gütersloh 2009.

[188] Vgl. *Bernhard Lohse*: Luthers Theologie, Göttingen 1995, 38.

[189] *Volker Leppin*: Transformationen spätmittelalterlicher Mystik bei Luther, in: B. Hamm/ V. Leppin (Hg.): Gottes Nähe unmittelbar erfahren. Mystik im Mittelalter und bei Martin Luther, Tübingen 2007, 165–185, hier 185. Vgl. auch *Heiko A. Oberman*: Luther, Berlin 1982, 190ff; *Bengt R. Hoffman*: Luther and the Mystics, Minneapolis 1976; *Gerhard Wehr*: Martin Luther – der Mystiker, München 1999.

[190] Lohse: Theologie, a.a.O. 90.

[191] *Martin Luther*: Kritische Gesamtausgabe, Weimar 1883ff (= Weimarer Ausgabe, im Folgenden: WA), Bd. 2, 497; WA 39 I, 563, 13ff. Vgl. *Th. Schneider/G. Wenz* (Hg.): Gerecht und Sünder zugleich, Freiburg i.Br. 2001.

[192] Archiv zur WA 2, 259, 12–14 (zit. nach Leppin, a.a.O.182).

[193] So *Werner Kohlschmidt*: Luther und die Mystik, Hamburg 1947.

[194] Dazu *Walter Schöpsdau*: Komtemplativ und apostolisch: die Karmeliten (OCarm und OCD), in: Materialdienst des Konfessionskundlichen Instituts 58 (2007), 118–119.

[195] Vgl. *Maria A. Sondermann*: Teresa von Avila begegnen, Augsburg 2007; *Manuel Delgado*: Christliche Mystik: exemplarisch dargestellt anhand der Kirchenlehrerin Teresa von Ávila und des Kirchenlehrers Johannes vom Kreuz, in: Zeitschrift für Missionswissenschaft und Religionswissenschaft 90 (2006), 5–27.

[196] Vgl. *Ulrich Dobhan/Reinhard Körner*: Johannes vom Kreuz. Die Biographie, Freiburg i.Br. u.a. 1992; *Reinhard Körner*: Johannes vom Kreuz. Gestalt, Begegnung, Gebet, Freiburg i.Br. 1993.

[197] Körner: Johannes vom Kreuz, 23.

[198] Vgl. *Johannes vom Kreuz*: Die dunkle Nacht. Vollständige Neuübersetzung, hg. von *U. Dobhan*, Freiburg i.Br. u.a. 1995 (hieraus stammen die folgenden Zitate).

[199] Vgl. *Günter Benker*: Loslassen können – die Liebe finden. Die Mystik des Johannes vom Kreuz, Grünewald 1991.

[200] Die dunkle Nacht II, 4, 2 (zit. nach Dobhans Neuübersetzung, a.a.O. 102).

[201] Aus: Böhme-Gesamtausgabe (1730), Bd. 10, 20.

[202] Vgl. *Hans Tesch*: Jakob Böhme. Mystiker und Philosoph, Lindau 1976; *Gerhard Wehr*: Jakob Böhme, Schaffhausen 1976; *John Schulitz*: Jakob Böhme und die Kabbalah, Frankfurt/M. u.a. 1993.

[203] Vgl. *Wilhelm Schmidt-Biggemann*: Jenseits der Rationalität. Warum sich Philosophie und Mystik nicht verbinden lassen, in: Evangelische Kommentare 4/1999, 10–13. Anders *Karl Albert*: Mystik und Philosophie, St. Augustin 1987.

[204] *Jakob Böhme*: Mysterium Magnum, in: Gesamtausgabe (1730) Bd. 7, 433.

[205] *Jakob Böhme*: Christosophia, hg. und erläutert von G. Wehr, Freiburg i.Br. 1975, 107. Nächstes Zitat ebd. 206.

[206] Christosophia, a.a.O. 202. Nächstes Zitat: 111.

[207] Vgl. *Romano Guardini*: Christliches Bewusstsein. Versuche über Pascal, München

1954[3]; hilfreich ist die Gesamtdeutung des Pascalschen Werkes bei *Hans Urs von Balthasar*: Herrlichkeit, Bd. II, Einsiedeln 1962.

[208] Es gibt diverse Ausgaben; genannt seien hier nur: *Blaise Pascal*: Gedanken, nach der endgültigen Ausgabe übertragen von W. Rüttenauer, Birsfelden-Basel o. J. (hierauf beziehen sich die folgenden Nr.-Angaben in Klammern); Prachtausgabe: *Blaise Pascal*: Gedanken, hg. von A. Brummer, Leipzig 2007.

[209] Dazu mein Aufsatz „Tabuisierung des Todes im 21. Jahrhundert? Überlegungen zu einem spätmodernen Kulturphänomen" in: Berliner Theologische Zeitschrift 21 (2004), 206–225.

[210] Zit. nach Ruhbach/Sudbrack, a.a.O. 362. Nächstes Zitat ebd. 367.

[211] Vgl. *Gottfried Wolff*: Solus Christus. Wurzeln der Christusmystik bei Gerhard Tersteegen, Gießen 1989; *Jost Müller-Bohn*: Gerhard Tersteegen – Leben und Botschaft, Lahr 1993; *Walter Nigg*: Gerhard Tersteegen, Gießen 1998.

[212] Zit. nach *Gustav Adolf Benrath*: Gerhard Tersteegen, in: Pfarramtskalender 1997, 9–21, hier 12.

[213] Zit. nach *Werner Hehl*: Der evangelische Heilige Gerhard Tersteegen, in: G. Popp (Hg.): Die Großen des Glaubens, Stuttgart 1985, 212–216, hier 214. Vgl. auch Wehr: Mystiker, 213 ff.

[214] Zit. nach Ruhbach/Sudbrack (Hg.): Mystik, a.a.O. 404.

[215] Ebd. 405. Nächste Zitate ebd.

[216] Ebd. 407.

[217] 6. Stophe des Liedes „Gott rufet noch" (Evangelisches Gesangbuch, Nr. 392).

[218] 5. Strophe des Liedes „O Gott, o Geist, o Licht des Lebens" (Evangelisches Kirchengesangbuch, Nr. 426, im Evang. Gesangbuch nicht mehr abgedruckt).

[219] Vgl. *Karl Barth*: Die protestantischen Theologie im 19. Jahrhundert, Bd. 2, Hamburg 1975, 360–400; *D. Lange* (Hg.): Friedrich Schleiermacher 1768–1834, Göttingen 1985; *Hans Küng*: Große christliche Denker,

München/Zürich 1994, 185–222; *Kurt Nowak*: Schleiermacher, Göttingen 2001.

[220] *F.D.E. Schleiermacher*: Über die Religion. Reden an die Gebildeten unter ihren Verächtern, Leipzig 1911[2], 176 und 151.

[221] A.a.O. 52.

[222] So *Adolf Schlatter*: Die philosophische Arbeit seit Cartesius, Stuttgart 1910[2], 147. Vgl. auch *Matthias Heesch*: Kants Wirkung auf Schleiermacher, in: W. Thiede (Hg.): Glauben aus eigener Vernunft?, Göttingen 2004, 207–230.

[223] Vgl. *Emil Brunner*: Die Mystik und das Wort. Der Gegensatz zwischen moderner Religionsauffassung und christlichem Glauben, dargestellt an der Theologie Schleiermachers, Tübingen 1924. Dazu *Bettina Weyh*: Die Mystik und das Wort. Emil Brunners Schleiermacher-Interpretation auf dem Hintergrund der Schleiermacher-Renaissance und Mystik-Begeisterung der Jahrhundertwende, Gütersloh 2009.

[224] Vgl. *F. D. E. Schleiermacher*: Der christliche Glaube (1821–1822), hg. von H. Peiter, Berlin/New York 1984 [im folgenden zitiert als „Der christliche Glaube"], Bd. 2, 69.

[225] Vgl. Werner Schock: Abhängigkeitsgefühl und Sinneinheit. Zum Gottesbegriff in Schleiermachers Glaubenslehre, in: Neue Zeitschrift für Systematische Theologie 37 (1995), 41–56.

[226] *Felix Flückiger*: Philosophie und Theologie bei Schleiermacher, Zollikon-Zürich 1947, 172. „Gottheit und Weltprinzip sind eines" (167 f). „Der monistische Grundgedanke vermag sich auch in der Dogmatik durchzusetzen" (169).

[227] Schleiermacher: Glaube, Bd. 1, 26 (§ 8).

[228] Glaube, Bd. 1, 79. Nächstes Zitat ebd.

[229] Glaube, Bd. 1, 78.

[230] Vgl. Schleiermacher: Glaube, Bd. 2, 307.

[231] Schleiermacher: Glaube, Bd. 2, 11.

[232] Schlatter, a.a.O. 153.

[233] Flückiger, a.a.O. 179.

234 Der christliche Glaube, Bd. 2, 38. Vgl. auch kritische Äußerungen: 50 f und 61.

235 Vgl. Schleiermacher: Der christliche Glaube, Bd. 2, 358 f (§ 187).

236 Schlatter, a. a. O. 203.

237 Barth: Theologie, a. a. O. 400.

238 Vgl. *Harald von Mendelssohn*: Sören Kierkegaard, Stuttgart 1995; *Joakim Garff*: Sören Kierkegaard. Biographie, Darmstadt 2004.

239 Vgl. *Sören Kierkegaard*: Die Tagebücher 1832–1839, übersetzt und hg. von H. Ulrich, Berlin 1930, 495 f.

240 Schön nachempfunden ist dieses wichtige biografische Geschehen in dem Roman von *Finn Jor*: Sören und Regine. Kierkegaard und seine unerfüllte Liebe, München 2000.

241 *Sören Kierkegaard*: Die Krankheit zum Tode. Der Hohepriester – der Zöllner – die Sünderin, Gütersloh 1978, 156.

242 *Sören A. Kierkegaard*: Abschließende unwissenschaftliche Nachschrift zu den Pilosophischen Brocken, Teil 2, 161.

243 *Sören A. Kierkegaard*: Über den Begriff der Ironie mit ständiger Rücksicht auf Sokrates, Gütersloh 1998⁴, 334.

244 Vgl. *Sören Kierkegaard*: Gott nötig haben ist des Menschen höchste Vollkommenheit, hg. und übersetzt von R. Dollinger, Berlin 1939.

245 Kierkegaard: Predigt „Der Hohepriester", in: Die Krankheit zum Tode, a. a. O. 146.

246 Kierkegaard: Tagebücher, a. a. O. 333.

247 Zit. nach von Mendelssohn, a. a. O. 292.

248 *Sören Kierkegaard*: Zwei Reden beim Altargang am Freitag, in: Gesammelte Werke, Bd. 19, Simmerath 2003, 19 (Vorwort).

249 Vgl. *Werner Elert* in: Theologisches Literaturblatt 33, 617.

250 Vgl. *Jan Cattepoel*: Sören Kierkegaard als Kommunikationsanalytiker und Sozialkritiker, Diss. Mainz 2005, 100 ff.

251 Vgl. *Erika Geiger*: Wilhelm Löhe (1808–1872), Neuendettelsau 2003.

252 Vgl. *Gustav Adolf Benrath*: Die Erweckung innerhalb der deutschen Landeskirchen 1815–1888, in: E. Gäbler (Hg.): Geschichte des Pietismus, Bd. 3, Göttingen 2000, 150–271, hier 241 f.

253 *Adolf Schwammberger*: Der junge Löhe, in: F. W. Kantzenbach (Hg.): Wilhelm Löhe – Anstöße für die Zeit, Neuendettelsau 1972², 13–36, hier 29.

254 Vgl. Schwammberger, a. a. O. 16; ferner 18.

255 Vgl. *Wilhelm Löhe*: Gesammelte Werke, hg. von K. Ganzert, Neuendettelsau 1986 ff (= GW), Bd. I, 243 f.

256 Vgl. Geiger, a. a. O. 283 (Weiteres in GW I, 116, 119 und 125).

257 Vgl. Geiger, a. a. O. 53.

258 Vgl. *Werner Thiede*: Starke Himmelshoffnung, in: CA IV/2007, 51–53.

259 Vgl. Geiger, a. a. O. 49, 55, 65 f,. 68, 70, 83, 86 und 88.

260 Vgl. die Ausführungen in W. Löhes „Drei Bücher von der Kirche" (1845), hg. von D. Blaufuß, Neuendettelsau 2006, sowie in GW I, 88 f.

261 Und zwar im Anschluss an Augustin, der in der *ecclesia peregrinans* unseren einzigen Weg zu Gott in diesem Leben gesehen hatte (vgl. McGinn, Bd. 1, a. a. O. 345).

262 GW I, 128.

263 Zit. nach *Werner Thiede/Hans-Martin Weiss*: Löhe und das Kirchenliedgut, in: H. Schönauer (Hg.): Wilhelm Löhe (1808–1872), Stuttgart 2008, 341–351, hier 345.

264 Vgl. *Hans Kressel*: Helene Löhe, Neuendettelsau 1956; *Werner Thiede*: Helene & Wilhelm Löhe, in: CA III/IV 2008, 90–93.

265 *Wilhelm Löhe*: Lebenslauf einer heiligen Magd Gottes aus dem Pfarrstande, Gütersloh 1924⁶, 7.

266 Zit. nach Geiger, a. a. O. 114.

267 Löhe: Lebenslauf, 11. Nächstes Zitat ebd. 31.

268 Zit. nach Geiger, a. a. O. 127 f.

269 Vgl. *Hermann Wohlgschaft*: Große Karl May Biographie, Paderborn 1994; *Christian Heermann*: Winnetous Blutsbruder. Karl-May-Biographie, Bamberg 2002; *Dieter Sudhoff/ Hans-Dieter Steinmetz*: Karl-May-Chronik, 5 Bände, Bamberg 2005. Vertiefende Beiträge bieten die Jahrbücher der Karl-May-Gesellschaft.

270 *Dieter Sudhoff*: Parerga und Paralipomena über Gott und die Welt aus Karl Mays späten Jahren, in: ders. (Hg.): Zwischen Himmel und Hölle. Karl May und die Religion, Bamberg 2003, 209–331, hier 215.

271 *Karl May*: Lichte Höhen, Bamberg 1956, 352.

272 *Karl May*: Deadly Dust, Bamberg 2008, 425.

273 *Karl May*: In den Kordilleren, Wien o. J., 352; ähnlich 220.

274 Zit. nach Sudhoff, a. a. O. 268.

275 Zit. nach Sudhoff, a. a. O. 228.

276 *Karl May*: Und Friede auf Erden, Bamberg 1958, 123.

277 *Karl May*: Am Stillen Ozean, Herrsching 1983, 66.

278 Wohlgschaft, a. a. O. 580 und 683.

279 *Karl May*: Himmelsgedanken, Freiburg i. Br. 1900, 219.

280 *Karl May*: Lichte Höhen, Bamberg 1956, 42.

281 Ebd. 429.

282 Zit. nach Sudhoff, a. a. O. 227. Nächste Zitate ebd. 253 und 249 (um 1900).

283 Zit. nach Sudhoff, 275.

284 Zit. nach Sudhoff, 321.

285 Lichte Höhen, 31.

286 Lichte Höhen, 399. Nächstes Zitat ebd. 261.

287 In fernen Zonen, hg. von L. und B. Schmid, Bamberg 1999, 181.

288 1902 (zit. nach Sudhoff, a. a. O. 283).

289 Zit. nach: *Ekkehard Bartsch*: Christliche Religion in den Reiseerzählungen Karl Mays, in: D. Sudhoff (Hg.): Himmel, a. a. O. 111.

290 Zit. nach Sudhoff, a. a. O. 258.

291 *Gerhard Wehr*: Rudolf Steiner Leben – Erkenntnis – Kulturimpuls, Freiburg i. Br. 1982; *Christoph Lindenberg*: Rudolf Steiner. Eine Chronik, 1861–1925, Stuttgart 1988.

292 Dazu von *Klaus Stieglitz*: Die Christosophie Rudolf Steiners, Witten 1955, 20–22 und 253f; Thiede: Christus, 104ff und 188ff.

293 *Rudolf Steiner*: Grundlinien einer Erkenntnistheorie der Goetheschen Weltanschauung mit besonderer Rücksicht auf Schiller (1886), Dornach 1979⁷ (GA 2), 125.

294 Zu Nietzsches „mystischem“ Gottesverständnis siehe Thiede: Sinn, a. a. O. 71ff.

295 Vgl. *Rudolf Steiner*: Die Mystik im Aufgange des neuzeitlichen Geisteslebens und ihr Verhältnis zur modernen Weltanschauung (1901), Dornach 1987⁶ (GA 7).

296 Vgl. *Rudolf Steiner*: Mein Lebensgang, hg. v. M. Steiner (1925), Stuttgart 1948 (GA 28), 323. „Ich fand das Christentum, das ich suchen mußte, nirgends in den Bekenntnissen vorhanden" (325).

297 *Rudolf Steiner*: Das Christentum als mystische Tatsache, Dornach 1976⁸, 157.

298 Vgl. Thiede: Christus, 129ff.

299 Näheres bei *Werner Thiede*: Anthroposophie in protestantischer Perspektive, in: A. Fincke (Hg.): Anthroposophie, Waldorfpädagogik, Christengemeinschaft (EZW-Texte 190), Berlin 2007, 78–95.

300 *Rudolf Steiner*: Der Orient im Lichte des Okzidents (1909), Dornach 1960⁴ (GA 113), 129. Nächstes Zitat ebd. 121.

301 Vereinfacht erklärt, besagt diese im Hinduismus geborene Idee, es würden gute wie schlechte Taten im Schicksal späterer „Wiederverkörperungen" belohnt oder bestraft.

302 *Rudolf Steiner*: Die Geschichte und die Bedingungen der anthroposophischen Bewegung im Verhältnis zur Anthroposophischen Gesellschaft [1923], Dornach 1959 (GA 264), 332.

303 *Rudolf Steiner*: Die Bhagavad Gita und die Paulusbriefe [1912/13], Dornach 1982⁴ (GA 142), 128.

304 Steiner: Lebensgang, 325. „Ich mußte mich…selber in das Christentum versenken, und zwar in der Welt, in der das Geistige darüber spricht" (ebd.).

305 Vgl. *Helmut Zander*: Anthroposophie in Deutschland, 2 Bände, Göttingen 2007.

306 Vgl. *Günther Schiwy*: Ein Gott im Wandel. Teilhard de Chardin und sein Bild der Evolution, Göttingen 2001; *J. Birx* u. a. (Hg.): Synthese von Evolutionstheorie und Christentum? Zu Teilhard de Chardins Bedeutung für heute, Göttingen 2005; Thiede: Christus, 316 ff.

307 Vgl. bes. *Pierre Teilhard de Chardin*: Lobgesang des Alls (1919), Olten/Freiburg 1980. „Gott ist auch das Herz von allem" (66 f).

308 *Pierre Teilhard de Chardin*: Das kosmische Leben, in: Frühe Schriften, Freiburg/München 1968, Freiburg/München 1968, 9–82, hier 67.

309 Ebd.

310 *Pierre Teilhard de Chardin*: Tagebücher I. Notizen und Entwürfe, Olten/Freiburg 1974, 99.

311 Tagebücher I, a. a. O. 63 und 83.

312 Tagebücher I, 210.

313 *Pierre Teilhard de Chardin*: Das All-Element (1919), in: Frühe Schriften, 351–363, hier 357.

314 Ebd.

315 *Pierre Teilhard de Chardin*: Der göttliche Bereich, Olten 1966, 49 f.

316 *Pierre Teilhard de Chardin*: Mein Glaube (1953), in: 10. Band der Werke, Olten 1972, 280.

317 *Karlmann Beyschlag*: Dag Hammarskjöld – ein protestantischer Mystiker unserer Tage, in: H. Reller/M. Seitz (Hg.): Herausforderung: Religiöse Erfahrung, Göttingen 1980, 21–53; *Ruth und Karl-Heinz Röhlin*: Dag Hammarskjöld – Mystiker und Politiker, München 2005; Wehr, Mystiker, 236 ff.

318 Vgl. *Dag Hammarskjöld*: Zeichen am Weg. Das spirituelle Tagebuch des UN-Generalsekretärs, hg. von A. Graf Knyphausen, München 1971⁵, 6 (die folgenden Zitatangaben im Text beziehen sich auf dieses Buch).

319 *Dorothee Sölle*: Beschenkt werden und handeln gehören zusammen, in: Quarch/Hartlieb (Hg.): Mystik, a. a. O., 83–93, hier 93.

320 Vgl. *Ralph Ludwig*: Die Prophetin. Wie Dorothee Sölle Mystikerin wurde, Berlin 2008; *Renate Wind*: Dorothee Sölle – Rebellin und Mystikerin, Stuttgart 2008.

321 Vgl. näherhin Thiede: Sinn, 59 f.

322 In: Rheinischer Merkur Nr. 18 vom 1. 5. 2003.

323 *Dorothee Sölle*: Mystik des Todes, Stuttgart 2003, 122.

324 Mystik des Todes, 76.

325 Mystik des Todes, 38.

326 Mystik des Todes, 120 f; vgl. auch 50, 74 und 123 f, ferner 139.

327 *Willigis Jäger*: Erwachen zum Menschsein, in: Quarch/Hartlieb (Hg.): Mystik, a. a. O., 114–132, hier 124.

328 *Willigis Jäger*: Westöstliche Weisheit. Visionen einer integralen Spiritualität, Stuttgart 2007 (die folgenden Seitenangaben in Klammern beziehen sich auf dieses Buch).

329 Das gilt auch für Jägers These, das Absolute habe mit Moral nichts zu tun (58). Vgl. Thiede: Sinn, 72 ff.

330 „Bischöfin: Jesus begegnet man nicht im Wald", meldete idea Spektrum 15/2006, 6. Vgl. auch *Werner Thiede*: Willigis Jägers spiritueller Monismus, in: Deutsches Pfarrerblatt 3/2007, 152–154.

331 Vgl. *Willigis Jäger*: Die Welle ist das Meer. Mystische Spiritualität, Freiburg i. Br. 2000 (hierauf beziehen sich die folgenden Seitenangaben in Klammern).

332 Vgl. auch *Th. J. Götz/Th. Gerold* (Hg.): Die Mystik im Christentum und im Buddhismus, St. Ottilien 2006; *Werner Thiede*: Buddha und Jesus. Gemeinsamkeiten und Differenzen, in: Kerygma und Dogma 51 (2005), 33–51.

333 Vgl. *Fritjof Capra/David Steindl-Rast*: Wendezeit im Christentum, München 1991, 29. Die folgenden Seitenangaben im Text beziehen sich hierauf.

334 Vgl. dazu *H. Hemminger* (Hg.): Die Rückkehr der Zauberer. New Age – eine Kritik, Reinbek 1987; *Werner Thiede*: „New Age" in religionstheologischer Betrachtung, in: M. Moravčíková (Hg.): New Age, Bratislava 2005, 560–576.

335 Vgl. *W. Ian Thomas*: Kraftvolles Christsein, Holzgerlingen 2006; *Joshua Chun-Min Kang*: Tief verwurzelt in Christus, Schwarzenfeld 2009.

336 Vgl. *Martin Heidegger*: Sein und Zeit (1927), Tübingen 1967[11], 254 f.

337 Pfarrer C. Petersen z. B. denkt mystisch, glaubt aber an kein individuelles Fortleben jenseits des Todes (s. o. Anm. 45).

338 Zu diesem Begriff s. o., und bes. Geissler, a. a. O. 33 ff.

339 Nähere Ausführungen dazu finden sich in meinen Büchern „Auferstehung der Toten" (1991), „Wer ist der kosmische Christus?" (2001) und „Der gekreuzigte Sinn" (2007).

340 Selbstzitat aus „Der gekreuzigte Sinn", a. a. O. 253.

341 Vgl. *Marianne Gronemeyer*: Das Leben als letzte Gelegenheit, Darmstadt 1993; *Manfred Folkers*: Achtsamkeit und Entschleunigung, Stuttgart 2003.

342 WA 40 I, 229.

ABKÜRZUNGSVERZEICHNIS

Schriften des Neuen Testaments

Matth	= Matthäusevangelium
Mark	= Markusevangelium
Luk	= Lukasevangelium
Joh	= Johannesevangelium
Apg	= Apostelgeschichte
Röm	= Römerbrief
1. Kor	= 1. Korintherbrief
2. Kor	= 2. Korintherbrief
Gal	= Galater
Kol	= Kolosserbrief
1. Tim	= 1. Timotheusbrief
Hebr	= Hebräerbrief
2. Petr	= 2. Petrusbrief
1. Joh	= 1. Johannesbrief

Sonstiges

a. a. O.	= am angebenen Ort (verweist auf bereits zitierte Literatur)
Anm.	= Anmerkung / Fußnote
Art.	= Artikel
Bd.	= Band
ebd.	= ebenda
EZW	= Evangelische Zentralstelle für Weltanschauungsfragen
f (ff)	= und folgende
GA	= Gesamtausgabe
Hg.	= Herausgeber
i. R.	= in Ruhe
RGG	= Die Religion in Geschichte und Gegenwart
s. o.	= siehe oben
s. u.	= siehe unten
TRE	= Theologische Realenzyklopädie
VELKD	= Vereinigte Evang.-Luth. Kirche in Deutschland
vgl.	= vergleiche (siehe)
WA	= Martin Luther: Kritische Gesamtausgabe, Weimar 1883 ff
Zit.	= Zitiert / Zitat

Impressum

Werner Thiede

Pfarrer Dr. theol. habil., Jahrgang 1955, ist apl. Professor für Systematische Theologie an der Universität Erlangen-Nürnberg und Theologischer Referent beim Regionalbischof im Kirchenkreis Regensburg. Zuvor war er u. a. Referent an der Evangelischen Zentralstelle für Weltanschauungsfragen (EZW). Einige seiner Bücher und Aufsätze wurden in andere Sprachen übersetzt. Näheres unter *www.werner-thiede.de*

Bibliografische Information der Deutschen Nationalbibliothek.
Die Deutsche Nationalbibliothek verzeichnet diese Publikation in der Deutschen Nationalbibliografie; detaillierte bibliografische Daten sind im Internet über http://dnb.d-nb.de abrufbar.

Gestaltung und Satz
Kristin Kamprad, Hansisches Druck- und Verlagshaus GmbH

Bildnachweise
Titel 6 10 13 20 52 54 Scala/bpk | 59 Held/akg | 65 ullstein bild | 71 Bayerische Staatsbibliothek | 78 culture-images | 85 akg-images | 92 97 KNA | 102 akg-images | 110 Anders/bpk | 116 Württembergische Landesbibliothek | 122 culture-images | 128 Österreichische National Bibliothek | 134 akg-images | 139 bpk | 145 akg-images | 151 157 bridgemanart.com | 163 akg-images | 169 Lachman/epd | 174 179 akg-images | 184 Diakonie Neuendettelsau | 190 196 akg-images | 202 bridgemanart.com | 208 akg-images | 214 Friedrich/SZ Photo | 220 Rainer Sülflow | 227 Rosemarie Primault | 232 242 Scala/bpk

Druck und Bindung
Lindendruck Verlagsgesellschaft mbH, Hannover

Printed in Germany
ISBN 978-3-86921-003-2